JN162185

水中文化遺産

海から蘇る歴史

林田憲三 編

勉誠出版

まえがき

本書は、フィリピン国立博物館で二〇一一年一一月に開催された「第一回アジア太平洋地域水中文化遺産会議」において発表された内容に基づいた論文や大会趣旨に関連し新たに執筆された論文と、二〇一二年一一月に昭和女子大学で開催された「東南アジア考古学会大会」において「東南アジア水中考古学最前線」のテーマで発表された内容に基づき執筆された論文で構成されている。

今回は出版趣旨に合わせ、その後の研究成果も踏まえてそれぞれの論文について題名の変更や加筆を行い、改めて本書のタイトルを『水中文化遺産――海から蘇る歴史』とした。「水中文化遺産」の定義は、国内ではこれまでそれほど多く議論されてこなかった経緯がある。これまで「水中考古学」は、所謂陸上の考古学に対する水中という環境の違いによる相対的な関係として扱われる一方、考古学に属する専門分野として、歴史学の下部学問としての体系の中で位置づけられてきた。また、日本の文化財保護法における「埋蔵文化財」は陸上および水中のそれも含まれる文化財であり、遺跡や遺物で構成されているとしている。いわゆる「水中遺跡」の法的な根拠も最近になって示される環境が整い始めている。

欧米の水中考古学の調査や研究は、特にジョージ・バスを初めとする地中海域を研究フィールドとする「古典考古学」者によって一九六〇年代初頭から実践されてきた。彼らの学問は、人文学系の「古典学」という学問分野に属する考古学であり、所謂「人類学」の概念でその資料を水中に求めるものではなく、あくまでも考古学的なアプローチにより結論を求めるものである。古典考古学は、西洋文明の揺籃地である地中海および周辺沿岸地域、すなわちギリシャ人が植民地活動した地域であり、後のローマ帝国が拡大してきた支配地域までが研究の対象である。歴史学の範疇で論じられてきたのである。主たる調査対象は、地中海域の沈没船遺跡であり港を含む港湾施設などの水没遺跡であった。沈没船調査には船体やその積荷および海底に散乱した散布遺物があり、研究の関心は、船体やその積荷（遺物）から船の寄港地である港、航路、交易と連鎖的に拡大されてきた。海上交易による拡大する経済活動は文化や政治や宗教といった人間活動に影響を与え、水中考古学で得られた知識は、国家間の関係に新たな知見を我々に与えてくれている。

一方、地中海以外の地域の水中考古学の実践は、古典考古学の学問領域では収まらない。研究対象が沈没船や積荷や水没遺跡などであっても、それらは人類学の学問領域で研究対象となっている。欧米の多くの水中考古学者は、人類と海との関わりを古典考古学あるいは歴史学の考古学で実践するのではなく、「海事考古学」あるいは「海洋考古学」と呼ばれる人類学として陸上をも含む水中の文化財、いわゆる両生類的な研究を対象とする新領域として試みるようになる。例えば、墳墓に埋葬された船体や神殿の壁や岩の表面に描かれた船の絵画も研究対象となっている。もちろん、地中海地域で水中調査を実践している研究者の中には、自らの学問の立場を古典考古学の水中調査のそれとは呼んでいない人もいる。

しかし、二十一世紀になると、人類学に属さない海事考古学を実践する大学が出現してきた。人文学部に属し、海の考古学として陸上の考古学から独立している。海の考古学は、沈没船の船体や積荷の調査と保護、管理に特化したテーマに即した講座を設けている。この傾向は国際的な広がりを見せている。この背景にあるのは、二〇〇一年にユネスコ（国際連合教育科学文化機関）において水中遺跡の保護への国際的な取り決めである水中文化遺産保護条約が、採択されたことによる。ユネスコは、この条約を各国が批准することを促す普及活動をすすめている。欧米の大学や研究機関、更に水中文化遺産の国際会議は、その役割の一端を担っている。

考古学では、過去の歴史を取り扱うため、時間的な尺度で遺跡が評価されてしまうこともある。日本の埋蔵文化財行政では、埋蔵文化財の保護を目的とするが、やむをえず開発にともない破壊を免れないと判断された近世までの遺跡は、記録保存を目的に破壊前に調査を行うとなっている。いわゆる「緊急発掘調査」である。しかし、遺跡には地方公共団体が行う緊急発掘調査の対象とはならない遺跡も出ている。地方公共団体は地域の歴史的な背景を重要視することで、時間的な尺度を例外として認めている。

日本で実践されている水中調査は、歴史学の一専門学問分野の考古学として受け入れられている。小江慶雄は、その著書『水中考古学入門』（ＮＨＫ出版、一九八二年）の中で「水中考古学は、考古学の概念の拡大を図ったり、その方法を改変しようとするものではない。あくまで考古学の学問的基盤や蓄積された方法に、さらに水底の資料を対象としてその意味を解釈する手段を獲得することによって、考古学はその方法的基盤をいっそう幅広く再構成し深化することにもなる。すなわち、考古学全体の知識の拡大に許与することになる」と水中考古学を定義している。小江慶雄の水中考古学への姿勢はあくまでも「考古学」の概念のもとで実践されることであるとしている。

文化庁は『遺跡保存方法の検討――水中遺跡』（二〇〇〇年）で、水中遺跡は常時水面下にあるおおむね中世までに属する遺跡としている。そして、水中遺跡を扱う学問を「水中考古学」としている。一方、ユネスコでは水中遺跡を「水中文化遺産」として、その定義を「少なくとも百年の間、連続的または周期的に、部分的または完全に水中にある文化的、歴史的、考古学的性質を有する人類の存在のあらゆる痕跡」としている。この定義に従うと、一〇〇年経った水中あるいは一時的にも水中にある人類活動を示した遺跡は水中文化遺産となるのである。

本書の執筆者が、歴史学の一分野の専門学問としての考古学を実践しているのか、あるいは人類学の考古学としての研究であるのかは、本書で紹介している論文にその学問的立場が示されている。執筆者は、考古学あるいは人類学として国内外で専門の学問的基盤を醸成してきている。また水中考古学自体が今日、自然科学や海洋工学的方法を援用しながら研究を進めていく傾向は、他の専門学問においても活発な動きとなっている。学際的な調査・研究方法やより客観的なデータを集積する試みは、一専門学問の範疇で求められる結論を補強することで十分な理解を得ている。

本書を纏めるにあたっては、執筆者間における学問領域の共通概念や学問自体の定義に束縛されることは避けることとした。執筆者の研究姿勢とその結果は尊重されるものとした。本書がもっとも留意したことは、題名にあるように「水中文化遺産」といったものについて議論を行い、そのものの研究結果は尊重されるが、本書に関わった執筆者全員の統一した見解は示していない。また本書は、「水中文化遺産」の概念を厳密に規定したうえでの構成とはなっていない。しかし、国内とは異なり、水中文化遺産の概念は着実にユネスコを中心にして、国際的に水中文化財の保護活動を活発化させ、国際的な枠組の中で水中考古学が国内法も含めて整備される方向にあるといえる。

本書は三部構成としている。本論の最後には索引を載せた。水中文化遺産に対してより理解を深めるために、この学問に接する機会が多くない読者には欠かせないものであろう。

第Ⅰ部は、「沈没船から辿る――交流と衝突の歴史」を表題として、石村智の「南洋諸島の水中戦争遺跡――パラオの事例」、佐々木蘭貞の「元寇沈没船を探る――日本・ベトナムにおける調査」、木村淳の「海域東アジア史と航洋船の造船史――海事考古学によるアプローチ」とした。三名の研究者による論考は、第二次世界大戦中の南太平洋海域と十三世紀の東アジアおよび東南アジア海域の異文化の衝突あるいは受容を水中からの資料を取り上げて分析を行い、事実を明らかにすることを試みる。主たる水中資料は沈没船であり、それに基づくその現状と船体構造の歴史的進化の過程の分析であり解明である。また、学際的な専門学問を援用して得られた水中遺跡や遺物の構成要素を客観的かつ具体的に特徴を分析し水中文化遺産として検証をする。その結果については歴史的出来事の解釈と評価を行う。副題に沿ったこれらの論文は、水中資料から交流と衝突の歴史を解明しようと試みる研究の一端を示したものである。なお水中戦争遺跡は国や国民にとっての文化財としての水中遺跡か、あるいは戦没者への鎮魂碑なのかは国や立場の違いで意見が分かれる。異なる意見や立場を集約し解決を図るには、共通の認識と価値観に基づいた行動が求められる。

第Ⅱ部の「アジアの海底から――出土品研究」は、菊池誠一の「ベトナムにおける水中考古学の研究と課題」、向井亙の「タイ水中考古学調査」、田中和彦の「フィリピン、パンダナン島沖沈船遺跡出土の土器について」、および坂井隆の「『テクシン・カーゴ』への疑惑――マイケル・ハッチャーの策謀」で構成されている。一九七〇年代中頃から、東南アジア海域で水中文化遺産の関心が急速に高まった。しかし当初の関心は、考古学的手法を採用した学術調査ではなく、水中文化財保護の法的整備の不備をついたサルベージ作業で引き揚げられた水中資料である。歴史的および文化的な水中文化遺産は国民に還元されず、個人の利益を目的とする道具となっていた。このような状況下で始まった東南アジア海域の水中考古学は、依然として経済的環境や文化財への保護意識が改善されない困難な状況ではあるものの、この海域に関心を持つ考古学者や美術史研究者により引き揚げ遺物への学術的な評価が加えられ始め、このような学術的な環境は水中文化遺産への理解を深め、盗掘から保護へと国民的な運動へ変わりつつある。その運動は水中文化遺産の研究や保護・管理のための国立の施設や法律の整備に関心が注がれるようになってきている。現在、東南アジア海域には深刻な領土問題があり、この海域の水中文化遺産と国連の定める国連海洋法条約や水中文化遺産保護条約の基で水中文化遺産の研究や保護活動をしていくには、一国としてではなく周辺国家との協調なしには水中文化遺産の研究や保護活動が困難な状況に直面している。東南アジア海域のこうした状況は、この地域を学術の場とする四名の研究者により意識された上で、詳細に水中文化遺産の活動の諸元、国家による学術的取り組み、さらにそれらの成果と解説をしている。水中からの学術的目線が、失われていた人間の過去の歴史に新事実を加えている。これらの事実について、今回は出土品研究から解説している。

第Ⅲ部の「多角的視野から見る――研究の現在」では、近藤逸人の「大深度水中考古学の可能性を拓く水中技術」、中田達也による「水中文化遺産をめぐる日中韓の行政比較――『周知の埋蔵文化財包蔵地』を焦点に」、岩淵聡文の「水中文化遺産としての石干見」で構成されている。遺跡がどのような水中環境で発見されるのかで、遺跡の解明には海洋工学などの学際的な専門学問の援用の方法やあるいは領海内外にある遺跡、更に遺跡の成因等では調査結果への歴史的な解釈や評価が求められる。人々の行動は地域や国家、さらに国際的な広がりの中で限定的あるいは普遍的な規則で社会的に制限される。水中文化遺産も水中環境を十分に理解した上で、人々の水中活動に規則を設けることは当然である。地方や国は水中文化財の保護に向けて行動が求められる。中国や韓国といった周辺諸国の水中文化遺産への対応を知ることは、日本の水中文化遺産保護のこれからのあり方を考えるとき大いに参考となると思われる。岩淵聡文の石干見の研究が、本書で取り上げている水中文化遺産として、これまで文化人類学の対象として取り扱われてきた経緯もあるが、研究対象も過去から今日まで継続的に人類の営みの中で活動を続ける遺跡、例えば港湾遺構や塩田などを水中文化遺産として捉える思想は、ユネスコを中心に国際的に受け入れられてきている。一〇〇年以上にわたって現在も継続的に使用されている文化的な生産遺跡を水中文化遺産として取り扱うという考えは、現代人が歴史的遺産を開発による破壊から保護するために活動すべき思想として普遍的な価値を持つものとすべきであろう。

本書で取り扱ったテーマは、一〇名の研究者がそれぞれの研究フィールドで研鑽してきた研究成果を「水中文化遺産」の論集とし纏めたものであり、出版の趣旨に賛同して、執筆を受けて頂いた各先生には感謝申しあげる。また、本書の企画、編集の勉誠出版および編集部の大橋裕和氏には辛抱強く出版に向けて貴重な時間を割いて頂いた。最後に、本書の編集には菊池誠一先生、岩淵聡文先生、石村智先生に企画の段階から刊行に至るまで、色々と煩雑な作業を敢えて引き受けて頂いた。特に石村先生には最後まで出版に向けてご苦労して頂き、その水中文化遺産への理解とこの学問への真摯な態度や行動は私にとって敬服に値するものであり、心から敬意を表したい。

林田憲三

水中文化遺産——海から蘇る歴史　目次

第Ⅲ部　多角的視野から見る——研究の現在

水中文化遺産——海から蘇る歴史

第Ⅰ部　沈没船から辿る——交流と衝突の歴史

南洋群島の水中戦争遺跡——パラオの事例

石村　智

はじめに

パラオ諸島共和国は日本列島の南はるか三二〇〇キロメートルに位置し（図1）、南国のリゾートやダイビングのメッカとしても名高い。二〇一二年には「ロック・アイランドの南ラグーン」がユネスコ世界遺産（複合遺産）として登録され、観光地としても近年ますます注目度が高まってきている。しかしこの人口わずか二万人ほどの小さな島国が、かつて日本が統治した南洋群島の中心として栄え、第二次世界大戦においては日本軍とアメリカ軍の熾烈な戦闘が行われ、多くの戦没者を出した地であることを知る人は、戦後七〇年を経て少なくなってきているように思われる。

第二次世界大戦における戦闘のうち、もっともよく知られているのはペリリュー島の玉砕戦である。一九四四年九月一五日からおよそ二ヶ月半にわたって繰り広げられ、一万余名の日本軍将兵が戦死したことに加え、アメリカ軍側にも多大な損害を与えたことで知られる。この戦いはまさに全島を焼き尽くす壮絶なもので、今なお未

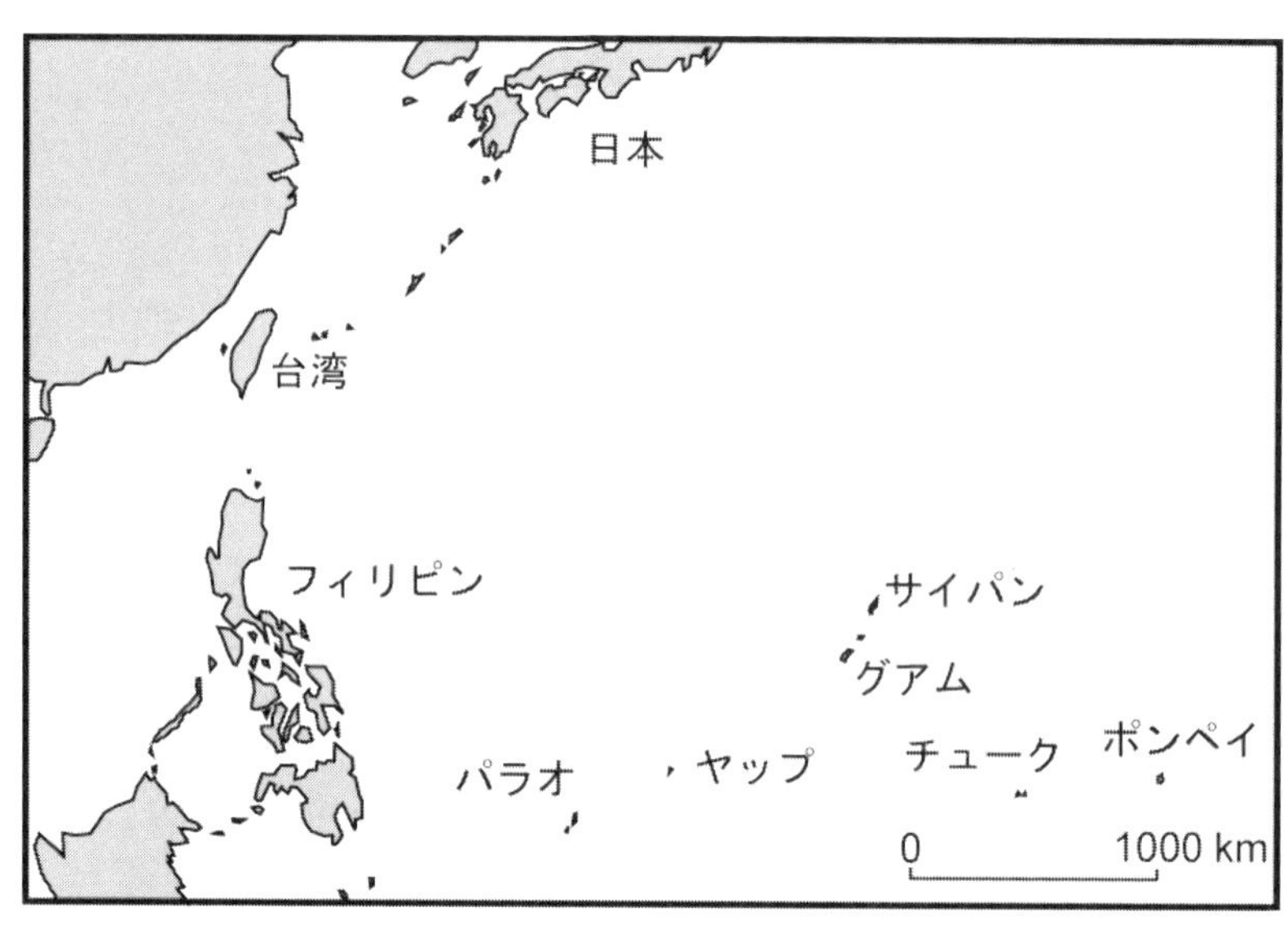

図1　パラオの地理的位置

収集の遺骨が地下壕・洞窟などに残されている。また海軍司令部跡のコンクリート建物をはじめとして、砲台、戦車、航空機の残骸といった戦跡が島中に点在している。

しかしこの戦いに先立つ一九四四年三月三〇日・三一日に、米軍がパラオ中心部のコロール島周辺を空襲した「パラオ空襲（アメリカ側の作戦名は「デシクレート・ワン」）」については、一般的にはあまり知られていない。しかしこの時に数多くの日本軍の艦船が撃沈され、そのうちの多くが今なおパラオの海に沈んでおり、「水中戦争遺跡」として物言わぬ生き証人の役割を果たしているのである。

一　パラオ空襲の経緯

一九四四年三月三〇日から翌三一日にかけてのパラオ空襲により、パラオ港内に停泊していた日本軍の五〇隻以上の艦船が撃沈され、同時にコロール島周辺の軍事施設と市街地の大半が破壊された。このとき、帝国海軍艦船である「明石」「石廊」「佐多」「大瀬」「若竹」に加え、

「あまつ丸」「忠洋丸」といった数多くの民間徴用船が失われた。

しかしここで沈められた艦船の多くは、給油艦や工作艦、輸送船といった補助艦船であり、純然たる戦闘艦はほとんど含まれていなかった。しかも撃沈された艦船のほとんどは、もともと民間船であったものが戦時徴用された徴用船であった。これらの艦船は武装も最低限度のものしか持っておらず、アメリカ軍の空襲に対して満足した反撃もかなわなかったのである。ではなぜこのような事態となったのであろうか。

実はこれらの艦船の多くは、当時の連合艦隊の本拠地であった南洋群島トラック島（現ミクロネシア連邦チューク島）から空襲を避けてパラオまで撤退してきたものであった。パラオ空襲に先立つ一九四四年二月一七日～一八日、アメリカ軍第五八任務部隊がトラック島を空襲し（アメリカ側の作戦名は「ヘイルストーン」）、このとき軽巡洋艦「阿賀野」「那珂」をはじめとする多数の艦船が失われた。なおこのときトラック島にいた工作艦「明石」は大破しながらも脱出に成功し、パラオに回航された。いっぽうこのとき連合艦隊の旗艦である「武蔵」をはじめとする主力艦船は、空襲に先立つ二月一〇日に、アメリカ軍の攻撃が近いことを察知してトラック島を離れ、すでにパラオに向かっていたのである。このうち旗艦「武蔵」は一旦本土に帰り一九日に横須賀に入港、二四日には同港を出港して二九日にパラオに入港した。

しかしさらなるアメリカ軍の攻撃の手がパラオにも迫っていることを察知した連合艦隊は、「武蔵」をはじめ、軽巡洋艦「大淀」や駆逐艦「浦風」「磯風」などからなる連合艦隊の主要艦船を三月二九日夕方には早々にパラオから出港させ、フィリピンのダバオまで撤退した。つまり主戦力の温存を図ったわけである。そしてパラオに残されたのは、戦闘力が低く速力が遅い補助艦船であり、つまりこれらの艦船は、連合艦隊が逃げるにあたって「足手まとい」になるため、「捨て石」にされたといってよいかもしれない。

残された艦船のほとんどは敵の空襲に対してほとんど満足に反撃もできない補助的な艦船であり、反撃のための弾薬すら十分に用意されない状況であった。しかし彼らはその「捨て石」としての運命を受け入れ、その一ヶ月後にはアメリカ軍による「パラオ空襲」にさらされることとなり、目立った反撃もできずに次々と撃沈されていったのである。

二　パラオにおける水中戦争遺跡の状況

現在、パラオで確認されている沈没艦船をはじめとする戦争水中遺跡の数は五〇近くにおよび、そのほとんどが三月三〇日の空襲で撃沈されたものである（表1、図2）。しかしその大部分は戦後にサルベージ業者によって解体・回収され、沈没海域に船体の破片や遺物の散乱を残すだけとなった。しかし比較的深い場所（三〇～四〇メートル）に沈んだものはサルベージをまぬがれたため比較的良く残っており、そのうちのいくつかは、現在ではダイバーたちの格好のダイビング・ポイントとなっている。しかしこれらの沈船はパラオ政府によって史跡として管理されており、沈船から遺物や遺骨を持ち出すことは厳禁されている。またいくつかの沈船では、今なお油の流出や不発弾の存在が確認されており、それらの処理が続けられている。

こうした水中戦争遺跡のうち、比較的遺存状況が良好で、筆者が実際に潜水調査を実施した七つの事例について以下で記述することとしたい。そこではその沈船の来歴や保存状況を記すとともに、水中にある遺跡そのものが物語る「沈黙の歴史」を汲み取ることに努めたいと思う。

表1　パラオにおける旧日本軍関連の水中戦争遺跡の一覧（Bailey 1991、田中2007による）

番号	艦船名	種別	所属	基準排水量	全長	戦没日付	着底水深	保全状況
1	明石	海軍工作艦	連合艦隊付属	9000	158.5	44.03.30-31	12	SDF
2	石廊	海軍給油艦	連合艦隊付属	14050	143.48	44.03.30-31	43	SP
3	佐多	海軍給油艦	第4艦隊所属	14050	143.48	44.03.30-31	35	SP
4	大瀬	海軍給油艦	連合艦隊付属	7987	138.9	44.03.30-31	不詳	SDF
5	若竹	海軍駆逐艦	第1海上護衛隊	1113	84	44.03.30-31	30	SDF
6	五月雨	海軍駆逐艦	第2駆逐隊	2075	105.8	44.08.26	9	SDF
7	第1号輸送艦	海軍一等輸送艦	連合艦隊付属	1500	96	44.07.27	35	SP
8	あさしほ丸	海軍一等給油艦	連合艦隊付属	5141	118.1	44.03.30-31	40	S
9	機動艇 第150号艇	海軍機動艇（SB艇）	不詳	950	70.9	不詳	不詳	SDF
10	あまつ丸	海軍徴用船（給油船）	日本海運	10567	153	44.03.30-31	40	SP
11	浦上丸	海軍徴用船（特設工作兼救難船）	福洋汽船	4317	109.73	44.03.30-31	35	SP
12	神風丸	海軍徴用船（特設水雷母艦）	山下汽船	4918	111.5	44.03.30-31	35	SP
13	忠洋丸	陸軍徴用船（貨物船）	東洋汽船	1941	82.3	44.03.30-31	35	SP
14	那岐山丸	海軍徴用船（特設運送船）	三井船舶	4391	110	44.03.30-31	35	SP
15	備中丸	陸軍徴用船（貨物船）	日本郵船	4667	112	44.03.30-31	35	SP
16	呉山丸	海軍徴用船（貨物船）	栗林商船	3213	91.5	44.03.30-31	18	SDF
17	松栄丸	陸軍徴用船（貨物船）	三光汽船	1878	81.5	44.03.30-31	不詳	SDF
18	第5日正丸	海軍徴用船（雑用船）	丸正海運	782	54	44.03.30-31	不詳	SDF
19	第18真盛丸	海軍徴用船（給油船）	原商事	2711	96.4	44.03.30-31	不詳	S
20	第2運油丸	陸軍徴用船（給油船）	東城汽船鉱業	634	53	44.03.30-31	不詳	S
21	雷山丸	海軍徴用船（雑用船）	鶴丸汽船	2838	98	44.03.30-31	35	SP
22	吉備丸	陸軍徴用船（貨物船）	日之出汽船	2759	93	44.03.30-31	30	SP
23	てしお丸	陸軍徴用船（貨物船）	三井船舶	2840	93	44.03.30-31	30	SP
24	隆興丸	海軍徴用船（特設運送船）	大洋興業	2764	93	44.03.30-31	35	SP
25	五洲丸	海軍徴用船（貨物船）	川崎汽船	8592	132.9	44.03.30-31	20	SDF
26	あけぼの丸	海軍徴用船（給油艦）	日本海運	10182	151.4	44.03.30-31	不詳	S
27	北泰丸	陸軍徴用船（貨物船）	北川産業海運	5220	120.1	44.03.30-31	不詳	SDF
28	大発動艇	不詳（上陸用舟艇）	不詳	17	14.88	不詳	2	SP
29	大発動艇	不詳（上陸用舟艇）	不詳	不詳	不詳	不詳	7	SP
30	ブイ6レック	不詳（カツオ漁船）	不詳	不詳	約30	不詳	25	SP
31	ヘルメットレック	不詳	不詳	不詳	約58	44.03.30-31	35	SP
32	不明徴用船	不詳（捕鯨船）	不詳	約300	約36	不詳	10	SDF
33	不明徴用船	不詳	不詳	不詳	不詳	44.03.30-31	不詳	S
34	不明徴用船	不詳（貨物船）	不詳	>1000	>60	44.03.30-31	15	SP
35	不明徴用船	不詳（中型貨客船）	不詳	不詳	不詳	44.03.30-31	10	SP
36	不明徴用船	不詳（魚雷艇或は哨戒艇）	不詳	不詳	不詳	44.03.30-31	12	SDF
37	不明徴用船	不詳（貨客船）	不詳	>1000	不詳	44.03.30-31	6	SP
38	不明徴用船	不詳（小型貨物船）	不詳	不詳	約40	不詳	27	SDF
39	不明徴用船	不詳（給水船）	不詳	不詳	約36	不詳	12	SP
40	不明徴用船	不詳（小型貨物船或は哨戒艇）	不詳	不詳	約30	44.07.25	3	SP
41	タグボートレック	不詳	不詳	不詳	不詳	不詳	2	SDF
42	不明徴用船	不詳	不詳	約3000	不詳	44.08.22	3	SDF
43	零式艦上戦闘機	21型	不詳	1.754	12.0	44.03.30-31	4	SP
44	零式艦上戦闘機	21型	不詳	1.754	12.0	44.03.30-31	2	SP
45	零式艦上戦闘機	52型	不詳	1.876	11.0	44.03.30-31	20	SP
46	零式水上偵察機		不詳	2.524	11.49	不詳	12	SP
47	零式水上偵察機		不詳	2.525	11.49	不詳	1	SP
48	零式水上偵察機		不詳	2.526	11.49	不詳	4	SP

保全状況：S＝サルベージ済　SP＝船体遺存、或は部分的にサルベージ　SDF＝サルベージ済、遺物散乱

・石廊
場所：ウルクタープル島西（図2―2）
着底深度：四〇メートル
船首方向：南西

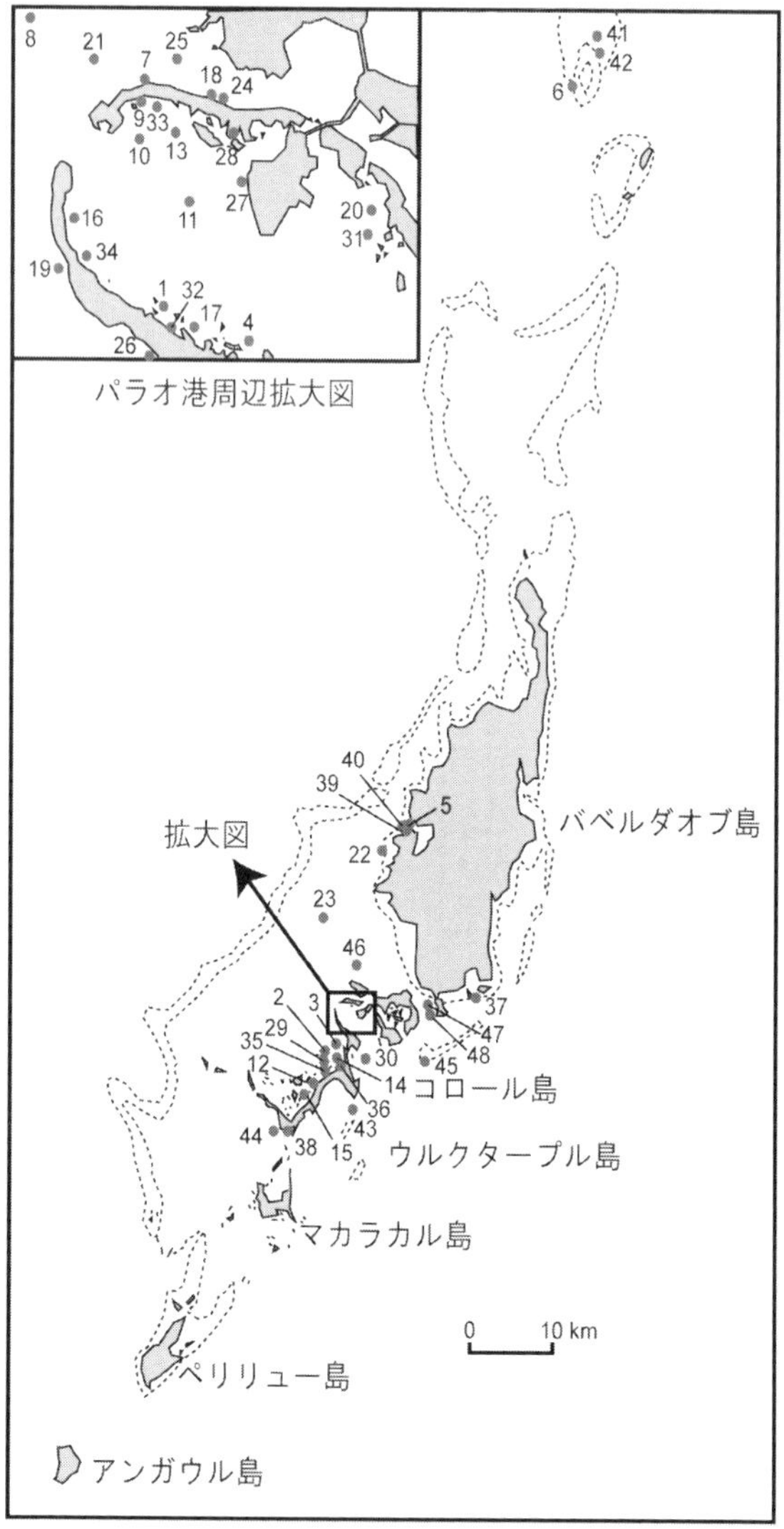

図2　パラオにおける旧日本軍関連の水中戦争遺跡の分布

型式：知床級連合艦隊給油艦
全長：一四三・二五メートル
幅：一七・六八メートル
排水量：一万四〇五〇トン
速力：一二ノット
建造年：一九二二年（大阪鉄工所）

「石廊」は知床型の給油艦（油槽艦）として建造され、おもに連合艦隊の給油活動に従事していた。同型艦の「佐多」も「石廊」のすぐ近くに沈んでおり、どちらが「石廊」でどちらが「佐多」なのかは長らく論争となっていた。しかし「石廊」は一九四四年三月二二日にフィリピンからパラオに向かう途中、アメリカ軍潜水艦USSタニーから魚雷攻撃を受けて船首部分に損傷を被ったことがわかっており、その痕跡が「石廊」に認められることから、こちらが「石廊」であることが判明した（Bailey 1991: 165）。なお「石廊」は甲板を上にそのままの姿勢で着底しているが、「佐多」は全く横転し、船底を上にした姿勢で着底している。「石廊」「佐多」ともにパラオ空襲時に撃沈されている。

「石廊」には船首と船尾にそれぞれ一二センチメートル四五口径三年式単装砲が備えられているものの（図3）、生存者の証言によると、空襲時には弾薬が不足していたためそのうちの一門しか動かすことができなかったという。また船室の中には、浴槽や便器などの設備が良好な保存状態で残されているものの（図4）、床にはシルト（泥）が厚く堆積しており、ダイバーが不用意にかき回すとたちまち水が濁って視界が閉ざされてしまうので注

図3　「石廊」船尾の12cm砲

図4　「石廊」船室内の様子

意が必要である。また機関室には大中小三つのボイラーが直列した直立式三気筒三段膨張レシプロ蒸気機関が確認される。これは石炭を燃料とする旧式のエンジンで、速力も一二ノットと当時としてはたいへん遅いものであった。それが「石廊」が「捨て石」にされたひとつの理由であろう。また生存者の証言によると、機関室付近に爆弾の直撃があり、それが沈没の原因になったといい、その時に機関室付近にいた十数名が死亡したという。二〇〇五年には厚生労働省による戦没者遺骨調査が実施され、機関室を中心に遺骨の探索が行われたが、このときは何も見つけることができなかった（石村二〇一〇a）。

・明石

場所：ウルクタープル島北（図2―1）

着底深度：一二メートル

船首方向：北

型式：連合艦隊工作艦
全長：一五八・五メートル
幅：二〇・二メートル
排水量：九〇〇〇トン
速力：一九・五ノット
建造年：一九三七〜三九年（佐世保海軍工廠）

「明石」は連合艦隊の工作艦であり、戦闘で損傷した艦船を洋上で修理するためのいわば「動く工場」であった。甲板上には三基の大型クレーンと、一四四基のドイツ製の工作機械を備えており、トラック島を本拠地として、連合艦隊の艦船の修復の任にあたってきた。一九四四年二月一七日・一八日のアメリカ軍によるトラック島空襲により「明石」も大きな損傷を受けたものの、からくも沈没はまぬがれ、パラオまで回航されてきたのである。しかしその時には速力は一二ノットしか出すことができなかったといわれている。

パラオでは「明石」はウルクタープル島の北側の沖合に停泊していたが、パラオ空襲時、「明石」はより島に近い水深一二メートルの浅い海域に移動し、なかば座礁するような状況になったといわれている。そのため戦後もしばらくの間、マストをはじめとする船体の多くの部分が海上に姿を見せており、時計や陶磁器など多くの遺物が住民によって回収されたという。しかし一九五四年に、パラオ海域におけるサルベージの権利を買い取った日本の業者が「明石」の船体を解体し、船体をすっかり回収してしまった。

現在「明石」が沈んだ海域には、数多くの船体の残骸や遺物が散布している状況を見ることができる。遺物が散布するのは南北に長さ一五〇メートル、幅二〇メートルの範囲であり、おおよそ船の形をあらわしているものといえる。その部分の海底の砂に錆が多く含まれ、赤褐色に変色していることから容易に判別することができる。それ以外にも周辺には、爆撃によってできたと思われるクレーターが認められる。散布する遺物としては、ガスボンベ、耐火レンガ、革の靴底、タイヤ、ビール瓶、陶器などが認められる。ただしこれらの遺物を回収することはパラオの法律で禁止されている。

「明石」がこれほど浅い海域に沈んでいる理由としては、航空機から発射される魚雷を避けるために、できるだけ島影に入って島を盾にするということも考えられるが、別な説として、わざと浅瀬に乗り上げることで自ら「不沈工廠」となり、航行不能になってもなお僚艦の修理にあたろうとしたのではないか、という可能性も指摘されている（石村二〇一〇b）。

・あまつ丸

場所：マラカル島西（図2―10）

着底深度：四〇メートル

船首方向：北東

型式：給油船（徴用船・日本海運所有）

全長：一五三メートル

幅：二〇メートル

排水量：一万五六七トン

速力：一五ノット
建造年：一九四三年（三菱造船）

「あまつ丸」はいわゆる「戦時標準船」、すなわち海上輸送力の急速増強を達成するため、建造資材の節約と建造期間の短縮をはかり大量建造された規格型輸送船のひとつであり、日本海運所有のものとして一九四三年に建造されたが、翌一九四四年に徴用され連合艦隊に編入された。パラオ空襲では機関室付近を中心に爆弾の直撃を受け沈没したことが、アメリカ軍が撮影した空中写真から推察される（Bailey 1991: 126）。

「あまつ丸」の艦橋は三層になっていたが、床材が木製であったためそれらはすべて焼け落ちたか腐食し、今では吹き抜けになった骨組みのみを見ることができる。

「あまつ丸」はパラオに沈む旧日本軍艦船のなかでも最大のものであり、戦後間もない頃に日本のサルベージ会社によって引き揚げが試みられたことがある。当初は船体そのままの引き揚げが試みられたが、船体が大きすぎたためか断念され、水中で解体して引き揚げることとなった。しかし解体作業中、ガスバーナーの火が船内に溜まっていたガスに引火して爆発事故を起こし、二名のダイバーが死亡した。誰がいうともなくこの事故は「あまつ丸」の戦没者の祟りであると語られるようになり、結局「あまつ丸」の引き揚げは断念され、現在までそこに残ることとなったのである（田中二〇〇七、五一頁）。

個人的な体験で恐縮だが、筆者が「あまつ丸」を調査した時、初日には場所を特定することができなかった。目印のブイが切れて流されていたためである。翌日にはガイドが再び位置を特定してくれたおかげで潜ることができたのだが、船体に近づくにつれ、向こうから二匹の大きなツバメウオが近づいてきて、私たちダイバーの周りを旋回し始めた。それ以上、何をするわけでもなかったので、私たちはさらに深く潜って船体の調査を行った。調査が終わり、私たちは減圧症を防ぐ安全停止をするために、浅い水深でしばし留まっていたが、再び先ほどの二匹が現れ、ずっと私たちの周りを泳いでいた。パラオの現地のダイバーたちはしばしば、沈船に潜るときに「船が歓迎してくれている時と、そうでない時がある」ということを口にする。このとき私たちは、「あまつ丸」が私たちの訪問を歓迎してくれていたのだという印象を抱いたのである。

・忠洋丸

場所：マラカル島西（図2－13）
着底深度：四〇メートル
船首方向：南東
型式：貨物船（徴用船・東洋汽船会社所有）
全長：八九メートル
幅：一二・四メートル
排水量：一九四一トン
速力：一〇ノット
建造年：一九四三年（名村造船所）

「忠洋丸」は東洋汽船会社所有の貨物船として一九四三年に建造されたが、間もなく陸軍に徴用された。三月三〇日・三一日両日のパラオ空襲で被弾し、翌四月一日に完全に沈没した。「忠洋丸」の沈没した位置は判明していたのだが、サルベージ会社の対象から外され、その後長らく忘れ去られていたが、一九八九年に西欧人のダイバーによって再発見された。

船尾には短一二センチ砲が備えられているが、これは戦時標準船によく搭載されたものである。また機関室にはエンジンや梯子、キャットウォークが比較的良い状態で残されている。また船倉内には積荷は何も残されていなかったが、手押し車が残されているのが確認され、おそらく弾薬を運ぶのに用いられたものと考えられる。

二〇〇六年五月に、とあるイギリス人の資産家がクルーザーでパラオに乗り付け、「忠洋丸」をはじめとするいくつかの沈船に潜り、違法に遺物を引き揚げた。彼は遺物を「戦利品」のようにバーで見せびらかしているところを当局に逮捕され、二カ月の禁固刑と罰金四万ドルの支払いを命じられた（田中二〇〇七、六七頁）。このようにパラオにおいては水中戦争遺跡からの遺物の持ち出しについては厳罰で対処している。

・ヘルメット・レック

場所：マラカル島北東（図2―31）
着底深度：三五メートル
船首方向：南西
型式：不詳
全長：五八メートル
幅：九・四メートル

図6　東洋陶器社のロゴマーク（TOTO歴史資料館HPより）

図5　「ヘルメット・レック」に残されていた陶器製洗面台

排水量：不詳（おそらく一〇〇〇トン未満）
速力：不詳
建造年：不詳

「ヘルメット・レック」はその正式名称や型式について未だはっきりしない船である。旧日本軍の記録にもこの船の名前は存在しない。一説によると、戦時中に東南アジア周辺で拿捕された船で、それを旧日本軍が軍用貨物船として改造して使用したものではないかとされる（田中二〇〇七、八九頁）。

「ヘルメット・レック」の名前の由来となったのは、船室の中に大量のヘルメットが残されていたからである。また格納庫には数多くの爆雷がおさめられており、その右舷の壁の一部は破れ、いくつかの爆雷は船外に転落して散乱している。これは爆雷の一部が爆発し、壁を破壊したことによるものと考えられる。また別な格納庫には航空機用のエンジンと思われるものも認められる。

船尾には砲が設けられており、これも旧日本軍によって改造された時に付けられた装備である可能性が高い。また船尾付近で、「東洋陶器」社のロゴマークが記された陶器製の洗面台が確認された

（図5）。こうした備品も拿捕後にあわせて改修されたものと考えられる。なおこの「東洋陶器」のロゴマークは一九三二年から一九六一年まで使用されたものであり（図6）、残念ながらこれを手がかりにこの船の改修時期を特定するのは難しい。

「ヘルメット・レック」の南側にはキノコ形の小さな石灰岩の小島があり、その南側には今なお無数の弾痕が残されている。これは「ヘルメット・レック」が小島の北側に停泊し、小島を盾にして南側からの攻撃を防ごうとしていたものと推察される。戦後間もない頃はこの小島の近くには数多くの弾丸や魚雷の破片が散乱していたという。「ヘルメット・レック」の船首は南西を向いていることから、砲を備えた船尾を小島と反対側に向け、北から襲来する敵機を迎え撃とうとしていたのだろう。船内に爆雷や飛行機のエンジンがそのまま積まれていたことからわかる通り、この船は十分に戦闘態勢が整えられていない状況であったことは明らかだ。にもかかわらず、持てる唯一の武装で一矢報いようとしたのだろう。

・ブイ6レック

場所：マラカル島水道（図2—30）
着底深度：二七メートル
船首方向：北東
型式：不詳（カツオ漁船）
全長：約三〇メートル
幅：不詳

排水量：不詳
速力：不詳
建造年：不詳

マラカル水道に沈むこの沈船も正式な名称や型式は不明であり、どの記録にも記されていない。英語のガイドブックなどでは駆潜艇と記されているが（Harel et al. 2012: 77）、写真家の田中正文氏が指摘するように、カツオ漁船を改造した特設監視艇と見るのが正しいだろう（田中二〇〇七、八七頁）。

船首は前方に長く突出しており、これはカツオ漁船の特徴のひとつである。また船尾には砲が取り付けられていたようだが、現在は失われている。また舵は残されているもののスクリューは失われており、部分的にサルベージされたものと考えられる（図7）。

図7 「ブイ6レック」を右舷側からのぞむ

「石廊」の生存者のひとりは、船から脱出した際、静岡県焼津のカツオ漁船の船団に救出されたと証言している（田中二〇〇七、八七頁）。戦時下においては、外洋航海が可能な漁船が多数、特設監視艇として徴用されたが、とりわけ焼津港のカツオ漁船は、もともと南方開発派遣団として戦時統制に協力する形で南洋群島周辺において漁業活動を展開していたため、戦況の悪化とともに数多くの漁船が徴用された（服部一九九二）。このように、軍の記録には残らない数多くの船が戦地に徴用され、人知れず運命を終えていったことを、この沈船は物語っている。

・零式水上偵察機

場所：アラカベサン島北（図2―46）
着底深度：一五メートル
機首方向：北
型式：零式水上偵察機
全長：一一・四九メートル
幅：一四・五〇メートル
重量：二五二四キログラム
速力：時速三六七キロメートル
建造年：不詳（生産開始：一九三八年）

この零式水上偵察機がどのような経緯で墜落したのかは不明である。この飛行機の墜落地点のすぐ南側にはアラカベサン島があり、そこには北東水上飛行艇基地と南西水上飛行艇基地があった。戦争が始まる前には民間の水上飛行艇にも利用されていたが、一九三七年以降、アラカベサン島全域が軍用地として接収され、これらの基地も軍の水上機によって使用されたと考えられる。

この飛行機の後ろ半分は、墜落の衝撃で折れたのか、失われて確認することができない。ただし機首のプロペラは折れ曲がることなくそのままの状態を保っている（図8）。このことは、墜落時にエンジンが停止し、プロペラは回転していなかったことを示唆している。なぜなら墜落時にもしプロペラが回転していたのなら、それが水面に接触したときに折れ曲がってしまうと考えられるからである。

飛行機は機首を北に向けて沈んでいる状況から推察すると、アラカベサン島の北東水上飛行艇基地から離陸した直後に、被弾したか故障したかによりエンジンが停止し、そのまま海に墜落したものと想定される。ただしこのことを示すいかなる記録も残されていないため、この飛行機がいつ、何によって墜落し、乗員が生き残ったのか否かということは不明なままである。

図8　アラカベサン島沖に沈む零式水上偵察機

三　水中戦争遺跡をとおしてわかったこと

これら水中戦争遺跡をとおしてわかることは、正史では語られることのない戦争の実態である。これらの旧日本軍の艦船が、いかに戦い、いかに散っていったかを、遺跡は決して雄弁ではないが、聞く耳を持つ者には静かに語りかけている。

とりわけ重要なことは、パラオに沈む艦船のほとんどが、誰もが名前を知る有名な戦艦や空母などではなく、ほとんど知られることのない補助艦船であったことである。これらの艦船は、武装も十分ではなく、速力も遅く、まして多くは民間徴用船であったため、「武蔵」をはじめとする連合艦隊が撤退する上で「足手まとい」となったため、「捨て石」にされたのである。

さらに、「ヘルメット・レック」や「ブイ6レック」のように、本当の名前すらわからない船も含まれていることにも注目すべきである。これらの船の乗員のうちの何人かは船と運命をともにしたと想像される。彼らは軍の戦死者名簿にどのように記載されたのだろうか。

こうした状況から見えてくるのは、第二次世界大戦末期の旧日本軍の「なりふり構わぬ状況」である。戦況が悪化し、民間の貨物船やカツオ漁船までも徴用して戦争に駆り出さざるを得なかったにもかかわらず、いざ戦場においては「武蔵」をはじめとする連合艦隊の主力はこれらの船を見殺しにしてまで逃亡し、戦力を温存しなければいけないという軍の「身勝手さ」も垣間見ることができる。

しかし「捨て石」にされたこれらの艦船も、敵に一矢報いようと奮闘した様子も窺い知ることができる。例えば自ら浅瀬に乗り上げて「不沈工廠」となることにより、最期の時まで任務を続けようとした「明石」や、島影に隠れながら唯一の武装で敵と向かい合おうとした「ヘルメット・レック」の姿から、彼らの「覚悟」を感じ取ることができるだろう。

しかしこのような捨て身の戦術は、やはり正道ではなく、とるべきでない戦術であろう。しかし大戦末期の旧日本軍はこのとってはならない戦術を選んでしまったのである。パラオ空襲の三ヶ月後の一九四四年六月一五日から七月九日にかけて行われたサイパン島の戦いでは、民間人を巻き込んでの玉砕戦で幕を閉じた。さらに一九四四年九月一五日から一一月二四日まで行われたペリリュー島の戦い、一九四五年二月一九日から三月二六日まで行われた硫黄島の戦いにおいても、壮絶な玉砕戦が展開された。そして一九四五年三月二六日から六月二〇日まで行われた沖縄戦においても、民間人を巻き込んだ玉砕戦や集団自決という悲劇が引き起こされた。また自爆を前提とした特攻作戦も、やはり一連の玉砕戦と並行して行われるようになる。いわゆる神風特別攻撃隊による特攻作戦が行われるようになるのは一九四四年一〇月以降であり、またいわゆる人間魚雷「回天」が運用されるようになるのも一九四四年一一月以降である。こうした捨て身の戦術をとる契機のひとつとなったのが、パラオ空襲であり、ペリリュー島の戦いであったといえるのである。

その意味で、パラオで戦い、散っていった名もなき英霊に敬意を払うべきなのは言うまでもないことではあるが、無条件でそれを賞賛することは、こうした無謀な戦いを強いた旧日本軍の失敗を正当化することになりかねない。私たちは歴史を見るとき、事実に向き合い、そこから冷静な判断をすることが重要であることを、これらの戦争遺跡は示している。

おわりに

水中考古学、あるいは水中文化遺産研究にはさまざまなアプローチがありうるだろう。ここパラオで筆者が行った調査は、沈船を発掘したり、遺物を引き揚げたり、まして船そのものを引き揚げたりするような派手なものではない。ただ沈船に潜り、その現状を記録し、その遺跡自体が語る「沈黙の歴史」に耳を傾けることを行ったに過ぎない。しかしただそれだけのことでも、正史では語られることのない生々しい真実を明らかにすることができるのである。

参考文献

石村智（二〇一〇a）「パラオにおける戦争遺跡と日本統治時代の遺構の調査」（『奈良文化財研究所紀要』二〇一〇年）一

二一一三頁
石村智（二〇一〇b）「戦争遺跡を問い直す（3） 楽園と戦争の考古学――パラオにおける水中戦争遺跡の調査」（『考古学研究』五七―三）一一八―一二一頁
石村智（二〇一〇c）「パラオにおける戦争の「記憶」と「遺跡」――戦没者遺骨収集と考古学」（『金大考古』六六）一―三頁
石村智（二〇一一）「転用される日本の記憶――パラオにおける日本統治時代遺構の調査」（『日本考古学協会第77回総会研究発表要旨』）八〇―八一頁
田中正文（二〇〇七）『パラオ――海底の英霊たち』（並木書房）
服部雅徳編著（一九九二）『漁船の太平洋戦争』（殉国漁船顕彰委員会）
Bailey, D. E., 1991, *WWII Wrecks of Palau*, Redding: North Valley Diver Publications.
Harel, T., Bornovski, N. and Toribiong, F., 2012, *Diving and Snorkeling Guide*, Fish 'n Fins 40th Anniversary Special Edition, Palau: Fish 'n Fins.

元寇沈没船を探る——日本・ベトナムにおける調査

佐々木蘭貞

はじめに

二〇一二年、長崎県鷹島の神崎海底遺跡が国の史跡に指定された。これは、その前年に琉球大学を中心とした研究チームが一二八一年の弘安の役（いわゆる元寇・蒙古襲来）の際にモンゴル軍が使用した中国船の船体をまとまった形で発見したことをうけての動きであった。水中遺跡や元寇関連の戦争遺跡（遺物）の研究は、これを契機に新たな注目を集めている（池田二〇一一、西谷二〇一三）。この遺跡は日本の水中遺跡の代表例であるが、同時に戦争遺跡の代表例でもある。モンゴルの軍事活動に関する「水中」考古学的研究は今に始まったわけではないが、専門家以外には広く知られていない印象を受ける。本稿では戦争遺跡と水中遺跡の研究について学史を簡単に記述し、それをふまえてモンゴル軍の海事遺跡の研究事例をふたつ紹介したい。ひとつは鷹島神崎海底遺跡、もうひとつはベトナムの白藤江の戦い（一二八八年）の遺跡調査について述べる。これらふたつの遺跡はともにモンゴル軍が十三世紀末に海軍を送り込んだが侵略に失敗した戦跡として知られている。歴史的背景が類似しているが、遺跡形成の要因や調査の現状など大きな違いがある。ここではふたつの遺跡においてそれぞれ仮説を立て、戦争考古学的アプローチをもとに解釈を行った。鷹島の遺跡では中国からの船が果たして突貫工事で造船されたのかについて書く。また、白藤江では反抗する大越国の選択した戦略と地形の利用について書く。このふたつの遺跡の調査はまだ継続しており、より多くの専門家との共同研究がこれらの遺跡の評価を高め、歴史の解明に貢献するであろう。

一　戦争考古学と海事（水中）考古学

考古学の定義には幾つかの考え方があるが、基本は「モノ」から人類の歴史、生活や行動パターンを学ぶ学問である。戦争（戦闘）とは、それぞれ対立する社会が暴力という手段を用いてひとつの結果を得ようとする行為であり、時にはその結果が人類の社会を変革する力を持っている（Vandkilde 2003: 126-127）。現代社会において、戦争を題材とする研究にはさまざまな感情が付与される。これは、それだけ戦争という行動が人間社会において重要な位置を占めていることの象徴ではなかろうか。戦争や闘争の痕跡は使用した武器・防具だけにはとどまらず、砦や塹壕の跡なども含む。日本の山城の研究なども戦争遺跡として捉えることができる。もっとも著名な戦場遺跡はアメリカのリトル・ビッグホーン遺跡であろう。この戦いは一八七六年にアメリカ陸軍が北米先住民との戦いに敗れた場所として有名である。すでに一九五〇年代から金属探知機などを使用して遺物の分布が調べられていたが、一九八〇年代以降に行われた本格的な考古学調査では薬莢などの分布から戦場での個人の動きを特定し、話題を呼んだ。この調査の他、古代ローマ軍がゲルマン族に敗れたトイトブルクの戦いも考古学研究の対象となっている。ちなみに、筆者が戦争考古学と呼ぶのは欧米のコンフリクト考古学（conflict archaeology）である。Conflictの和訳は、衝突・対立・葛藤などが挙げられるが、戦争など争いだけなく広く使われる単語である。

戦争考古学の考え方に、戦闘時において人間は合理的・効率的な行動をとること、また、地形や自然現象を効果的に使うことが知られており、これらの証拠が遺物や遺構などに現れる。それは、戦闘状態において自分を守ることが優先され、そのためには合理的・効率的な行動が自己の存続に不可欠となるからである（Gilchrist 2003, Schofield 2005, Vandkilde 2003）。逆に考えると、過去の戦闘時に取られた行動は、合理的な理由で説明が可能であると言える。充分な情報が得られれば、遠い過去に行われた戦場での行動パターンも読み取ることができる。そのため、戦争遺跡というひとつの限られた研究であっても、広くその社会全般の知識が必要となり、また、その土地の環境・地形、歴史資料や伝承など幅の広い情報が求められる（Scott et al. 2010）。世界で最初に戦争考古学的調査を行った例は古く、一八四二年にエドワード・フィッツジェラルドが十七世紀のイングランド内戦の戦場地で行った調査であるといわれている。彼はすでに戦場跡のさまざまな情報の集約を行い、地形の復元、遺物の位置、伝承などを記録している（Scott et al. 2010）。先見性をもって行われた調査ではあったが、その後、戦争考古学が学問のアプローチとして取り扱われることは少なかった。

多くの戦場において、人類は地形を巧みに利用して勝利を導き出している。とりわけ、守る側にとって防護壁を構築するのは時間と資源を必要とするため、必要以上の労力をかけずに作られるものと考えられる。特に、自然地形を巧みに利用して防御壁の一部として利用することは古今東西頻繁に行われており、アンデス、中国、中世ヨーロッパなどでは砦や壁など作る際にも川や崖などを利用している例があり、考古学調査も行われている（Arkush et al. 2005）。日本やアジアの歴史でも、一見不利に見える戦において、地形を利用することで形成を逆転して勝利した例をいくつか挙げることができるであろう。備中高松城の水攻めなど日本史でも多くの例がみられる。また、「自然の城塞」という表現が戦場における地形の重要性を示している。博多周辺の元寇防塁の研究も自然地形との解釈が重要であろう。

次に日本国内では比較的新しい分野の学問として捉えられている水中（海事）考古学を見てみよう。海外ではその研究は古く、一九六〇年代以降本格的な学術調査が始まり、一九七二年にはユネスコがすでに実りのある学問に育ったと表している（UNESCO 1972）。筆者の解釈ではこの学問を「過去から現在に至る人類と海の関係をモノから解明する学問」としている。この「海」には広く湖や川などの水域が含まれるものとし、研究の対象は船・港・漁労道具やその使用法・伝承、そして、海を介した交流の歴史も含める。対象となる遺物が水中にあることが多いが、水中限定の考古学では決してない。この論集の本題が水中・海事考古学であるため、ここに収められた他の論文を熟読することによりこの学問の本質を知ることができるであろう。水中にある遺跡は陸上の遺跡よりも酸素から遮断された環境にあるため、一般的に有機物の保存が良好である。琵琶湖の粟津湖底遺跡で発見された木材や植物などがその良い例であろう（滋賀県文化財保護協会二〇一〇、植田一九九五）。また、遺跡が形成されてから発見までの間に攪乱などを受けずに安定した状態にあり、特定された時代の遺物が集中して当時のままで残っている例が多い。

最後に水中にある戦争遺跡について簡単に見てみよう。海や湖の上で行われた軍事活動（海軍・海戦）の歴史は数千年に遡る。海戦の記録は残っている場合が多く、また、一度に複数の船が沈没したため、これらの軍艦の残骸は比較的容易に発見できるかのように見受けられる。しかし、実際には軍艦の調査例はきわめて少ない。水中では有機物の保存状態が陸上よりも良いと述べたが、これは砂やシルトなどに埋もれて酸素から遮断された場合に限る。船材などの有機物が保存されるには完全に船を沈めるだけの重たい積み荷が必要となる。水中に露出した部材はフナクイムシやバクテリアなどに「食われ」て劣化が進む。そのため、商船など重たい積み荷を積んだ船の、それも船底部のみが残る場合が多い。竜骨とその左右の外板数枚が残り、デッキや甲板、マストなどの上部構造は発見されることはきわめて稀である。近代以前において、軍艦など戦闘で使用される船はスピードを重視していたため、積み荷をほとんど積んでいないことが多かった。特に古代のガレー船などは壊れてもしばらく浮いていたりして、完全に水の底に沈むことは少なかったと考えられる。地中海には二〇〇〇件以上の沈没船の調査例があるが、そのうち海戦など明らかに軍事目的で使用された船の調査はほんの数例しかない。大航海時代を経て以降はガレオン船のように長期間移動し、商船でありながら軍事目的も果たす大型船がつくられるようになってきた。それらの船はやはり積み荷を積んでいたため、船体が残っていることがあり、発見・発掘例も多くなる。それゆえ、鷹島のように過去の海の戦いの実態を知ることができる遺跡は貴重な存在である。

おそらく世界で最初に海戦の跡地を調査した例は古代ギリシャのサラミスの海戦であろう。この「調査」は一八八四年に行われ、考古学者が水中発掘を計画した最初の例ともいえる。一〇〇年以上も前に水中発掘の方法論や今後の課題を提示しており、調査自体は成功したとは言い難いが、水中考古学史から「忘れられた偉大な調査」である（Catsambis 2006）。この他に有名な海戦の遺跡としては、十六世紀のスペイン・アルマダ艦隊を調査した例もある（Martin et al. 1988）。アメリカの発掘例ではH．L．ハンリー（潜水艇）が知られている。アメリカ南北戦争時に使用された潜水艇であり、プロペラの動力は人力（手漕ぎシャフト）であった。ハンリーは戦闘において初めて敵軍の船を沈没させ、海事史に大きな名前を刻んだ潜水艇である。船を沈めることには成功したが、その後行方不明となっていた。近年になり、ハンリーと思われる潜水艇が発見され、調査が行われた。発掘の結果、潜水艇内には遺骨が残っており、乗組員は整然とそれぞれの位置に座っていたようである。潜水艇はゆっくりと海底に到達したらしく、静かに最後の時を待つ乗組員の様子をうかがうことができる。調査の後、乗組員は軍装の礼により埋葬された（Conlin et al. 2006）。

二　鷹島海底遺跡の事例

伊万里湾に浮かぶ長崎県鷹島は蒙古襲来終焉の地として長くから知られている。元史や高麗史などの文献などの史料を通して蒙古襲来について解明が進んでいるが、まだ多くの謎を残す。一二八一年、中国からの江南軍と高麗から出発した船団は平戸で合流し、伊万里湾に迫った。そのおり吹いた大風によりモンゴル軍は日本からの撤退を余儀なくされたことは良く知られた史実である。それから七〇〇余年、鷹島沖海底からは漁師によってさまざまな遺物が時折発見されていたことが学者に知られるようになると、元寇の沈没船が眠っている可能性が指摘され、一九八〇年代から水中調査が開始された（図1）。鷹島での海底調査は地元の教育委員会が主体であったが、護岸工事に伴う緊急発掘や科学研究費による琉球大学の学術調査など現在に至るまで多くの研究者がそれぞれのプロジェクト毎に関わってきた。これらの詳細についてはこれまでに刊行された発掘調査概報や報告書、または元寇について書かれた歴史書を参考にされたい。

筆者はアジアの船舶について専門で学んでおり、幸いにも二〇〇四年から鷹島で引き揚げられた木材の実測を行う機会を得た。主にアジア水中考古学研究所が一九九〇年代以降に神崎港で行った緊急発掘調査で引き揚げられた木材およそ五〇〇点を分析した。実測を行っていた時点で保存処理中の遺物などもあるため、完全な資料ではないが鷹島で引き揚げられた九〇%以上の木材の観察をすることができた。ちなみに、近年の琉球大学の調査した沈没船についてはまだ十分な検証を行えていない。

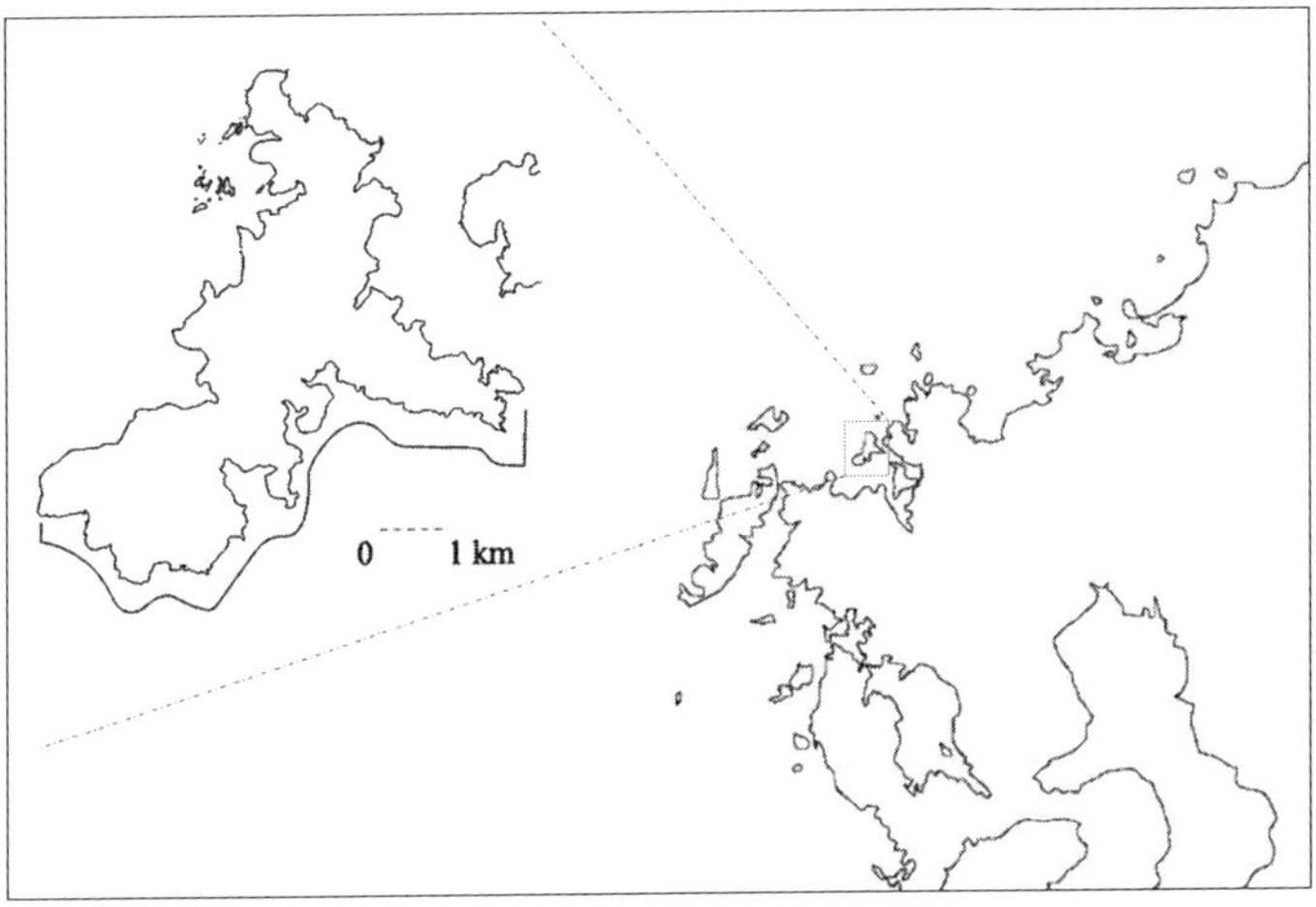

図1　長崎県松浦市鷹島の地図。南岸の周知の遺跡の範囲を示す

筆者が講演会や学会などで鷹島の水中遺跡の話をすると必ずと言ってよいほど聞かれる質問に、「これらの船は突貫工事で造られたため構造的にもろい船が多かったのではないか」というものがある。モンゴル軍の敗因については、いくつかの説がある。もちろん大風が吹いた記述があるが、はたしてそれだけで多くの船が失われたのであろうか。筆者は、いくら戦時中であれ、すぐに沈没するような船を出港させることは合理的でないと考える。モンゴルが指揮を取っていたとしても、実際に船に乗り込んで戦場に出るのは、船を作った人々の家族や知人であったことも充分考えられる。本論では、おもに考古学証拠、すなわち出土船材から突貫工事の可能性について検証を行った。

鷹島で引き揚げられた木材は比較的浅い地点で発見されているため、波の影響を直接受けやすく、船体は完全に砕けた状態で発見された。果たしてひとつの沈没船か、複数の船であるかもわからない状態での出土であった。しかし、多くの木材は鉄釘を多用していた。韓国の伝統船舶は鉄釘を使用せずに、「ほぞ」など木の組み方のみで造られる。韓国の船であると断定できる船材はほぼなく、また、陶磁器など他の遺物を見ても韓国からの遺物はあまり発見されていない。そのため、現在までに発見されている木材の多くは中国船の船材であると見て良いだろう。文献資料でも被害を受けたのは主に中国からの船団であったとされている。ここで、どのくらい木材が劣化しているのか見ておく必要がある。検証を行った木材の半数以上が現存五〇センチメートル以下の小さな木材であり、二〇〇センチメートル以上のものは九点しかなかった。また、船材の劣化に応じてランク分けを行った結果、完形のものは三二点、逆に人の手が加わっていることが確認できないほど劣化した木片が三割を占めていた。劣化した木材や薪・丸太材を除いた、船や大型道具の部材である可能性の高い加工木材は一七四点確認された。このように、鷹島海底から引き揚げられた木材の劣化は著しく、部材それぞれに対してさまざまな角度から検証を加えることは可能であるが、結論を出すことは困難である。本論中の解釈は今後の発見により大きく変わることが予想される。

それでは、本題の船団の突貫工事が行われた可能性について考察を行う。鷹島で発見された部材の中には、いびつに造られているようにも見受けられるものがある。その代表的な船材にマストステップ（桅座）と呼ばれている部材がある。[1]このいびつな形をした桅座には、マストの左右に配置されマストを支える役割を果たす木材を組み込む四角い穴があるが、左右対称でなく、またもうひとつ別の大きな穴も見受けられる。まさに雑に造られているとしか見受けられない（図2）。この部材が桅座であるとした場合、船自体の強度、また、船全体も同じように雑に造られていたのであろうか？　確かに、現在の船や西洋で発達した帆船では、マストステップはマストの重量を受けその力を竜骨を通して船全体に均等に分散させる役割を果たす重要な部材である。そのため、西洋式帆船でこのような雑な造りのステップであれば、船自体の強度にも影響した可能性を指摘できる。しかし、中

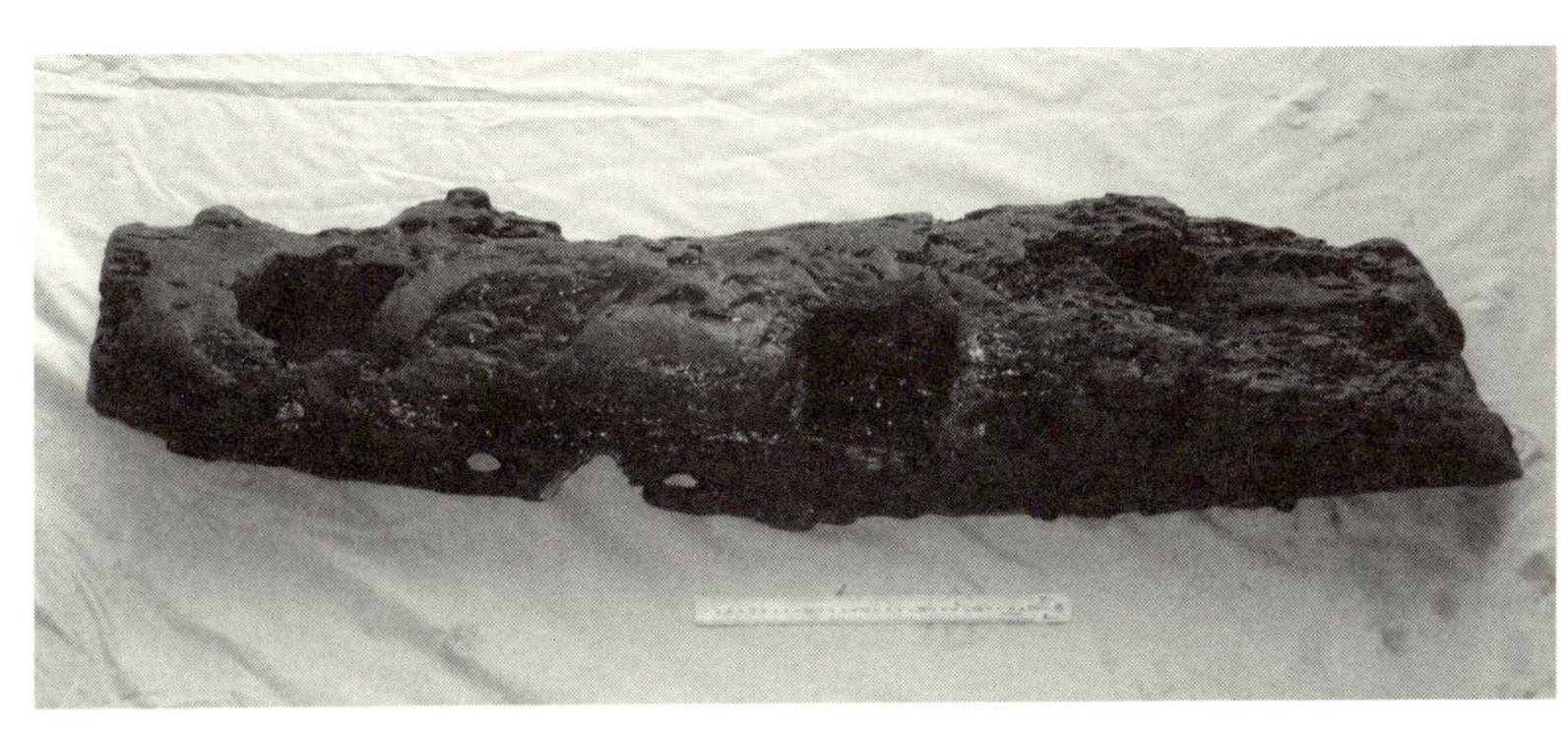

図2　マストステップの写真

国船は西洋の船と違い、マストの力を隔壁や甲板、そして梁などで受け止め、隔壁を通して横方向で船全体へとその力を流す構造を持つ。当時中国で造られた船において、桅座はそれほど重要な部材ではなかったと思われる。当時の船大工はもちろんこれを良く知っていたのであり、船の構造強度に妥協することなく「手抜き」をするのであれば、この部分であったろう。桅座ではないとする意見（長崎県教育委員会二〇一一、一九〇頁）もあるが、それを検証するだけの考古学的証拠は少ない。泉州沈没船や新安沈没船の大桅（メインマスト）の桅座を見ると、船底の形に合わせて形成されており、大型船の桅座の特徴であろう。その一方、蓬莱沈没船など平底形をした船の桅座はフラットに近い。鷹島出土の桅座は底辺が平たく断面は台形である。しかし、この木材が一般に考古学資料として残りにくい船首や船尾に取り付けた桅座である可能性もある。また、民族事例を見ると桅座の形もさまざまであり、いびつな形を持つ例も見られる。この木材は、大きな商船タイプの大桅の桅座ではないが、平底の小型船のものか、大型船の大桅以外の場所に設置された桅座である可能性は高い。

次に別の遺物をもう一点、六メートル弱の長さを図る隔壁材を紹介しよう（長崎県教育委員会二〇一一、遺物番号KZK02-964および965）。隔壁構造は中国船の最大の特徴のひとつであり、船内を仕切る働きと同時に、梁や肋材の

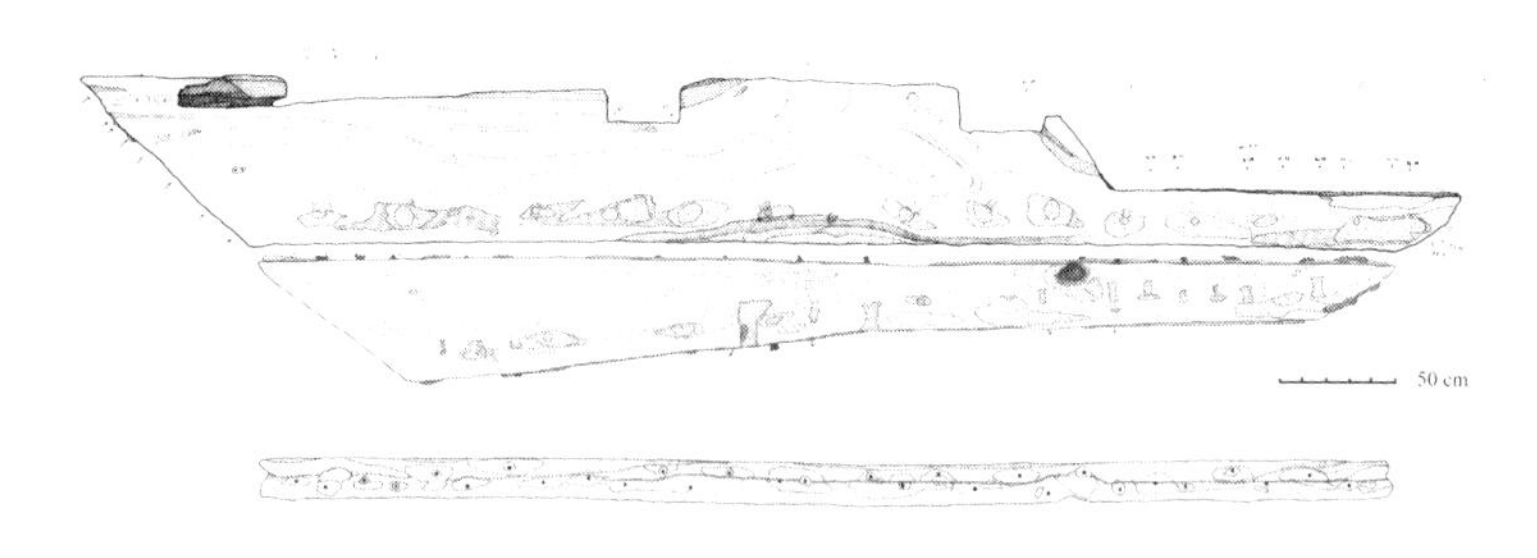

図3　鷹島出土の隔壁材

ように強度を高める働きもある（図3）。鷹島で出土した遺物は必要とする大きな木材を確保できなかったとみえ、形は多少変則的である。しかし、隔壁同士の結合は他の沈没船と比較して、明らかに強固な造りとなっている。あらかじめ隔壁の表裏に掘り込んだ穴に鉄くぎを斜めに打ち付け固定しているが、釘の間隔は一二センチメートルほどで統一されている。一方、新安や泉州沈没船も同様の結合方法を採用しているが、その間隔は広くランダムである。また、鷹島の隔壁材は外板との結合にも大きめの釘を使用し、他の沈没船に比べ丁寧に作られている。一枚の大きな板は確保できなかったとしても、船の構造上問題のないようにしっかりと隔壁の結合を行ったのであろうか。限られた時間や木材を合理的に使いながら、船が無事に帰港できるように頑丈に作るべき部分は手を抜くことなく作成していたと考えたい。

鷹島の海底から興味深い文字資料が発見された。漆塗りの木製品に「……元年殿司修検視訖官……」と朱書きされていた（四日市二〇〇二、中島二〇〇三）。この札は「何か」が修復されたことを示しているが、この「何か」が船である可能性も十分ありうる。小さな道具を修復しそれを検査した可能性もあるが、合理性に欠ける。それよりも、大きな道具である可能性が高い。また、それを示すかのように船材に修復（リサイクル）された可能性を示唆する木材が一〇点ほど確認されている。例えば、幾つかの木材には釘が一～二センチメートルほどの間隔で打ち込まれている部分があり、また、角度も一定でない。この他にも、ひとつの面にサイズの一定でない釘穴が無数にある遺物も確認されている。これは、木材の再利用を示していると考えられないだろうか。さらには、大きな木材――例えば隔壁や外板など――にはこのような傾向は見られなかった。リサイクルされた可能性が確認された木材はすべて小さな角材（幅と厚さの比率がおよそ二：一で一辺一〇センチメートル以下の木材）に分類される。これらは船具や他の機材などに使われたと思われる。もともとは外板や隔壁など別の部材として使われて、小さく切られて必要に応じて使用したのであろう。この再利用された木材も、構造上問題のない効率のよい選択であると言える。

次に、樹種同定の結果をみてみよう。同定の結果などについては、鷹島海底遺跡の報告書を参照いただきたい（長崎県松浦市教育委員会二〇〇八、一九三―二三〇頁）。伝統的に中国（特に揚子江以南）ではクスノキ（*Cinnamomumcamphora*）やコウヨウザン（中国語で杉木）（*Cunninhamialanceolata*）、もしくは、マツ属も造船に使用された（席一九九九）。特に福建省（泉州）の船大工にとってクスノキは重要な木材であった（山形二〇〇四、Worcester 1971）。泉州沈没船はクスノキを主として作られており、また、南京の鄭和の船が造られたと伝わる造船所ではコウヨウザンが主に発見されている（南京市博物館二〇〇六）。鷹島から発見された木材は船材と断定できない例が多いため、樹種同定の一覧を見るだけでなく、必然となんらかの解釈が不可欠となる。主に大型木材でクスノキとコウヨウザンが目立ち、その他の木材（木片）は特に樹種に偏りがなかった。鷹島で分析したおよそ五〇〇点の木材の中から一七四点を船材であるとし、このうち、五七点がクスノキ、三九点がマツ属、二六点がコウヨウザンであった。船材をさらに分類し、隔壁材として使われた可能性の高い木材一五点をみると、一二点がクスノキであった。また、外板と思われる木材一五件中一〇件が同じくクスノキであった。この反面、上述した小さな角材や用途不明木材などは、ひとつの樹種に偏ることなくさまざまな樹種が確認された。当時、突貫工事が行われて造船所周辺の木が伐り倒されていたのであれば、多くの種類の木が使われたと想定される。しかし、少ない例ではあるが、船の構造において重要で大きな船材は常時使用する木材を使い、小さな部材などはとくに木の種類に区別なく使用したのではないかと考えられる。

鷹島海底遺跡は日本では水中考古学調査の代表例であるが、それと同時に、戦争遺跡としてのアプローチを行うにも最適な遺跡であると言える。ここでは、引き揚げられた木材からの考察という限られた例ではあるが、これらの船が突貫工事で造られたのか否かを考察した。その結果、船の修復を行った可能性は示唆でき、また、船の構造を考えた上で船の強度に影響の少ない部分ではいわゆる「手抜き」が行われたことも考えられる。しかし、船体構造上重要な部材においてはしっかりと作られていることを考えると、船の強度は充分保たれていたと考えられる。現時点ではあくまで単体の遺物を見た場合の見解であり、これが船団全体に当てはまるとは限らない。どのような船団で日本侵攻を企てたかについても今後、歴史・考古資料で明確に示していく必要がある。川船や小舟なども沿岸地域を攻略するには必要な船であるので、どのような船がどのような機能的な役割分担があったかなどの研究が課題となろう。これらの問題については太田（一九九七）がこれまで精力的に取り組んでいるが、今後は考古資料からも考察を加えていくことにより、さらに実証的な成果を提示することができよう。

三　白藤江の戦いの事例

モンゴル帝国の日本侵略計画は決して単独の出来事ではなく、広く他の地域の動きと関連していた。例えば、モンゴル軍は陳朝大越国（現在のベトナム北部）にも侵略を企てた。日本への侵攻を行う前にもモンゴル軍は陳朝を攻略せんとし、兵を送ったが撤退を余儀なくされた。一二八七年、モンゴル帝国は一〇万近い遠征軍とその物資・食料などを積んだ船団をこの地に送り込んだ。モンゴル軍は首都の昇龍（現在のハノイ）を攻略したが、陳朝は各地で小規模な闘争を展開、後続する補給船団を狙い撃ちにした。冬の間に決着を試みていたモンゴル軍であったが、夏を前に昇龍を引き上げた。戦意喪失のなか、帰路に選ばれたのが白藤江（バクダン川）を経由して海路で中国に戻るルートであった。陳朝の将軍陳興道は、あらかじめ白藤江河口に無数の木杭を打ち込みモンゴル軍が接近するのを待ったと伝わる。この白藤江は干満の差が著しいことで知られる。伝承によると、ちょうど満潮から干潮に変わる頃をはからい、おとりを使い敵の船団を木杭におびき寄せた。突然現れた木杭で動きが取れなくなった船団に潜伏していた兵が一斉に襲撃をしかけ、モンゴル軍を壊滅させた。この陳軍の戦術により、モンゴル軍は四〇〇隻もの船を失い、日本に続きこの地でも遠征は完全に失敗に終わった（Vu Hong Lien Warder 2009）。白藤江の戦いで勝利した陳興道は今日でもベトナム祖国の英雄として奉られている。文永・弘安の役が日本でそうであるように、ベトナムでも白藤江の戦いは国民に広く知られた史実である。中国やベトナムの文献資料には断片的にこの戦いの記録があるが、不明瞭な部分が多い。西暦九三八年にも同じく白藤江において中国の南漢（五代十国）と呉朝との間で戦闘が起こり、木杭による戦術が取られたと記されている。この時の戦いとの資料や伝承の混同なども問題であり、文献資料だけでは戦闘の様子はなかなか見えてこない。

一九五〇年代、ベトナム北部のクワンニン省では水害対策のため、大規模な堤防建設が進められていた。そのおり、白藤江の河口のイェンフン地方で地元の人が、見たこともない木杭を数本発見した。もともと、十三世紀の戦いに関する史跡や伝承が伝わる地域であったため、陳興道が打ち込んだ木杭である可能性が指摘され、考古学調査が開始された。発見された杭は放射性炭素年代測定により十三世紀の白藤江の戦いの年代と一致した

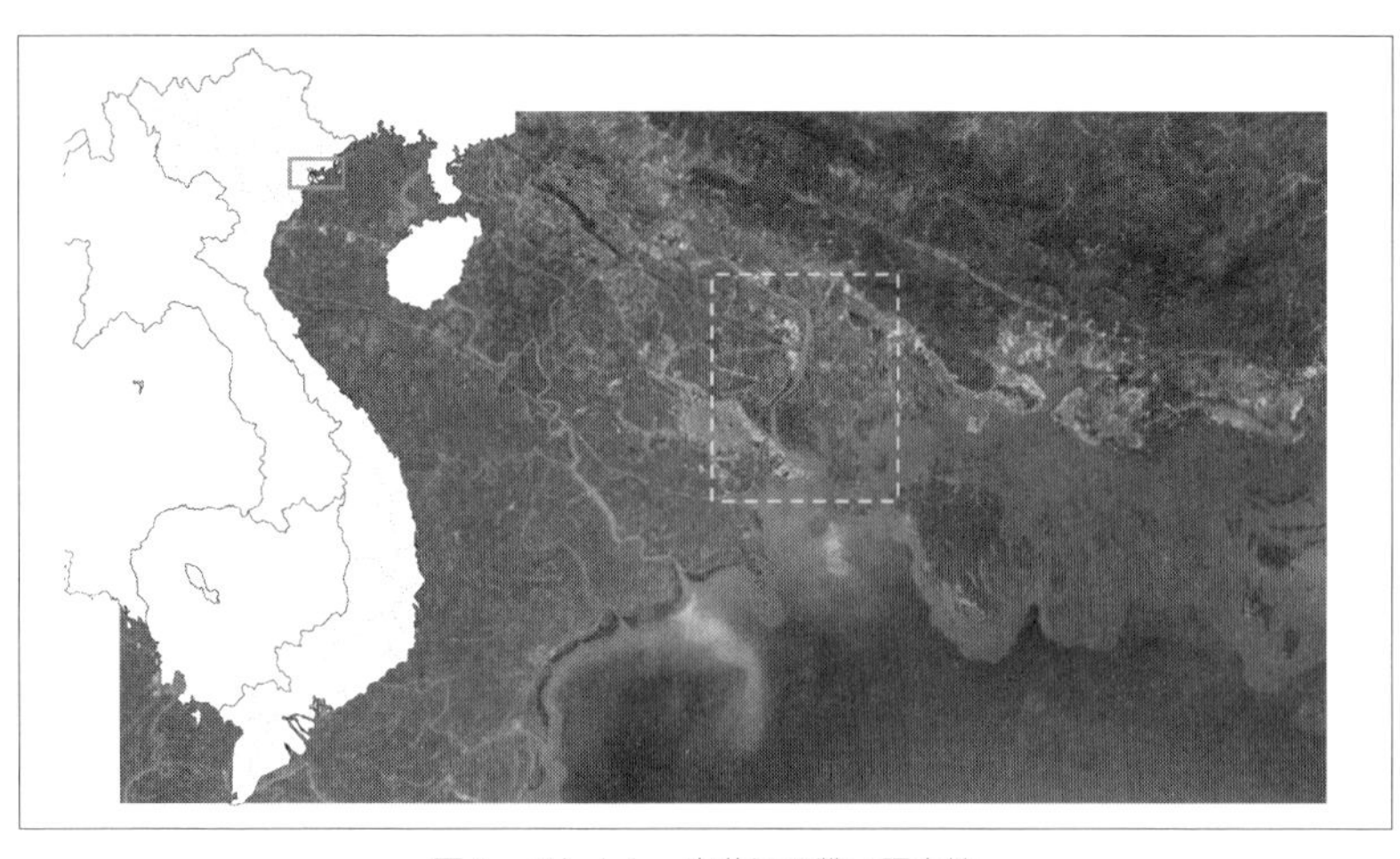

図4　ベトナム・白藤江の戦い調査地

（Đào 1969）。木杭は国内にある博物館などで展示され、国民の愛国心を高める結果となった。その後、地元住民から木杭の発見が相次いで報告されたが、どれも現在は陸地の田畑の中から発見されている。イェンフン地方はデルタ地帯であり、堤防が築かれる以前は、洪水などが頻繁に起こっていたと伝えられており、川の流れも七〇〇年の間に変化したと考えられる（図4）。これらの木杭が発見された地域において、ハノイの人文社会科学大学やベトナム考古学研究所などが考古学調査を数回行っている。継続して研究が行われていないものの、遺跡の重要性は認識され保護されるに至った。

二〇〇八年、筆者と木村淳氏が中心となりテキサスA&M大学海事考古学研究所の助成をもとに白藤江の戦いの現地視察を行った。二〇〇九年にはナショナル・ジオグラフィック社などの助成を受け、ベトナム考古学研究所と協力のもと、国際プロジェクトが始動した。二〇〇九年の調査ではこれまでに発見された木杭の位置、史跡や伝承などの記録、当時の地形の復元のためのデータ収集を行った（図5）。このプロジェクトは活動を継続しており、木杭の発掘調査、磁気探査機や地中レーダーによる調査も行っている（Sasaki et al. 2012）。七〇〇年前の船体の発見には至ってはいないものの、当時の戦術を理解する上で貴重な情報が集まりつつある（Kimura et al. 2013）。また、この調査をきっかけとして、ベトナム国内で初となる学術調査を基本理念とした水中考古学部門が設立されたことは、このプロジェクトのひとつの大きな成果であろう。

本論考では主に地形を利用した戦術について解説する。白藤江の戦いに関する遺跡や史跡は八－九平方キロメートルほどのエリアに点在している。白藤江河口の現在の地形はほぼ平坦であり、点在する微高地に集落が形成されている。また、これらの小高い場所に史跡・寺院があり、戦闘に関する伝承もそこに集中する傾向にある。木杭が集中する地域は南北方向に白藤江が流れ、東西からいくつかの支流が流れ込む。過去にはこれらの川に大きな露頭があり通航の妨げとなっていたが、フランス統治時代に整備されたといわれている。現在でも潮が引いたときには大きな岩場が現れることがある。また、石灰岩の層が南東に向かって堅調に見られ、この層以南には木杭は発見されていない。これら微高地や岩礁などは七〇〇年前にも通航の妨げとなった可能性が高い。これらの自然地形の上にこれまで発見された木杭の位置を重ねると興味深い様相が浮かび上がる。地図を見ると、遺跡として指定されている三点と木杭が発見されている地点は、白藤江の戦い当時に島や岩礁であったと考えられる地域に挟まれた場所にあ

図5　白藤江の戦い跡地から発見された木杭

るように見受けられる。いわば、自然地形と木杭を利用し、大きな壁を作ったと考えられる。モンゴル軍は北から南に向かっており、この「自然と人工の壁」によって道を塞がれたようである。もちろん、まだ大まかな復元図であり、今後はさまざまなデータを使い正確な復元図の作成を目指している。現在、磁気探査やボーリング調査を行いながら、沈没船がありそうな地域を特定する作業を進めている(図6)。限られたエリアではあるが、発掘も行っており、杭の保存状況は良好であるため、船材の発見も期待されている。沈没船が見つかれば大きな発見とはなるが、陳朝の戦術の解明も重要な成果である。

図6　磁気探査機を使用し水路を調査する様子

白藤江の戦いを研究する場合、念頭に置くべき問題がある。それは、「陳軍が実際にモンゴル軍に対して木杭を使った戦術を取ったのか」である。文献史学の立場からは九三八年の戦いにおいて木杭は使用された可能性が強いが、十三世紀のモンゴル軍との戦闘においては文献資料の写しの可能性があり、断定はできないとの見解もあると聞く。[2] 実際に、木杭の周辺からはモンゴル軍が使用した船体はおろか、遺物もほとんど発見されていない。また、発見・発掘された木杭の炭素年代が一致しているが、海洋リザーバー効果を考慮にいれた年代補正を行っていない(Kimura 2011b)。これらを考慮すると、木杭は戦い当時のものではなく、後の時代に造られた堤の一部であった可能性も考えられる。しかし、同時にこれらの木杭が十三世紀である可能性を示唆する証拠もある。この地方の植民が開始されたのが十五世紀であり、それ以前の記録は残っていない（八尾一九九五）。考古学資料も十五世紀以前の遺物や住居跡などはこの地方からほとんど発見されていないため、考古資料と文献資料が一致している。その一方で、木杭周辺においてのみ十三世紀ごろの陶磁器片が確認されているのはなぜだろうか。

最後に、白藤江の考古学プロジェクトについての考察をまとめよう。この遺跡は考古学的に特異なケースであると思われる。戦争遺跡ではあるが、遺物は現在のところほぼ木杭のみである。また水軍の戦跡であるが、沈没船の調査ではなく、さらには、遺跡が水中にあるわけではない。重要であるのは、白藤江の戦いに使われた木杭が戦争時の自然地形の利用を示す良いケース・スタディとなることにある。海を越えての軍事介入において、船や積荷だけでなく地形や潮の干満などの環境は、攻める側も侵略される側も両方それを重要視し、活用できる場合にはそれを巧く利用したと考えられる。白藤江の戦いは、まさに人々が環境を理解しそれを活用して歴史を変えた大きな事件であった。もちろん、白藤江の調査はまだまだ課題が残されている。広い範囲に点在する木杭をそれぞれどのように解釈するか、また、実際にこの戦闘で使用されたものであるか、意見の分かれるところである。もう一歩踏み込んだ歴史資料の解釈も必要であり、今後の調査の進展に期待したい。

おわりに

本章では、ふたつのモンゴル（水）軍の戦争遺跡を紹介した。このふたつの遺跡は同時代の関連した遺跡であるが、遺跡の特徴は全く異なり、その研究方法や解釈法も変わってくる。同じ戦争考古学の見地からでさえもさまざまな問題設定をすることができ、考古学調査から得られる情報の解釈の幅の広さを物語っている。ここで紹介した研究例は、まだ仮説にしかすぎない。今後の調査によっては仮説を完全に否定する発見がなされる可能性もある。しかし、これらの説を敢えて批判にさらすことにより、議論を活発にし、新しい仮説の提唱などを通して少しでも史実に近づければ幸いである。[3]

注

（1） 長崎県松浦市教育委員会（二〇一一）掲載の遺物番号KZK00-320。そもそもアジアの船の部材に西洋の船の部材名であるマストステップを使用するべきではないが、すでに刊行された概報などでこの呼称が使用されているため、混乱をさけるためここでも同じ単語を使用した。中国の報告書などでは桅座を使用しているが、文献資料などでは桅脚という語も見える。

（2） 桜井由躬雄氏との意見交換による。

（3） 本文を執筆するにあたり、多くの方々の協力を得た。そのすべての方々に対してお礼をここで述べることはできないが、ベトナムの調査を支えたクロード・デュテュイ氏に感謝の念が届くことを祈る。なお、本論文は、著者がテキサスA&M大学大学院に在籍中に執筆した論文二報に最新の情報などを加筆したものである。

参考文献

池田榮史（二〇一一）「長崎県北松浦郡鷹島周辺海底に眠る元寇関連遺跡・遺物の把握と解明」（『平成18年度―平成22年度科学研究費補助金基盤研究（S）研究成果報告書』第三冊（最終報告書）、琉球大学）

植田弥生、辻誠一郎（一九九五）「粟津湖底遺跡における縄文時代早期の木材化石群」（『植生史研究』三―一）一五―二八頁
太田弘毅（一九九七）『蒙古襲来――その軍事史的研究』（錦正社）
佐伯弘次（二〇〇三）『モンゴル襲来の衝撃（日本の中世9）』（中央公論新社）
佐原真（二〇〇五）『戦争の考古学（佐原真の仕事4）』（岩波書店）
滋賀県文化財保護協会（二〇一〇）『びわこ水中考古学の世界』（サンライズ出版）
高橋信武（二〇〇五）「椎葉山――考古学的に調査した戦場の一例」（『大分県地方史研究会』一九五）二三―五五頁
中島楽章（二〇〇三）「附編――鷹島海底遺跡出土の南宋殿前司をめぐる文字資料」（『鷹島海底遺跡Ⅷ――鷹島町文化財調査報告書第7集』、長崎県鷹島町教育委員会）六〇―六八頁
長崎県鷹島町教育委員会（二〇〇三）『鷹島海底遺跡Ⅷ――鷹島町文化財調査報告書第7集』
長崎県松浦市教育委員会（二〇〇八）『松浦市鷹島海底遺跡――松浦市文化財調査報告書第2集』
長崎県松浦市教育委員会（二〇一一）『松浦市鷹島海底遺跡総集編――松浦市文化財調査報告書第4集』
西谷正編（二〇一三）「特集　水中考古学の現状と課題」（『季刊考古学』一二三、雄山閣）
松木武彦（二〇〇一）『人はなぜ戦うのか――考古学からみた戦争』（講談社選書）
八尾隆生（一九九五）「黎朝聖宗期の新開拓地を巡る中央政権と地方行政――安興碑文の分析」（『東南アジア研究』三三―二）一四三―一六八頁
山形欣哉（二〇〇四）『歴史の海を走る――中国造船技術の航跡（図説中国文化百華一六巻）』（農山漁村文化協会）
山本達郎（一九五〇）『安南史研究』（山川出版社）
四日市康博（二〇〇二）「鷹島海底遺跡に見る元寇研究の可能性――元寇遺物実見報告（特集元代史研究における多角的アプローチの試み）」（『史滴』二四）一三一―一四四頁
Arkush, E. and Stanish, C., 2005, 'Conflict in the Ancient Andes: Implications for the Archaeology of Warfare', *Current Anthropology*, vol. 46-1: 3-28.

Carmen, J., ed., 1997, *Material Harm: Archaeological Studies of War and Violence*, Glasgow: Cruithne Press.

Catsambis, A., 2006, 'Before Antikythera: The First Underwater Archaeological Survey in Greece', *The International Journal of Nautical Archaeology*, vol. 35-1: 104-107.

Catsambis, A., Ford, B. and Hamilton, D. L., eds., 2011, *The Oxford Handbook of Maritime Archaeology*, Oxford: Oxford University Press.

Conlin, D. L. and Russell M. A., 2006, 'Archaeology of a Naval Battlefield: H.L. Hunley and USS Housatonic', *International Journal of Nautical Archaeology*, vol. 35-1: 20-40.

Đào Duy Anh, 1969, 'Những cọc lim đào được với sự đổi dòng của sông Bạch Đằng', *Nghiên cứu Lịch sử*, 129:10-18.

Delgado, J., ed., 1998, *Encyclopedia of Underwater and Maritime Archaeology*, New Haven: Yale University Press.

Fox, R.A. Jr., 1993, *Archaeology, History and Custer's Last Battle: The Little Bighorn Reexamined*, Norman: University of Oklahoma Press.

Freeman, P., and Pollard P., eds., 2001, *Fields of Conflict: Progress and Prospect in Battlefield Archaeology,* Oxford: British Archaeological Report.

Gilchrist, R., 2003, 'Towards a Social Archaeology of Warfare', *World Archaeology*, vol. 35(1): 1-6.

Green, J., Burningham, N. and Museum of Overseas Communication History, 1998, 'The Ship from Quanzhou, Fujian Province, People's Republic of China', *International Journal of Nautical Archaeology*, vol. 27: 277-301.

Hien, L.N., 2003, *Three Victories on the Bach Dang River*, Nhà Xuất bản Văn hóa-thông tin, Há Nội.

Hill, P. and Wileman, J., 2002, *Landscapes of War: The Archaeology of Aggression and Defence*, Stroud: Tempus.

Kimura, J., 2011a, 'Principles in East Asian Shipbuilding Traditions', Ph.D. Thesis, Flinders University.

Kimura, J., 2011b, 'Report: Archaeological Surveying and Ecavation at Dong Ma Ngua, Vietnam 2010', *The INA Annual*, 2010: 44-49.

Kimura, J., Staniforth M., Lê Thị Liên and Sasaki, R., 2010, 'Naval Battlefield Archaeology of the Lost Kublai Khan Fleets' *The*

International Journal of Nautical Archaeology, vol. 43 (1) : 76-86.

Lê Thị Liên, 2005, *Báo cáo kết quả khảo sát, thám sát Bãi cọc Đồng Vạn Muối, tháng 11 năm 2005*, The Institute of Archaeology, Há Nội.

Lưu Trần Tiêu and Trịnh Căn, 1977, 'Cọc Bạch Đằng trong đợt khai quật năm 1976', *Nghiên cứu Lịch sử*, 172: 67-74.

Martin, C. and Parker, G., 1988, *The Spanish Armad*, London: Hamish Hamilton.

Needham, J., Wang Ling and Lu Gwei-Jen, 1971, 'Civil Engineering and Nautics', *Science and Civilization in China,* vol. 4: Physics and Technology, Part 3, ed. J. Needham, Cambridge University Press.

Parker, A. J., 1992, *Ancient Shipwrecks of the Mediterranean and the Roman Provinces*, Oxford: British Archaeological Report.

Sasaki, R., 2015, *The Origins of the Lost Fleet of the Mongol Empire*, College Station: Texas A&M University Press.

Sasaki, R. and Kimura J., 2012, 'Archaeological Survey of the Bach Dang Historical Battle Field', *The INA Annual*, 2011: 80-92.

Sasaki, R. and Kimura J., 2010, 'The Bạch Đằng Battle Site Survey Project 2009', *The INA Annual*, 2009: 14-24.

Sasaki, R. and Lee, C. H., 2010, 'Goryeo Dynasty Shipwrecks in Korea', *Shipwreck Asia:Thematic Study in East Asian Maritime Archaeology*, ed. J. Kimura: 56-73, Adelaide: Maritime Archaeology Program.

Schofield, J., Johnson, W. G. and Beck, C. M., 2002, *Matériel Culture: The Archaeology of Twentieth Century Conflict*, London: Routledge.

Scott, D. and McFeaters, A. P., 2010, 'The Archaeology of Historic Battlefields: A History and Theoretical Development in Conflict Archaeology', *Journal of Archaeological Research*, vol. 19 (1) : 103-132.

Scott, D., Haecker, C. and Babits, L., eds., 2009, *Fields of Conflict: Battlefield Archaeology from the Roman Empire to the Korean War*, Sterling: Potomac Books.

Staniforth, M., Craig, J., Jago-On S. C., Orillaneda B. and Lacsina L., eds., 2011, *Proceedings on the 1st Asia-Pacific Regional Conference on Underwater Cultural Heritage,* Manila: National Museum of the Philippines.

Tống Trung Tín, Phạm Như Hồ, Phan Tiến. Ba and Lê Thị Liên, 1988, 'Nghiên cứu bãi cọc Yên Giang Lần thứ 5', Paper Presented at

the Anniversary of 700 Years of Historical Bach Dang Victory（1288-1988）, Hạ Long.
Underwood, H. H., 1979（1934）, *Korean Boats and Ships*, The Transaction of the Korean Branch of the Royal Asiatic Society, vol. 23, reprint ed., Seoul: Yonsei University Press.
UNESCO, 1972, *Underwater Archaeology, a Nascent Discipline*, Paris: UNESCO.
Vandkilde, H., 2003, 'The Social Commemoration of Warfare', *World Archaeology,* vol. 35（1）: 126-144.
Vu Hong Lien Warder, 2009, 'Mongol Invasions in Southeast Asia and Their Impact on Relations between Dainiet and Champa（1226-1326）', Ph.D. Thesis, School of Oriental and African Studies, University of London.
Waters, D. W., 1938, 'Chinese Junks: The Antung Trader', *The Mariner's Mirror,* vol. 24: 49.
Waters, D. W., 1939, 'Chinese Junks: The Pechilitrader', *The Mariner's Mirror,* vol. 25: 62-68.
Waters, D. W., 1947, 'Chinese Junks: The Hangchow Bay Trader and Fisher', *The Mariner's Mirror*, vol. 33: 28.
Worcester, G. R. G., 1971, *The Junks and Sampans of the Yangtze*, Annapolis: Naval Institute Press.
大韓民国文化公報部文化財管理局（一九八三－一九八八）『新安海底遺物（資料編・綜合編）』（大韓民国文化公報部）
金在瑾（一九九四）『韓国의船』（서울大學校出版部）
國立海洋遺物展示館（二〇〇六）『The Shinan Ship I（新安船）』（国立海洋遺物展示館）
南京市博物館（二〇〇六）『寶船廠遺址：南京明寶船廠六作塘考古報告』（文物出版社）
蓬萊市文物局（二〇〇六）『蓬萊古船』（文物出版社出版発行）
王冠倬編著（二〇〇〇）『中国古船图谱』（三联书店）
席龙飞（一九九九）『中国造船史』（湖北教育出版社）

海域東アジア史と航洋船の造船史——海事考古学によるアプローチ

木村　淳

はじめに

本章では東アジア地域出土の船体資料を概観し、同地域の航洋船建造技術の歴史的展開を考察する。東アジアでは一九七〇年代より域内で建造された航洋船の出土・調査事例が報告されている。八〇年代には中国と韓国および我が国で水中考古学が実践されはじめ、近年では水中で発掘される船体の数も増加している。こうした出土船体については、共伴する遺物の資料価値については認識されてきたが、船体の構造や建造法に関しては体系立った研究が実施されていない。日本国内では出土航洋船数の不足から考古資料に基づいた造船史先行研究は山形（二〇〇四）や後藤（二〇〇九）などに限られる。これら先行研究では、バーニンガムやグリーン（Burningham and Green 1997）ら、船舶考古学者による東アジア出土の重要な船体資料である泉州船の研究成果が十分に反映されていない。一方でバーニンガムらの研究については、造船技術発展の背景にある東アジア海域史のさまざまな要素への考察が不足しているのは否めない。本章は、出土船体の船舶考古学研究、特に航洋船の構造や建造法に着目し、東アジアにおける造船史の解明を試みる。

航洋船の造船史と言及するように、丸木舟（刳り船）などの国内出土資料は、論中の考察では含めない。これは、本章が特に外洋航海に適した船舶建造の技術に主眼を置き、海域アジア史の視点で造船の発展を考察するからである。本章で取り扱う出土船体事例の年代は中国では唐代に遡り、欧州の東アジアと東南アジア進出前段階の十五世紀前後までが中心となる。この幅広い時代のなかで、東アジアの海域造船史を体系的に概観する。航洋船建造のための技術の発展を、海域世界という空間軸と数世紀に及ぶ時間軸のなかでとらえ、黄海域造船伝統、東シナ海域造船伝統、さらには南シナ海域造船伝統という新たな概念を提示する。

一　造船技術研究小史――文献史学・民俗学・考古学

日本における船舶史研究と考古学の成果

国内では古く、金沢兼光によって日本と中国の船全般を文献より集成した『和漢船用集』（一七六一）が著され、造船史研究における貴重な資料として言及されている（石井一九五七、四頁）。これまでの国内研究者の手による造船技術研究は、船の文化史や海事史分野を中心に進められてきた。西村真次はアジアの船を広く扱うなか、構造船という概念を日本船舶史の研究に導入した（出口一九九五、三八頁）。内航船（いわゆる弁財船）研究の第一人者石井謙治は、日本船舶史の研究に形式学的な観点から準構造という概念を提示、構造船出現に至る過程を説明した（石井一九五七）。その後刳り舟技術を起源とし、準構造と構造船の技術発展を進化論的に捉える見方が、考古学分野などに定着した。他に日本船舶史の先駆的研究集成としては、須藤（一九六八）や大林（一九七五）があげられる。

特に、日本造船史・海事関係資料の集成は、須藤から安達裕之に継承され水軍書、船体の木割図面から成る『大日本海誌編纂資料』として公開されるに至る。一方で、これまでの日本船舶史研究で、国内の造船技術発展を東アジア地域と一体的に論じたものは、文化人類学・民俗学の立場から舟を研究した出口（一九九五）など一部に限られる。

日本以外の中世東アジア航洋船に関する代表的な研究事例は以下が挙げられる。斯波（一九六八）は宋代商業史研究で造船技術とその関連産業へも着目した考察を行っている。大庭（一九八〇）は文献資料と「唐船ノ図」に代表される絵画・図象資料を中心に、渡日した唐船の先駆的研究業績を残している。安達（二〇〇九）は、江戸時代に長崎に来航した唐船の航海記録をもとに、遣唐使船から遣明船に至る東シナ海の航海時期について、詳細な考察を行っている。この中では船体構造と航海性能を考慮し、渡海に要する日数を導き出している。さらに明代・清代の中国航洋船については交易活動に焦点を当てた研究があげられる（松浦二〇〇八、Matsuura 2008）。この他、中国で出土した複数の船体に言及した報告がある（山形二〇〇四、後藤二〇〇九）。韓国で発見された新安沈没船については、その寺社造営料船としての実像に検討が加えられている（村井二〇〇五）。この他、国ごとの船舶史研究とは別に、海域交流史の学際研究のなかで、総合的に日本を含め東アジア船舶の基礎研究が実施されている（海域交流史研究会二〇〇〇）。

国内では船体の出土事例はほとんどなく、限れた数の船体部材が考古学資料として確認できるのみである。これらには長崎県長崎市で工事中に発見された唐船の竜骨部材の一部、他には在来の内航船（和船）の舵身木が千葉県勝浦市で確認されている（Kimura 2010）。この他に国内では、元軍襲来関連の鷹島海底遺跡で、九〇年代から大型の木製碇や船体部材が発見されており、二〇一一年と二〇一五年にはそれぞれ二隻の船体が出土したことから詳細な分析報告が待たれるところである。

中国と韓国における船舶・造船史研究

中国における自国の造船史の検証は、国家の科学技術発展史のなかに一貫して位置づけられてきた（张他二〇〇四、席他二〇〇四）。その代表的な事例は文献資料、絵画・図象資料、考古学資料を網羅的に扱い、造船技術を通史として記述する研究である（席一九八九、王二〇〇〇、席二〇〇四）。陸上で出土する船体資料のほか、広東省陽江市南海一号や西沙諸島（パラセル諸島）などで宋・元代の船体が水中発掘調査されているが、船体構造の詳細な報告はされていない。

韓国では自国在来船の歴史と技術史についての考察がある（金一九八九）。こうした研究では、朝鮮半島で発達した船の構造と造船法については長く同じ伝統を維持してきたという見方が支配的で、中国の造船史研究のように時代ごとに船体の建造に関する技術革新を特定する試みは少ない。韓国では国立海洋文化財研究所によって、一九八〇年代から二〇一二年までに十一から十四世紀頃の在来船が韓国西岸の黄海側で九隻発掘されており、その概要は別稿で著者によって報告済みである（木村二〇一二）。二〇一五年には、それまでの高麗王朝時代の船ではなく、続く李氏朝鮮時代の船の発見が報告されている。

東アジア圏外研究者の研究動向

アジア圏外の研究者らによる東アジア在来船の研究はこれまで見過ごされることが多かった。一方でこの地域への伝統船舶への関心は、中国船、仏領インドシナの在来船および日本の内航船の展開図を収めたフランソワ・エドモン・パリによる『Souvenirs de Marine』に代表されるように古くから存在した。『The Mariner's Mirror』誌では戦前より中国の伝統船舶についての誌上報告がある（Donnelly 1930, Waters 1946など）。ウースターは中国の揚子江を含め、中国河川で使用された船舶に関して、造船技術の考察を含めた詳細な報告を行った（Worcester 1971）。中国における造船・航海術史については、その後、ニーダムが学際的な資料を集約し、その見解を叢書でまとめている（Needham et al. 1971）。韓国の造船技術に関しては、伝統船舶構造・建造法と造船業の実態が一九三〇年代に報告されている（Underwood 1979）。

船舶考古学や海事考古学分野では、西オーストラリア海事博物館の研究者らが、泉州船の構造・建造方法の詳細な分析をはやくに行った（Green 1983, 1997）。同博物館の研究者グループは、これ以前にタイにおいて水中発掘調査に関わっており、東アジアの造船技術の特徴を示す船が出土することを報告している（木村二〇一三）。以後東アジアの造船技術の拡散あるいは東南アジア造船技術との交流に関する議論が交わされることとなった（Green 1986, 1990, Manguin 1993）。この他に船舶考古学の立場から、東アジアで出土した船体の構造を比較的に解説した事例としてマクグレイルの研究があげられる（McGrail 2001）。

東アジアにおける各国ごとの造船史は、日本では戦前より議論が進み、二十世紀後半には中国と韓国でも一定の見解が提示されるに至った。前述のように、非アジア圏の研究者らによっても、いくつかの伝統船舶に関する貴重な報告が行われてきた。一方でニーダムの業績を除けば、アジア地域内外の先達らによる研究成果は、これまであまり共有されてこなかった。また、造船技術史が各国ごとに通史として集約されるに終わり、造船技術の発展を地域史的に論ずる研究事例も少ない。近年の考古学上の成果を踏まえて出土船体のなかには個々に詳細な研究が行われる事例も増加した。しかしながら、資料の集積に留まる段階にあり、船舶の構造や造船技法を通時的且つ比較的に分析した上で、それらを体系立てる試みは不十分である。

二　出土船体構造と造船技術の特徴

これまで日本、中国および韓国で出土した船体あるいは船体部材の基礎データまとめたものを一覧にした（表1・2）。データの一部には船体の出土が未確認である事例も含まれる。

海域東アジアの造船技術における隔壁と横梁の使用

中国の伝統船舶が船体に隔壁を用いてきたことは広く知られており、この船体構造をもって中国船は定義づけられてきた（Needham et al. 1971: 391）。これまで中国で出土している船体には一貫して隔壁の使用が確認されている。その起源を巡る議論においては、晋代の『芸文類聚』舟車巻七一「義熙起居注曰。盧循新作八槽艦九枚。起四層。高十餘丈。」の記述が水密隔壁の根拠ともされる。しかしながら、隔壁がいつ、どのようにして導入されるに至ったのか詳細は不明である。少なくとも出土船体が示すところでは、唐代の江蘇省出土の河船の構造には隔壁が確認できる（表1）。現代の隔壁には、船体強度を高める機能のほかに、防水区画の構成や船倉を仕切る機能がある。一方で中国造船史上、各機能がどのように確立されていったかはなお不明な点が多い。少なくとも、元代の新安沈没船の隔壁材の接合部には、槇肌の使用が確認できることから、船倉への水の浸入を防ぐ機能を隔壁に持たせていたことが指摘できる。一方で、古代中国の河川利用の船が、現代の大型貨物船の様に、厳密な意味での水密区画の設置のために隔壁を用いたという断定はできない。隔壁の使用は船体横強度の保持が第一義で

表1

名称	発見地区	発見年（調査時期）	時期	残存船体（部位）寸法	船型（船底形）
如皋船	江蘇省南通市	1973	唐代	17・32m（船長）、2・58m（船幅）	河船、平底
施橋船	江蘇省楊州市	1960	唐代	18・40m（船長）、2・40（船幅）	河船、平底
柳孜1―4号船	安徽省淮北市	1999	唐代	3号船が最大で、23・60m？の船材	河船
大治河船	上海市南匯	1978	唐代	16・20m（船長）、3・86m（船幅）	河船、平底
元蒙口船	天津市静海	1978	宋代（？）	14・62m（船長）、4・05m（船幅）	河船、平底
封濱楊湾沈船	上海嘉定封	1978	宋代	6・23m（船長）	河船、平底
寧波東門口船	浙江省寧波市	1978（79？）	宋代（？）	9・30m（船長）、4・40m（船幅）	河船、竜骨
南海一号	広東省陽江市沖	1989	宋代	30m？（船長）、7m？（船幅）	V字竜骨（？）
寧波和義路船	浙江省寧波市	2003	宋代（南宋）	9・20m（船長）、2・80m（船幅）	U字竜骨
泉州古船	福建省泉州市（後渚港）	1973	宋代	24・20m（船長）、9・15m（船幅）	V字竜骨
泉州法石古船	福建省泉州市	1982	宋代（？）	船体一部のみ発掘により不明	河船、平底
定海湾白礁一号沈船	福建省福建市閩江沖	1989	南宋	船体と思われる部材のみ	不明
華光礁1号	西沙・パラセル諸島	1996	宋代（？）	約20m	V字竜骨
南开河船（五隻が発掘、うち5号船が保存良好）	河北省邯鄲市	1975	元代（？）	16・5m（船長）、3m（船幅）	河船、平底
綏中三道崗海域元代沈船	遼寧省葫蘆島市綏中沖	1991	元代（？）	残存船体未確認	不明
梁山船	山東省済寧市	1958	明代	21・90m（船長）、3・49m（船幅）	平底
象山船	浙江省寧波市	1994	明代	23・70m（船長）、4・90m（船幅）	U字竜骨
蓬莱1号船	山東省煙台市	1984	元・明代	28・60m（船長）、5・60m（船幅）	U字竜骨
蓬莱2号船	同上	2005	明代	21・50m（船長）、5・20m（船幅）	U字竜骨
蓬莱3号船	同上	2005	明代	17・00m（船長）、6・20m（船幅）	朝鮮半島在来型平底
蓬莱4号船	同上	2005	明代	3・46m（船長）	朝鮮半島在来型平底（？）
冬古沈船	福建省漳州市沖	2000	明代（？）	残存船体未確認	不明
汕头广澳沉	広東省汕頭市沖	1995	明代	残存船体未確認	不明
晋江深滬湾沈船	福建省晋江市沖	不明	明代（？）	残存船体未確認	不明
宝陵港沈船	海南省文昌市沖	1987	清代（？）	残存船体未確認	不明
碗礁1号沈船	福建省福州市沖	2005	清代	残存船体未確認	不明

あったと考えるのが妥当である。肋材や横梁ではなく、隔壁を主用とする建造法は普遍的に継承され、この仕様はその構造を強化するかたちで航洋船にも採用されるに至った。

隔壁と比較できる船体横構造として東アジアの造船技術で採用されたのが横梁である。朝鮮半島在来船には、高麗王朝時代の船から近現代の漁船に至るまで、横強度の保持には一貫して横梁が用いられてきた。表2に示す九隻の高麗王朝時代の出土船体に横梁の使用が確認でき、船体が比較的良好な状態で発見された莞島船、十二東波島船、達里島船、安佐船には横梁が残存していた。これまで高麗王朝時代以前の構造船は確認されていない。しかし朝鮮半島で発展した船体構造については独自性と永続性が指摘され、その建造法の確立期は高麗王朝による半島統一の前に推定される。新羅海商による交易が盛行した下地として、半島東沿岸沖および黄海を安全に航行するための船の建造法の発展があったと察する。

東アジアで横梁を使用して船舶を建造する技術圏には、日本も含まれる。日本の造船史の研究において、半島からの技術流入の可能性についてはこれまで詳細な議論がされてこなかった。技術の渡来の可能性およびその後の在来技術としての発展は推測の域を出ないが、朝鮮半島で発展した中国大陸とは明らかに異なる造船技術の存在を踏まえてその日本への影響は検討に値する問題である（木村二〇一二）。海域東アジアの造船史上、十世紀以前の段階においては、特に隔壁と横梁、二つの異なる構造に横強度を求める技術が発生し発展した。後者の船体構造を持つ資料が、考古学的には特に韓国の南・東沿岸と沖合い海底で確認されることから、黄海を挟んで、朝鮮半島沿岸側には、横梁で船を建造する技術、一方で北東アジアの中国沿岸側には隔壁で船を建造する技術の二系統があったと考えられる。

北東アジア：平底船の伝統

表2に示される高麗王朝時代の船について、船体下部に平材を並列に配置した構造により船底は明らかな平底形状となる。石井謙治ははやくに弁才船に代表される日本の伝統船舶は平底の船であることを指摘している（石

表2

名称	発見地区	発見年（調査時期）	時期	残存船体（部位）寸法	船型（船底形）
莞島船	全羅道莞島沖	1983	11世紀中後半	船体残存長6.5m、残存最大幅約1.6m	朝鮮半島在来型平底船
十二東波島船	全羅北道群山市十二東波島沖	2003	11世紀末—12世紀末	船体残存長7m、船残存最大幅約1.8m	朝鮮半島在来型平底船
泰安船	忠清南道泰安郡竹島沖	2007	12世紀	舷側外板残存長約8.5m、残存最大幅約1.5m	朝鮮半島在来型平底船
大阜島船	京畿道安山市大阜島海岸潮間帯	2006	12世紀後半から13世紀初	船体残存長6.6m、残存最大幅約1.4m	朝鮮半島在来型平底船
泰安馬道1号船	忠清南道泰安郡馬島海域	2008	13世紀初	船体残存長10・8m、残存最大幅約3.7m	朝鮮半島在来型平底船
泰安馬道2号船	忠清南道泰安郡馬島海域	2009	13世紀前後	船体残存長12・6m、残存最大幅約4.4m	朝鮮半島在来型平底船
泰安馬道3号船	忠清南道泰安郡馬島海域	2011	13世紀半ば	残存船体13m超	朝鮮半島在来型平底船
達里島船	全羅南道木浦市達里島海岸潮間帯	1995	13—14世紀	船体残存長10・5m、残存最大幅約2.7m	朝鮮半島在来型平底船
安佐船	全羅南道新安郡安佐島海岸潮間帯	2005	14世紀後半	船体残存長14・5m、残存最大幅約6.1m	朝鮮半島在来型平底船

井一九五七）。高麗王朝時代の平底船と、シキ板と呼ばれる船底材を使用する日本の近世伝統船舶とは、構造上の差異から、両者を単純に同列とはしない。しかし横梁の使用とともに、平底構造は韓国と日本の造船技術を共通の伝統域に組み込む要素ではある。

北東アジア全体では、竜骨と竜骨翼板（garboards）を用いず、平底船体を建造する技術がより普遍であった（Needham et al. 1971: 391）。出土した河船の構造が示すように、中国北部では長く平底の河船を建造する伝統があった。平底が河川や運河での航行に向いていることは一般に知られることであり、安徽省淮北市で発見された唐代の河船の構造的な特徴については、当時の河川交通のための運河整備との関連性が指摘されている（席他二〇〇八）。

中国では砂洲近くや浅瀬を航行できる平底船底を持つ河船および海船に、特に沙船という名称を冠していた（Worcester 1971）。文献資料上では、沙船という用語自体は沿岸あるいは遠洋航行に用いる船を表すために用いられることが多い。沙船という船型が、十六世紀の『籌海図編』に海船として紹介されており、その他『武備志』にも同様の記述があることがよく知られている（Needham et al. 1971、山形二〇〇四、席他二〇〇四）。また沙船を広船と福船などと同じく中国沿岸を航行した代表的な伝統船舶の型とすることが確認されている（席他二〇〇四、松浦二〇〇八、Matsuura 2008）。大庭は、西川如見の『増補華夷通商考』に拠って、『唐船ノ図』に描かれる南京船を沙船に同定している（大庭一九八〇）。

中国の北東部で伝統的に平底の船を建造する地域の南限として杭州湾付近があげられている（McGrail 2001）。比較的深度の浅い杭州湾で使用されていた伝統的な船舶に、紹興船あるいは杭州湾商船と呼ばれる船がある（Donnelly 1930, Sigaut 1960）。平底の船底は杭州湾に流れ込む銭塘江および付近の河川の航行にも適しており、湾で海嘯が発生する際には護岸に平底船を陸揚げ避難させることも可能であった（Worcester 1966）。紹興船は、海上での横流れを防ぐため、舷側にリーボード（leeboard、被水板あるいは脇楫）を設けており、杭州湾外又は外洋での航行が可能となるよう工夫されていた。同様の装置は、中国より渡海して江戸時代長崎を訪れていた南京船にも確認することができる（大庭一九八〇）。紹興船と南京船の共通の特徴として一見して目に付くのは、極彩色の獣鬼面を施した船首である。杭州湾付近では、平底船の船体にこの意匠を施す伝統があった。南京船に関しては、船長幅比が大きく、船によっては福州船や広東船より長胴な船となることもあった。同地域では平底船を航洋船とするための技術を有する造船産業が発展していたと考えられる。南京北西の長江沿いには明代海防上重要な役割を果たした寶船廠や龍江寶船廠が位置している（Church 2010）。杭州湾以北という地理的位置から、これらの造船所では平底船を長く建造していた可能性が考えられる。鄭和西洋下り船団に、寶船廠で建造された船舶が含まれていたのであれば、それはオクルス（魚眼あるいは鳥眼模様）を船首に施した船ではなく獣鬼面を意匠した船ということになる。

附言になるが、『唐船ノ図』に描かれる南京船（沙船）の寸法（船長三〇メートル強）と、それに附録する『外国船具図巻』に描写されている南京船の舵の寸法（三間半）は、南京寶船廠出土の舵身木（一一・〇五メートル）を使用していた船の船長を考察する上で参考になる。鄭和の船のサイズについては、この出土舵身木より復元される事例が多いが、これまで過大な船長が提示されてきた。

地理上、黄海と東シナ海の中国沿岸の境界とも言うべき場所に位置する杭州湾は、北東アジアの平底船の建造の南限とも見ることができる。朝鮮半島付近で発展した平底の内航・沿岸航行船とは系統を異にし、中国北部沿岸部で内航運輸を背景に発展した造船技術が存在した可能性を指摘できる。黄海中国側から杭州湾で普及した河船の造船技術は、平底を持ちながらも船体を航洋船に使用できるまでに昇華し、南京船に代表される構造と建造法として確立した。

寧波出土船と竜骨

平底船と比較するかたちで、杭州湾以南を中心に展開した造船技術の存在を考えなければならない。同地域のなかでも、歴史的にも海上交易の要衝であった寧波市では、出土船体の発見が相次いでいる。同市和義路濱江工事中発見された船体は、二〇〇三年文物考古学研究所によって発掘調査され、湾内あるいは近海航行に使用された南宋時代の小型運輸船とされている（龔他二〇〇八）。写真を含めて概略報告は、船底に竜骨があることを述べている。またこの構造から、船体断面が緩い船底勾配を持っていることが分かる。詳細な断面図が無いために断定は難しいが、その船底構造は、一九七八年もしくは一九七九年に寧波市東門口で発掘された北宋時代の船体や一九九四年に検出された明代の象山船などのより大型の船の構造と類似する部分がある（前者については、出土船体自体は消失しており、図面のみが利用できる）。寧波東門口船と象山船、両船体の断面図では、船底に竜骨材を配するが、西洋帆船に一般的なキール上部に接合する竜骨翼板はみられない。竜骨材側面には、外板よりやや厚い材が接合し、これを竜骨翼板と考えることもできるが、竜骨翼板と異なり側面に接合するために船底勾配に大きな影響を与えるものではない。寧波で出土した船体は、後述する泉州船や新安沈没船に比べて、断面形状において船底勾配がV字にはならない。平底ではないものの、船体中央断面は強いて言えばU字であり、船首部においてのみ鋭い船底勾配を持つ。

興味深いことに、同様の船底構造は山東省で発掘された明代の蓬萊一、二号船にも共通する。寧波、蓬萊の両船体は、また船長幅比が大きいのが特徴である。蓬萊船に関しては、海防や沿岸警備などに適するよう船足を出すために、長胴の船体を持っていたとの指摘がある（席他一九八九）。船の構造がその使用目的（交易以外の目的など）に適ったものであるよう建造された可能性は当然考慮されねばならない。一方で、寧波船と蓬萊船には船底のみならず、外板構造にも類似性がみられ、共通する造船技術の存在が元末・明代には普及していたと想定される。出土船体の特徴からは、寧波を中心に東シナ海沿岸で発達した技術の存在が指摘できるが、なお資料の増加によって確証を得る必要がある。

出土資料について附言すれば、鷹島神崎海底遺跡で二〇〇〇年代に出土した元軍船の隔壁には象山船の隔壁材と同様に、縦貫材を支持した方形の切れ込みがある（席他二〇〇四）。船体に縦貫材を配するような工夫が認められる隔壁はこの二つの事例のほか、二〇一四年に寧波慈渓市で出土した船体に確認できる。鷹島沖で出土した隔壁については、側面の角度（船底勾配）と形状、大きさからも、これまで寧波沿岸で出土している船体資料との類似性が高い。さらに、二〇一五年鷹島神崎海底遺跡付近で確認された二隻目の船体については、これまで報告されている情報に基づく限りは、前述の寧波市和義路濱江出土船体と同型かと推察される。同遺跡では、今後調査の進展で、新たに発掘された船体の、竜骨と竜骨翼板の接合法、外板構造が明らかにされることを期待したい。これにより寧波型であるかの特定や、元軍が襲来時に使用した船の型について詳細な考察が可能となる。

三　東シナ海航洋船建造技術の確立

東シナ海域では、上記寧波で出土した船体に確認される特徴とは異なる技術によって建造された船の存在を指摘できる。東アジアの航洋船の代表的出土事例として知られる泉州船と新安沈没船などがこれに該当する。以下、泉州船については上述した寧波・蓬萊出土の船体と、新安沈没船については泉州船との比較に留意しながら船体の特徴を述べる。

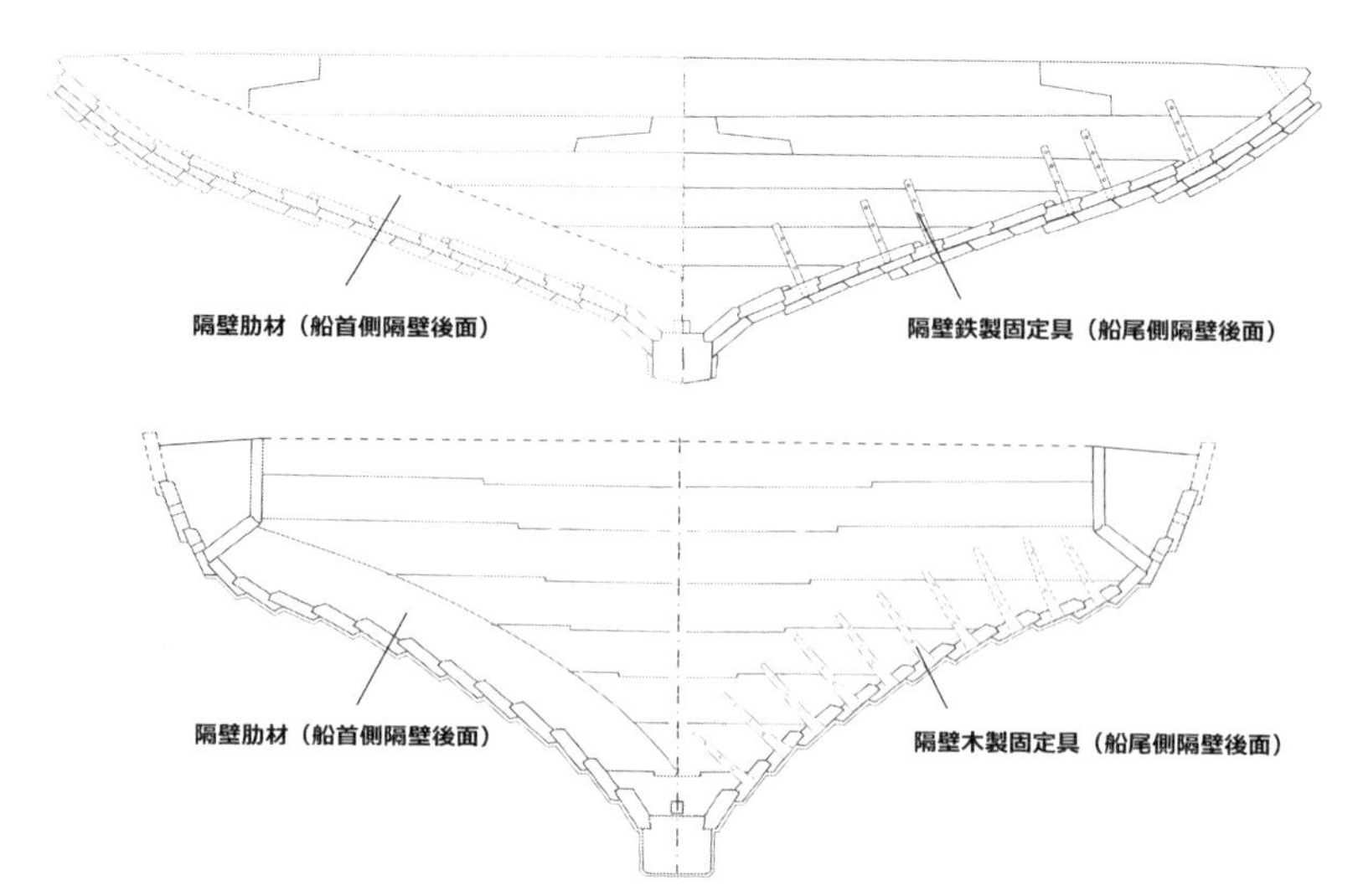

図1　泉州船（上）と新安船（下）の断面図比較（西オーストラリア海事博物館、韓国国立海洋海洋文化財研究所提供データ、著者により修正）。両船とも多重外板構造を採用する。

泉州船

一九七三年後渚港における泉州船の発見は、中国造船史における竜骨構造を持つ伝統船舶の再評価の契機となった。発掘時に解体され、泉州市内開元寺で復元された船は現在でも中国国内で数少ない目視調査が可能な船体資料となっている。部分的に保存処理の試みが行われたが、ポリエチレングリコール（PEG）による船体全体の処理などは行われていない（李二〇〇四）。現在の船体形状は、発掘当時と比べて、劣化の影響を受けている。このため発掘調査後にまとめられた調査報告書は貴重な情報を提供する（福建省泉州海外交通史博物館編一九八七）。

出土航洋船として言及されることの多い泉州船であるがその構造の特徴や建造法については十分に知られていなかった。詳細な分析を行った最初の事例としては、グリーンらの研究があげられる（Green 1983）。泉州船は十三世紀初頃建造の南宋時代の東シナ海を中心に使用された交易船と考えられる。元・明代の寧波や蓬莱で出土した船との類似性は基本構造に限定される。すなわち、船体横構造に隔壁を使用し、船首竜骨、主竜骨、船尾竜骨の三材を船底に持つ構造である。部材基本接合には方形断面をもつ鉄釘を多用する。

一方で、竜骨翼板には平材を使用し、これらが竜骨上部両端に切り込まれた溝にほぼ垂直に接合する点が、竜骨を同じく使用する上述の寧波、蓬萊の船体とは大きく異なる。竜骨翼板から延長された外板は、反りをみせながら鋭い船底勾配を形成する。また船幅が広いのも特徴である。

泉州船で確認される外板構造も、東シナ海に存在した造船技術の一系統を特徴づける。泉州船の外殻は、二—三層の多重外板である。その最内層の全ての外板の継ぎ目には段差が設けられており、一部はその段差を利用し鎧張りに似た外観を船殻に持たすよう接合されている（図1）。このような船体外殻を強固にする手法が泉州船外板をある程度組み上げたのち、隔壁を導入する建造法で造られたことを示唆する（Burningham et al. 1997）。なお、近現代の中国の伝統船の建造では、隔壁を最初に組み上げる手法をとる事例が確認されている。

新安沈没船

新安沈没船は、泉州船より時代が下り元代初に使用された交易船であるが、両船の構造上の相違を比較すると興味深い。一九七〇—八〇年代の韓国全羅南道新安郡防築里の海域で発掘調査、PEGによる保存処理を経て木浦市国立海洋遺物展示館内に復元された新安沈没船は、現在、船体の目視調査が可能である。泉州船同様に船首から船尾に至る船底が比較的良好な状態で出土した。隔壁、三部材からなる竜骨を基本構造とする点は泉州船と同じであるが、隔壁数が七つと泉州船の一二壁と比べて著しく少ない。また隔壁構造自体も船底部で、隔壁材の厚さが倍近くになるなど、泉州船と異なる点が確認できる。一方で、隔壁の外板への固定方法は、隔壁材の片側

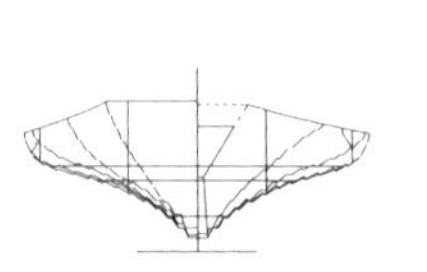

図2　新安船復元船形（著者による）。船幅が広く、船高は低い。実物の竜骨は波の作用で変形し反っている。艫の外板は線図より伸長していた。

に肋材、もう片側には木製の大型の補剛材（泉州船は鉄製）を使用するなど、横強度を保持する基本構造原理は両船共通である。

竜骨翼板は泉州船と同様に、竜骨上部にほぼ垂直に固定される。竜骨は三部材からなるが、船体中央部の主竜骨が上反りしている。船体の線図を復元する限りでは、この反りは後天的なものと考えられ、航行中に船体に歪みが生じていたと想定できる。船体の線図が示すように、船首から船尾にかけて全体の船幅が広い（船長幅比が小さい）特徴を持ち、泉州船との共通点がみられる（図2）。

竜骨から延長される外板は反りをみせ、断面図上、鋭い船底勾配をみせV字船底を形成する。新安沈没船の船体外殻の構造は、二層の多重構造であるが、泉州船ほど堅牢には設計されてはいない。最外層の外板は厚さが薄く、外板同士の接合に平継ぎを全く用いず内層外板を効果的に被覆できない。また、隔壁材を固定する補剛材が、各外板を条列上に貫通していることも構造上、外殻に脆弱性を与えることになる。

新安沈没船の船体保存状態は泉州船より良好であり、船首部の構造が分かるほか、右舷側で船体上部構造の推察が可能である。これによれば、V字船底により適度な喫水があるが、喫水線上の乾舷は相当小さく、全体に横長で舷側の低い船、という形容が新安船には当てはまる。このような描写は泉州船に共通する。

V字船底で、多重外板構造を採用するのが上述の二つの船体に確認される東シナ海型の特徴であるが、両船の建造地は明らかでないため、具体的にどの程度の地域にそのような船を建造する技術が存在したのかは未解決の問題として残る。北限については、台湾海峡付近、海峡を挟んだ中国沿岸域ということができるかもしれない。南限を議論する上で、興味深いのは、西沙諸島（パラセル諸島）で発掘された宋代とされる華光礁一号である。引き揚げられた船体は海南島にある施設に保存中とのことであり、正式な報告が待たれるところだが、関係者による学会報告によれば、外板は多重構造であり、V字に近い船底を持っているとされる。また中国水下考古学の成果として国内外で話題となる南海I号の船体に使用されている建造法も将来の比較分析が必要となる資料である。

東シナ海域での出土船体の資料の増加は、同海域を中心に使用された船舶の建造技術の比較研究の進展にとっては不可欠なことである。これはまた十二―十三世紀になって盛んに自国建造の航洋船を使い始めた中国海商の活動実態という海域史上の問題検証にも影響を与える。

四　技術発展の原理と展開への考察

造船史における技術融合

海域視座で造船史を見た場合に、技術融合の可能性の議論が重要となる。東アジアの出土船体を事例にあげると、蓬莱出土の船体に中国の伝統船舶の構造と朝鮮半島在来船の構造の両方の特徴がみとめられると指摘されてきた（山东省文物考古研究所他二〇〇六）。

マンガンはインドネシア、タイ、マレーシアで出土する十五世紀以降の船体の多くに、東南アジア在来の造船技術に加えて、中国船の構造や建造法が採用されていることを指摘している（Manguin 1993）。これらの特徴を持って、技術融合から生まれたハイブリッド型の船の存在を指摘、南シナ海域造船伝統（South China Sea Shipbuilding Tradition）という概念を提唱している。基本的に南シナ海で確認されるハイブリッド型の出土船体は、竜骨と隔壁構造を有するものの、（多重）外板の接合には主に木釘を用いる。

石井（一九九五）は朱印船を考察するなかで『華夷通商考』の記述「ミスツイス造リノ船」のミスツイスを、混血を意味するメスティソ（mestizo）であると帰結している。一般にはメスティソの用語自体はスペイン統治時代のフィリピンにおける混血（ヨーロッパ人とフィリピン人、中国人とフィリピン人）を表していた。より客観的な意味合いでアジアにおける文化の混合事象に説明を加える際には、融合（hybrid）という語を用いることが相応しい。融合事象は船舶の技術発展においても然るべき要素として存在した。

『華夷通商考』、『唐船ノ図』、『崎陽唐人屋舗図形』などに描写されている暹羅船の構造は、南シナ海出土の船体に確認できる造船技術と類似したものであったと察する。また造船業が盛んであったタイで建造された一部の朱印船は、技術融合より生まれた建造法で造られた船であったと考える。ミスツイス造りとは船体外観の特徴のみを指すのではなく、その言葉通りに構造と建造法の融合をさす。その詳細とハイブリッド型の船が建造されるようになった時期や背景は、慎重な検討が必要であり、その議論は別の機会に譲りたい。

なお造船技術の地域間交流や技術融合の問題については、アジア地域で消失しつつある木造船の伝統的建造法の記録のなかでも注目されてきた。ウォーターズは、トワコと呼ばれるシンガポール独特の船の存在を報告しているが、同国への福建移民の影響と関連付けて、この様な独特の型の船が生まれたと考察している（Waters 1946）。

ニーダムも技術融合を巡る議論においてこれを一事例として取り上げている(Needham et al. 1971: 438-439)。

各海域の造船伝統

これまで黄海付近、東シナ海、南シナ海という空間軸を中心に、各海域で発展してきた造船技術を時系列のなかで説明してきた。焦点となったのは航洋船に使われる建造方法で、船体の構造上の相違である。これらは以下のようにまとめられる。

黄海域造船伝統

黄海を中心に伝統的に平底構造を持つ船体を建造した造船技術の系統。朝鮮半島で発展し、船体構造に横梁を採用、内航海運用の船を造るための技術に代表される。高麗王朝時代の沿岸航洋船の出土船体にその特徴が認められる。また朝鮮半島在来技術とは別に、中国北東部から杭州湾を南限に、河船の建造法をもとに発展した技術系統が存在した。唐代の河船などの出土事例にその萌芽期の技術が確認でき、沙船や南京船を建造する技術の下地となった。中国北東部では南北沿岸を往来する内航船が増加し、明代の蓬萊二号船は、この時期の黄海域においても河船起源の平底船のほかに、竜骨構造を持つ船が使用されていた証拠となっている。一方で完全な平底船で、朝鮮半島系統技術で建造されながらも、一部に中国の建造法を取り入れた蓬萊三号船は、朝鮮半島と中国沿岸域で発展した系統の異なる造船技術の融合を示しており、黄海の周縁地域間の技術交流が発生していたと考えられる。

図3　タイ湾沖で発掘された17世紀前半バンカチャイ2号沈没船模型（タイ水中考古学局復元、写真著者）。シャム湾型（Thai Gulf Trader）であり、中国航洋船と東南アジア在来船の造船技術を使用して建造。

東シナ海域造船伝統

杭州湾以南、寧波付近から、中国南部広東付近にかけての中国沿岸域で確立した造船技術系統である。この地域における在来造船技術についての詳細は不明であるが、一部では台湾南部を北限とするオーストロネシアン系の船の建造法に似た技術も存在していたと想定される（Kimura 2014）。唐代には、インド洋海域からも船が訪れていたため、これら船の建造法の影響も考えられるが、その可能性も含めて推測の域を出ない。中国北東部とは異なる竜骨を持つ航洋船を建造する技術が宋代には確立していた。寧波付近とこれより南の地域では、同じく竜骨を用いる船体であっても、構造と建造法に差異が認められ、地域内に二系統の異なる造船技術が存在した。寧波東門口船や象山船で確認される造船技術系統については、その他の中国沿岸域への拡大も起こったと考えられる。また琉球を含め中国周縁の他の東アジア地域への技術波及も議論される必要がある。

南シナ海域造船伝統

南シナ海に面する中国南部は、十世紀以前にはオーストロネシアン系造船伝統の領域に組み込まれていた。オーストロネシアン系の東南アジア在来船を建造する技術については、東南アジア地域で増加する出土船体資料に特定できる（Manguin 1993, Kimura 2014）。宋元代に東アジア海域造船伝統で建造された船が盛んに南シナ海へ進出したことをうけて、在来のオーストロネシアン系造船伝統は技術融合を果たした。十四世紀以降には、南シナ海域の沿岸部で盛んに融合の影響を受けた船が建造されるようになる。これらのハイブリッド型の船は、隔壁によって特徴づけられる中国伝統船の構造をもちつつも、外板の接合法に在来の技術を残している(図3)。特にタイの造船業は、中国からの造船技術の移転と良質な木材を産出することを背景にハイブリッド型船の代表的な供給地として成長する。十五世紀以降には広く東アジア・東南アジアで「シャム湾型船」の隆盛の時代を迎え、奥船として江戸期の日本まで航海する船を供給するに至る。一方で、ハイブリッド型船の出現後には、東シナ海造船伝統を残した中国在来船、欧州の船が南シナ海を航海していた。

おわりに

本章では、広い空間軸と長い時間軸を柱に、海域視座によって東アジア航洋船の造船史を提示した。黄海、東シナ海、南シナ海の各海域で発展した航洋船建造の技術の変遷を、域内で出土した船体の構造と建造法の特徴に基づいて説明した。さらに海域内での複数系統の造船技術の分類提示を試みた。本章では追求しなかったが、船体に使用される船材や船釘にも着目することで構造や建造方法をより細分化して分析することも可能である。造船業の商業・経営形態、木材や鉄製品の供給システムなどの周辺産業の変遷と造船技術の発展については本章では十分に触れることができなかった。また港湾・運河施設の立地と整備は、造船及び船の航行に密接に関わる問題であり、出土船体とこうした海事施設が一体となって議論される必要性も認められる。造船業や海上活動に関わる諸政策など、考古学データ上に明示的でないメタフィジカルな問題はさらに議論を要することであり、他分野からの本章への批評を頂ければ幸いである。細部に検討を要するいくつもの課題があるものの、出土船体の構造・建造法を対象にする船舶・海事考古学の成果を本論で提示した。

参考文献

安達裕之（二〇〇九）「東シナ海の航海時期」（『海事史研究』六六）一九―四八頁
石井謙治（一九五七）『日本の船』（東京創元社）
石井謙治（一九九五）『和船Ⅱ（ものと人間の文化史）』（法政大学出版局）
大林太良（一九七五）『船（日本古代文化の探求）』（社会思想社）
大庭脩（一九八〇）『江戸時代の日中秘話』（東方書店）
海域交流史研究会（二〇〇〇）『前近代東アジアにおける海域交流成立条件に関する基礎的研究』（財団法人トヨタ財団）
木村淳（二〇一二）「高麗王朝時代の朝鮮半島在来船研究と日本伝統船舶の発展論」（『考古学研究』五九―二）七一―八八頁
木村淳（二〇一三）「タイ水中考古学と史跡沈没船」（『季刊考古学』一二三）九七―九九頁
後藤雅彦（二〇〇九）「東アジアの中世船舶」（『中世東アジアの周縁世界』、天野哲也、臼杵勲、池田榮史編、同成社）一九〇―二〇三頁
斯波義信（一九六八）『宋代商業史研究』（風間書房）
須藤利一（一九六八）『船（ものと人間と文化史）』（法政大学出版局）
出口晶子（一九九五）『日本と周辺アジアの伝統的船舶――その文化地理学的研究』（文献出版）
松浦章（二〇〇八）「近世東アジア文化交渉と中国帆船」（『東アジア文化交渉研究』別冊一、関西大学）四一―六二頁
村井章介（二〇〇五）「寺社造営料唐船を見直す――貿易・文化交流・沈船」（『港町と海域世界（港町の世界史1）』、歴史学

研究会編、青木書店）一一三―一四四頁
山形欣哉（二〇〇四）『歴史の海を走る――中国造船技術の航跡（図説中国文化百華一六巻）』（農山漁村文化協会）
Burningham, N. and Green. J., 1997, 'Description of the Quanzhou Ship', *Maritime Archaeology in the People's Republic of China*, Special Publication No.1, ed. J. Green: 32-48, Fremantle: Western Australia Maritime Museum.
Church, S. K., 2010, 'Two Ming Dynasty Shipyards in Nanjing and Their Infrastructure', *Shipwreck ASIA: Thematic Studies in East Asian Maritime Archaeology*, ed. J. Kimura: 32-49, Adelaide: Maritime Archaeology Program.
Donnelly, I. A., 1930, *Chinese Junks and Other Native Craft,* Shanghai: Kelly and Walsh, Ltd.
Green, J., 1983, 'The Song Dynasty Shipwreck at Quanzhou, Fujian Province', *The International Journal of Nautical Archaeology,* vol. 12(3): 253-261.
Green, J., 1986, 'Eastern Shipbuilding Traditions: A Review of the Evidence', *The Bulletin of the Australasian Institute for Maritime Archaeology*, vol.10(2): 1-6.
Green, J., 1990, 'Maritime Archaeology in Southeast and East Asia', *Antiquity*, vol. 64(243): 347-363.
Green, J., 1997, 'Archaeological Evidence East Asian Vessels', *Maritime Archaeology in the People's Republic of China*, Special Publication No.1, ed. J. Green: 19-24, Fremantle: Western Australia Maritime Museum.
Kimura, J., ed., 2010, *Shipwreck ASIA: Thematic Studies in East Asian Maritime Archaeology*, Adelaide: Maritime Archaeology Program.
Kimura, J., 2014, 'Seafaring in the Far East', *The World in the Viking Age*, ed. S. M. Sindbeak and A. Trakadas: 118-120, Oslo: Viking Ship Museum, National Museum of Denmark.
Manguin, P-Y., 1993, 'Trading Ships of the South China Sea: Shipbuilding Techniques and Their Role in the History of the Development of Asian Trade Networks', *The Journal of the Economic and Social History of the Orient*, vol. 36(3): 253-280.
Matsuura, A., 2008, 'The Activities of Chinese Junks on East Asian Seas from the Seventeenth to the Nineteenth Centuries: Mainly Based on Sand Junks and Bird Junks', *The Mariner's Mirror*, vol. 94(2): 150-159.

McGrail, S., 2001, *Boats of the World: From the Stone Age to Medieval Times,* Oxford: Oxford University Press.

Needham, J., Wang Ling and Lu Gwei-Jen, 1971, 'Civil Engineering and Nautics', *Science and Civilization in China,* vol.4: Physics and Technology, Part 3, ed. J. Needham, Cambridge: Cambridge University Press.

Sigaut, E., 1960, 'A Northern Type of Chinese Junk', *The Mariner's Mirror*, vol. 46(3): 161-174.

Underwood, H. H., 1979(1934), *Korean Boats and Ships*, The Transaction of the Korean Branch of the Royal Asiatic Society, vol.23, reprint ed., Seoul: Yonsei University Press.

Waters, D. W., 1946, 'Chinese Junks: The Twaqo', *The Mariner's Mirror*, vol. 32: 155-167.

Worcester, G. R. G., 1971, *The Junks and Sampans of the Yangtze*, Annapolis: Naval Institute Press.

福建省泉州海外交通史博物館编（一九八七）『泉州湾宋代海船发掘与研究』（海洋出版社）

龚昌奇、丁友甫、褚晓波、席龙飞（二〇〇八）「和义路出土古船复原研究报告」（『宁波文物考古研究文集』、科学出版社）一八三―一八八頁

李国清（二〇〇四）「中国泉州古船保护修复」（『신안선보존과복원, 그 20년사：The Conservation and Restoration of Shinan Ship, the 20 Years History』、國立海洋遺物展示館）

山东省文物考古研究所、烟台市博物馆、蓬莱市文物局（二〇〇六）『蓬莱古船』（文物出版社）

王冠倬编著（二〇〇〇）『中国古船图谱』（三联书店）

席龙飞主编（一九八九）『蓬莱古船与登州古港』（大连海运学院出版社）

席龙飞（二〇〇〇）『中国造船史』（湖北教育出版社）

席龙飞、宋颖（二〇〇八）『船文化』（人民交通出版社）

席龙飞、杨熺、唐锡仁主编（二〇〇四）『中国科学技术史――交通卷』（科学出版社）

张春辉、游战洪、吴宗泽、刘元亮编著（二〇〇四）『中国机械工程発明史』（清华大学）

金在瑾（一九八九）『우리배의歷史』（서울대학교출판부〔서울大學校出版部〕）

國立海洋遺物展示館（二〇〇五）『群山十二東波島海底遺跡（國立海洋遺物展示館學術叢書八）』（國立海洋遺物展示館）

第Ⅱ部　アジアの海底から——出土品研究

ベトナムにおける水中考古学の研究と課題

菊池誠一

はじめに

ベトナムは南シナ海（ベトナムでは、東海という）に面した南北に細長い国である。海岸線は、北の中国国境から南東のカンボジア国境までおおよそ三二六〇キロメートルにおよぶ。

先史時代のベトナムをはじめ東南アジア大陸部と島嶼部から、両地域で共通する土器や石製品（山形二〇一〇）、青銅器の出土がみられる。紀元前後頃のベトナム中部に拡がるサーフィン（Sa Huynh）文化に代表される有角玦状耳飾りは、台湾やフィリピン、タイなどで出土しており、その石材のひとつは台湾産の玉である（飯塚二〇一〇）。また、同時代のベトナム・ドンソン銅鼓が東南アジア大陸部に分布するが、同種のものがインドネシアなどの島嶼部にも広くみられる（新田二〇一〇）。大海の波濤を越えた人びとの動きがこの時代にすでに確認されるのである。

古代になると西アジア世界と中国の交易ルート、いわゆる海のシルクロードが確立し、ベトナムは重要な中継

図1　クーラオチャム島

地となった。九世紀前後頃になるとイスラーム商人がベトナム海域を往来し、この痕跡であるイスラーム・ガラスや陶器がベトナム中部の島、クーラオチャム（Cù Lao Chàm）（図1）で出土している（Lâm Thị Mỹ Dung 2004）。

中近世にかけては、中国から、あるいは東南アジア島嶼部からくる交易船がベトナムの正史に記録され、十六世紀以降になると日本、ヨーロッパ勢力がこの海域に進出してきた。そして、近現代では日本の輸送船が活発に活動し、第二次大戦末期にはおびただしい数の日本の輸送船がこの海域で沈められた。

ベトナム海域は、先史時代から大海に漕ぎでた人びとの痕跡があり、沈没船をはじめ水中文化遺産が豊富にある。また最近、近隣諸国と領海をめぐる紛争が顕在化し、注目をあつめている海域でもある。

一　水中考古学調査の歴史

ベトナムにおける水中考古学調査は、南部のホーチミン市に近いバーリア・ヴンタウ（Bà Rịa-Vũng Tàu）省のコンダオ（Côn Đảo）群島付近で一九九〇年に実施された沈没船調査を嚆矢とする（Nguyễn Quốc Hùng 1992a）。

コンダオ群島の最大の島、ホン・コンロンロン（大崑崙島）は、イギリスが十八世紀初めに東西交易の拠点として商館を建設したことで知られている。またフランス植民地時代からベトナム戦争終結まで政治犯の流刑地となり、多くの政治犯が処刑された地でもある。この島から東におおよそ一五キロメートル離れた地点の海深約四〇メートルの海底から、木造船体の痕跡が長さ三二・七メートル、幅約八–九メートルにわたって検出された。また、引き揚げられた中国の清朝陶磁器や青銅製品などの遺物は六万三八六六点におよび（図2）、紀年銘のある遺物などから一六九〇年頃の船と推定されている（阿部二〇〇〇）。

図2　引き揚げられた遺物の展示（省博物館）

この調査以降、二〇〇二年まで四件の沈没船調査例がある（図3）。一九九一年にキエンザン（Kiên Giang）省フークォック（Phú Quốc）島のホンザム（Hòn Dam）沖沈没船は海深四〇メートルにあり、長さ三〇メートル、幅七メートルの船体が検出された。タイ産の青磁や褐釉陶器など一万六〇〇〇点ほどが引き揚げられ、十五世紀頃の沈没とされる（Nguyễn Quốc Hùng 1992b）。一九九七年から一九九九年にかけてクアンナム（Quảng Nam）省ホイアン（Hội An）市のクーラオチャム（Cù Lao Chàm）島沖沈没船調査があり、これは後ほど詳述したい。一九九八年から翌年にかけてカマウ（Cà Mau）沖で海深約三六メートルに沈没船が検出され、残存した船体の規模は長さ二四メートル、幅八メートルであった。引き揚げられた遺物は六万点ほどで、中国の清朝青花が多く、雍正年間（一七二三～一七二五年）の沈没と推定されている（Nguyễn Đình Chiến 2002）。二〇〇一年から翌年にかけてビントゥアン（Bình Thuận）沖で沈没船が調査され、残存した船体の規模は長さ二三・四メートル、幅が七・二メートルであった。引き揚げ遺物は中国景徳鎮の青花や徳化窯の白磁などであり、十八世紀頃の沈没とされる（Nguyễn Quốc Hữu 2003）。これら五件の沈没船調査の概要については、筆者が以前にまとめているので参考願いたい（菊池二〇一〇、二〇一四）。

ところで、クーラオチャム島沖沈没船の情報は、一九九四年に筆者とベトナム考古学院の研究者故チン・カ

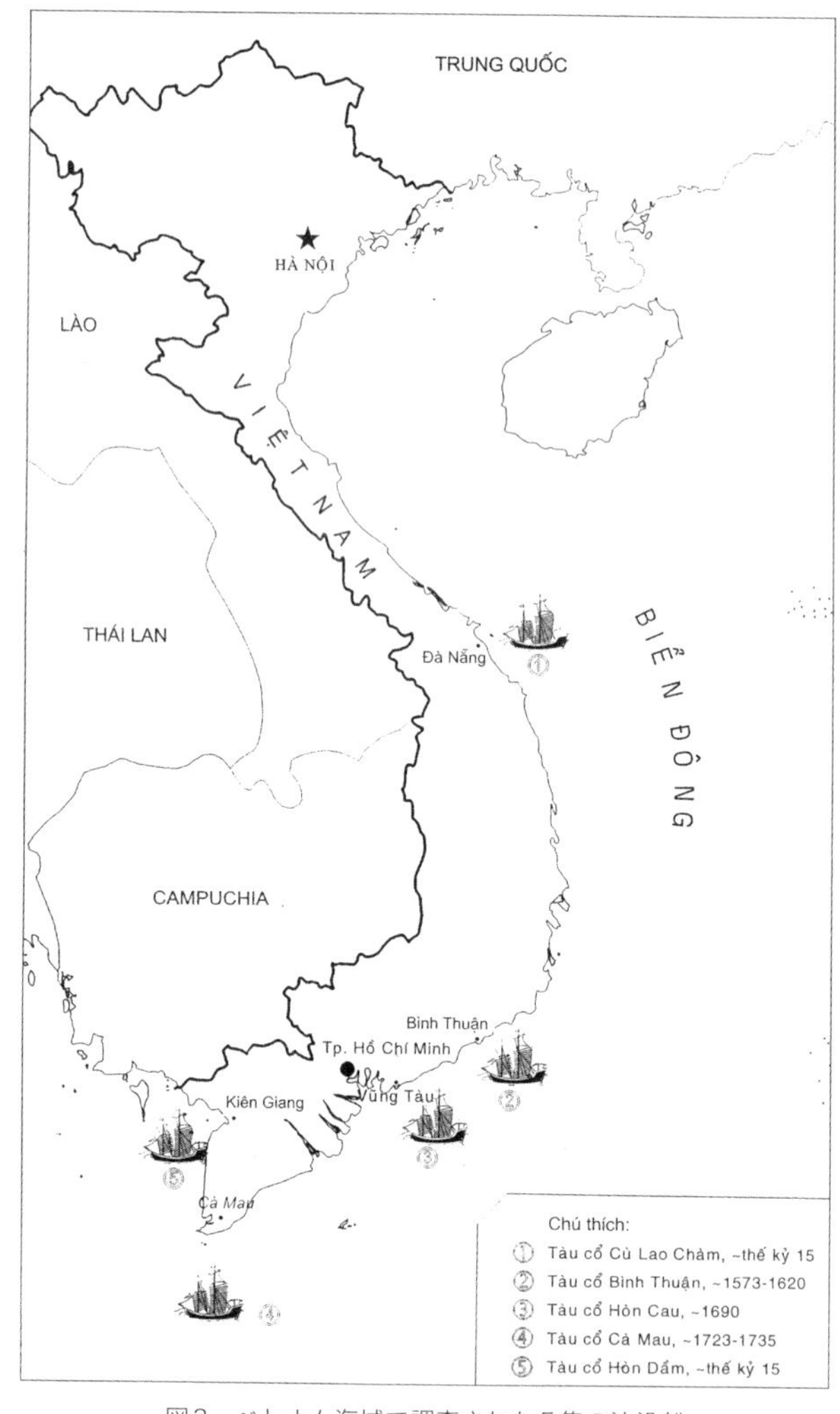

図3　ベトナム海域で調査された5隻の沈没船
（Nguyễn Đình Chiến et al. 2008）

オ・トゥオン（Trinh Cao Thương）氏がホイアン市の旧市街地で考古学調査をしていたときにさかのぼる。その頃、旧市街地の骨董店に大量のベトナム陶磁器がならびはじめた。その陶磁器のなかには貝の付着したものや釉がはげ落ちているものがあり、海揚がりの品と思われた。そのためトゥオン氏はホイアン市の遺跡管理班（現、ホイアン市遺跡保存管理事務所）の職員と漁村のヴィンキム村（Vinh Kim）に行き聞き取り調査などを実施した（Trinh Cao Thương 1995）。その結果、クーラムチャム島からおおよそ二〇キロメートル離れた海域で十五～十六世紀のベトナム陶磁器が引き揚げられている情報をつかみ、ホイアン市文化課と協議をすることになった。それをうけて筆者はホイアンから日本に国際電話をかけ、今は亡き櫻井清彦先生（早稲田大学名誉教授）に水中考古学の専門家の派遣を要請したのであった。

図4　うっすらと見える島影はクーラオチャム

トゥオン氏は筆者と連名で同年秋に開催されたベトナム考古学会議においてクーラオチャム近海で引き揚げられた陶磁器の報告をした（Trinh Cao Thương et al. 1996）。ここで広くに学界に知られ、その後にセンセーショナルを巻き起こすことになったのである。

翌年三月に故櫻井先生の要請をうけて日本から水中考古学の専門家である林田憲三氏が訪越し、ホイアン市文化課と海底遺跡の保護と沈没船の位置を確認するための予備調査を実施した。漁船でその海域まで行くとすでに漁民が網で陶磁器を引き揚げているところに遭遇した（図4）。海深などを簡易測定器で測定し（林田一九九四）、この調査を踏まえた上で、ベトナム文化情報省に海底遺跡の保護を訴えた。これをうけ一九九五年に文化情報省はクーラオチャム海域での遺物の引き揚げと漁民のこの海域への立ち入りを禁止する通達を発したのであった。

その後、この遺跡に対する水中考古学調査の実施にあたっていくつかの動きがあったが、ベトナムはベトナム歴史博物館とベトナムの海難救急連合会社のヴィサル（Visal）を中心に、マレーシアのサルベージ会社（Saga Horizons Company）とイギリス人研究者などを招き、一九九七年五月から一九九九年六月までの期間、調査を実施した。その結果、七〇～七二メートルの深さで船体の一部がみつかり、その遺存部分は長さ二九・四メートル、幅約七・二メートルで一九の船倉が確認された（図5）。

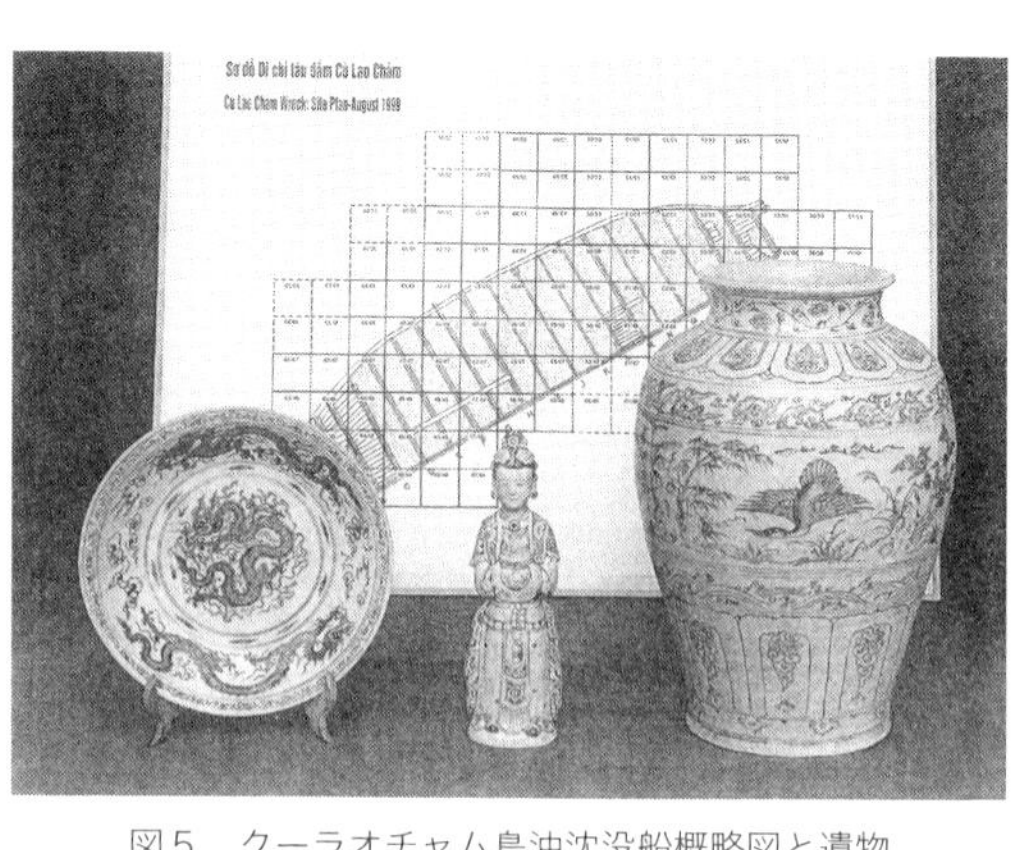

図5　クーラオチャム島沖沈没船概略図と遺物
(Bùi Minh Trí et al. 2001: 103)

引き揚げられた遺物は陶磁器や銅製品など大量にあり、完全な形の陶磁器だけでも二四万点に達し、なお破片が数十万点あるという。陶磁器の大半が十五世紀のベトナム北部で生産された青花や色絵、白磁などの碗皿類や水注、人物像、馬上杯など多様な器種を含み（図6）、さらにわずかながら中国産青磁や白磁、景徳鎮産青花、タイ産四耳壺などがあり、これらは十四世紀後半から十五世紀後半頃までの製品であった。また、銅銭が二三点あり、最古銭は唐朝の「開元通寶」（初鋳年、九六〇年）で最新銭は明朝の「洪武通寶」（初鋳年、一三六八年）であった。ほかに、タイ人の特徴をもつ女性の頭骨も検出された（図7）。また、船体の一部を放射性炭素^{14}C年代測定したところ十五世紀後半の年代をえた（Nguyễn Đình Chiến et al. 2008）、という。

クーラオチャム島沖沈没船引き揚げベトナム陶磁器と同種のものは、琉球をはじめマジャパイト（Majapahit）など東南アジア諸国から出土している。ベトナムの史書『大越史記全書』の一四六七年の条に、スマトラやタイなどの商船がベトナム北部の貿易港ヴァンドン（Vân Đồn）に入港した、という記録がある。当時のベトナムは黎朝の大越国である。十五世紀の大越国と琉球や東南アジア諸国との交易をしめす豊富な資料であり、かつベトナム陶磁器研究にあたえる影響は計り知れないものであった。

しかし、これら五件の沈没船調査にあたっては、すべてトレジャー・ハンターの関与があった。十分な海底調査をせずに遺物だけを引き揚げ、その一部を世界の骨董市場に流し、競売にかけ、ベトナムにおける水中文化遺産の保護と調査に大きな禍根を残すことになった。

（上より）図6　引き揚げ遺物
図7　引き揚げられた頭骨

クーラオチャム島沖沈没船の調査以降、二〇〇八年に開始されたバクダン（Bạch Đằng）戦場跡の調査を迎えるまで、海底から遺物の引き揚げ事例はいくつか報告されているが、前述したような沈没船調査はなかった。

バクダンは『大越史記全書』に登場するベトナムの陳朝と元軍の戦場

跡である。チャン・フン・ダオ（Trần Hưng Đạo、陳興道）将軍率いる陳朝軍は、一二八八年にバクダン川から侵入する元軍を阻むため川底のいたるところに杭を打ち、潮の干満を利用して元軍を破ったという。その分布などを確認する調査がアメリカのテキサスA&M大学海洋考古学研究所の研究者らとベトナム考古学院の研究者らで実施された。

二〇〇九年にはベトナム考古学院とクアンニン（Quảng Ninh）省遺跡管理班が、外国人研究者らと共同調査を実施、二〇一〇年にはドン・マー・グア（Đồng Má Ngựa）で発掘調査を行い、五五点の木杭を検出した（Lê Thị Liên et al. 2010）。また、同年にはユネスコが主催した水中文化遺産に関する指導者研修プログラムがタイで行われ、それにベトナム考古学院の研究者が参加した。このときからベトナムで本格的な水中考古学専門家養成の活動がはじまったといってよいだろう。

ベトナム考古学院は、二〇一一年にバクダン戦場跡だけではなく、ハロン湾に位置するヴァンドン港跡の予備調査を実施し、二〇一二年にはバクダン戦場跡とヴァンドンのクアンラン（Quan Lạn）島で調査を実施している。さらには二点の大砲が川底から引き揚げられたゲアン（Nghệ An）省のベントィ（Bến Thủy）の沈没船の予備調査も実施している。

二　クアンガイ省チャウタン沖沈没船の発見

二〇一二年頃、筆者がホーチミン市の骨董店に入ったとき、中国越州窯系の青磁碗（図8）や長沙窯黄釉褐彩壺などが目をひいた。店の主人にどこから入手したのか尋ねたところ、中部のクアンガイ（Quảng Ngãi）の海という。

同年、筆者はベトナム歴史博物館の研究者たちとクアンガイ省の博物館を訪れた。その時、副館長からチャウタン（Châu Tân）の海には数隻の沈没船が確認されているが、水中考古学調査ができず漁民が勝手に引き揚げているることなどの報告を聴いた。その年、ベトナムの知人からクアンガイの海から引き揚げられた長沙窯陶器碗の写真が送られ、その器壁には墨書によるアラビア文字がみとめられた。海のシルクロードのなかのベトナム海域の重要性を如実に示す遺物が発見されたのであった。

その後、クアンガイ省ビンソン（Bình Sơn）県チャウタン沖の浅い海底から船体の一部と大量の遺物が発見され、現地の蒐集家に買い取られた。この資料の初歩的な調査が日本人研究者によって最近開始された。それによると、竜骨材の長さは約二二メートルを測り、これによって推定される沈没船の船長はすくなくとも二五メートルほどあった。船材のなかには肋材があり、形状と大きさから船幅は九メートルほどと推定されている。また、凸形加工された一連の方形状突起をもつ船材があり、これは船体内側の材と判断された。これは、肋材に植物繊維を編んだ縄で固定するためのものであり、この技術はラッシュ・ラグ加工とよばれる東南アジア在来の船舶建造法という。そしてAMS放射性炭素年代の結果は、七世紀中頃から八世紀中頃の年代をしめし、このことは東南アジア最古の沈没船の可能性を示唆するものであった（西野他二〇一五）。

図８　越州窯系青磁

引き揚げられた陶磁器には、釉下に刻文をもつ破片や器面に墨書をもつ破片があった。これを調査した青山亨氏によると、刻文には漢字が多く、なかにはアラビア文字を模倣した疑似アラビア文字と推測されるものがあるという。墨書資料にはインド系文字、アラビア文字、漢字がみられるという。インド系文字は南方系ブラーフミー文字に由来する文字で、既知のカウィ文字と比較すると、初期カウィ文字古形（紀元後七五〇—八五〇年）から初期カウィ文字標準系形（紀元後八五〇—九二五年）の字形とよく一致するという。インド系文字の墨書は現存最古の資料の可能性があり、またAmbarakと読める文字列が複数確認でき、これはイランの歴史的港市シーラーフの北西部に現存する地名の可能性があるという（青山二〇一五）。

このようにチャウタン沖で確認された資料は、八～九世紀前後頃の陶磁器資料をもつだけではなく、文字資料を含み東南アジア最古の沈没船資料の可能性がある。

三　クアンガイ省ビンチャウ沖沈没船の調査

二〇一二年九月、クアンガイ省ビンソン県ビンチャウ（Bình Châu）村の漁民が海底から若干の陶磁器を引き揚げた。それは、海岸から二〇〇メートルほどの海域で深さが三・五～四メートルであった。

クアンガイ省人民委員会は関係機関と協議し、翌年の六月四日から二三日まで発掘調査を実施した。調査にあたっては、調査地区を囲むため鉄板を打ち、ベトナム人研究者だけで実施された。その結果、船体が二〇・五メートル、幅が五・六メートルほどで一三の船倉をもつ沈没船が検出されたのであった。船体などの痕跡から火災にあったことが判明した。出土した遺物は陶磁器や銅銭、銅鏡、鉄製釘などがあった。陶磁器は中国元代の青磁や青花、青白磁など十三世紀代と考えられる製品あった。また、一九種類の銅銭が出土し、おもに唐から宋代の銭貨であり、最新銭は十三世紀のものであった（Nguyễn Đình Chiến et al. 2014）。

この調査は、ベトナムにおいて六番目の沈没船調査事例と位置づけられる。これまでの調査とは違い、ベトナムの文化遺産保護法にのっとり、トレジャー・ハンターを介入させず、ベトナム関係機関の研究者が考古学調査を実施したもので、ベトナムにおける最初の水中考古学調査と位置づけられる。

四　水中考古学研究室の設立と水中文化遺産保護法

トレジャー・ハンターが関与した五件の沈没船調査では、海底にある遺構や遺物出土状況の詳細な図面が作成されていない。また、正式な調査報告書の刊行もなく、略報や出土陶磁器のカラー写真を掲載した図録（Nguyễn Đình Chiến 2002）と競売カタログがあるだけである。

そのため、ベトナム人研究者のなかには水中考古学の専門機関と専門家の不在を憂慮する意見（Nguyễn Văn Nguyên 2004）や、二〇一〇年までにベトナム水中考古学部門を設立し、その施設を海辺のリゾート地ヴンタウに建設すべき、などの意見が公表されてきた（Phạm Quốc Quân 2006）。二〇一二年には、改組したベトナム国家歴史博物館において「海の文化遺産展」が開催され、市民の関心もたかまっていた。この背景には、中国やフィリピンなどの国との南シナ海をめぐる領海問題がある。

こうした動きのなかから、二〇一二年にベトナム水中考古学会が組織された。このとき中央機関からベトナム考古学院や東南アジア研究院、ハノイ国家大学人文社会科学大学、ベトナム国家歴史博物館の研究者が参加し、地方機関からはバクリュウ（Bạc Liêu）省博物館やバーリア・ヴンタウ省博物館、クアンニン省博物館、ニントゥアン（Ninh Thuan）省博物館の関係者たちが参加した。また、ＳＰＡＦＡがタイで水中考古学教育プログラムを組織したとき、ベトナムから二名の研究者が派遣された。そして、同年七月にベトナム考古学院に正式に水中考古学研究室が開設され、室長に女性研究者のレ・ティ・リエン（Lê Thị Liên）氏が就任した。二〇一四年六月には、この研究室の若い二名の研究者が水中考古学実習のため、ホイアンの海で海外研究者の指導・訓練をうけた。

ベトナム考古学院水中考古学研究室の目的は四点に集約される。ひとつは、ベトナムにおける水中考古学遺跡のデータ作成と緊急調査の実施である。つぎに水中遺跡と遺物の研究、またそれと関連する海域史、交易史などの研究を行うこと。そして水中考古学部門の確立と発展、教育のために国内外の機関と連携し、研究成果を Khảo cổ học（『考古学』）に発表していくことである（Lê Thị Liên 2014）。

また、ベトナムの水中文化遺産にかかわる保護法は、二〇〇一年に発効された文化遺産保護法にもとづき、二〇〇五年に発効された第八六号法令がある。この法令は国内の内陸水域、領海および接続水域、排他的経済水域、大陸棚範囲内に存在する水中文化遺産の管理と保護に関するもので、四四の条文がある。その内訳は、一般規定から水中文化遺産の管理、保護を行う機関・団体・個人の責任について、国際協力、表彰、違反、苦情、非難への対応、施行規則からなる（増田二〇一四）。特筆すべきことは、水中文化遺産のサルベージ行為とその引き揚げ遺物の輸送を禁じていることである。この法令によってトレジャー・ハンターの介入する余地がなくなったといってよい。

このように研究機関における研究部門の新設と保護法の発効は、ベトナムの考古学研究にあらたな分野を切り開くものとなり、それは重要な一歩であった。

五　今後の課題

ベトナム考古学院とクアンガイ省文化・スポーツ・旅行局は、二〇一四年一〇月一五日から一六日にかけて

「ベトナムと東南アジアの水中考古学――発展のための協力」のシンポジウムをクアンガイ市で開催した。国内外から一五〇人が参加し、海外の一七国から参加者があった。この会議で二二本の報告がなされ、その成果の一部は、雑誌 *Khảo cổ học* の二〇一四年六号に特集された。この会議で基調報告をしたベトナム考古学院長のグエン・ジャン・ハイ（Nguyễn Giang Hải）氏の報告（Nguyễn Giang Hải 2014）を参考に、今後のベトナムにおける水中文化遺産の研究や保護・活用の課題をまとめたい。

海岸線が長く、先史時代から南シナ海を隔てた交流があるベトナムでは、水中文化遺産は豊富で多様である。しかし、これまでその研究が十分になされてきたわけではなく、大きな問題を抱えていた。それは、専門家の不在などから水中文化遺産の調査研究・保護に資することができなかった点である。例えば、これまでの五件の沈没船調査にみられるようにトレジャー・ハンターの参加があり、ベトナム人研究者の役割は、おもに引き揚げ遺物の調査を担当するだけであった。

水中文化遺産の発見・保護には住民、とりわけ漁民の協力が必要である。これまで海底の文化遺産は、それを発見した住民（漁民）に荒らされ、遺物が引き揚げられてきた歴史がある。しかし、これまで禁止する通達をだせても有効な解決方法はみつけられなかった。文化遺産の保護・活用を図るためには住民の参加がのぞましいが、その活動があまりみられないことに起因している。逆に、破壊行為に手を染める住民（漁民）が多かった事実もある。本来ならば、各省や県の文化課、博物館が住民指導をすることが望ましいが、まだそこまでの活動がみられないことも問題であろう。国家レベルの問題としては、二〇〇一年に採択されたユネスコの水中文化遺産保護条約にまだ加盟していない点が指摘できる（二〇一四年現在、未加盟）。

研究遂行面では、水中文化遺産の調査、研究を実行していくための資金不足という問題がいつでもつきまとう。

その最たる例が、これまでの沈没船調査である。五件の沈没船調査は、国の機関と民間機関や外国人と連携で実施されてきたが、調査資金の捻出などから引き揚げ遺物の折半が公然と行われ、骨董市場に流失し、社会問題化してきた。

こうした現状をふまえ、これまでの研究動向を勘案しながら、今後の水中考古学研究の視点から、次の分野を進めていくことである。ひとつは、北部や中部、南部における港市の研究であり、中部のホイアンや北部のフォーヒエン（Phố Hiến）研究など、すでに実績があるものを継続していくこと。つぎに、沈没船の調査と海戦跡の調査を継続することである。

またベトナムの水中文化遺産の保護・活用、そして研究の深化をはかるためにも、水中考古学者の養成とその事業を展開していく必要がある。そのためには、人材ばかりではなく、調査機器の充実も必要であり、保護のためには盗掘する住民（漁民）に対する文化遺産保護教育も必要であろう。そして、行政機関の管理者と研究者の連携による遺跡の保護・活用を推進していかねばならない。

おわりに

ベトナムの考古学史をひもとけば、フランス植民地時代にはベトナム人を排除した研究が進められ、一九四五年の独立、そして一九五四年のディエンビエンフー（Điện Biên Phủ）の戦勝により、植民地制度を打倒したベトナム人は本格的に考古学研究を展開した。

独立後の初期の研究では、国家起源や民族起源の研究などの成果から、民族のアイデンティティを確立する上で大きな成果をおさめた。一九八六年のドイモイ（刷新）以後の研究では、外国人研究者と共同研究をしながら、港市研究や北部の窯跡とベトナム陶磁器研究、中部のチャンパー王国の祠堂跡研究と保存、南部のオケオ遺跡の調査など、国家プロジェクトとして進められ、大きな成果をおさめてきた。

六〇年余の考古学研究のなかで、二〇一二年になりようやく水中文化遺産を研究する水中考古学プロジェクトが動きはじめたといえよう。それは、まだ小さな一歩かもしれないが、ベトナム戦争中に困難ななかでも発掘調査などを展開してきたベトナム人研究者の勇敢さと努力に期待したい。それに比べると、海に囲まれた日本の動きはあまりに遅いと感じるのは筆者のみではあるまい。

参考文献

青山亨（二〇一五）「ベトナム・チャウタン沈没船インド系文字資料の報告」（『東南アジア学会第93回研究大会報告要旨』）

阿部百里子（二〇〇〇）「ベトナム海域の沈没船と陶磁器」（『月刊考古学ジャーナル』四六四）二〇―二三頁

飯塚義之（二〇一〇）「台湾産玉（ネフライト）の拡散と東南アジアの先史文化」（『海の道と考古学――インドシナ半島から日本へ』、高志書院）五一―六五頁

菊池誠一（二〇一〇）「ベトナム海域の沈没船――近年の水中考古学調査から」（『海の道と考古学――インドシナ半島から日本へ』、高志書院）一三九―一五五頁

菊池誠一（二〇一四）「ベトナム・クーラオチャム沖沈没船」（『季刊考古学――水中考古学の現状と課題』一二三）八八―九〇頁

西野範子、青山亨、木村淳、野上建紀（二〇一五）「ベトナム、南シナ海沖・チャウタン海揚がりの資料の初歩的報告」（『東南アジア学会第93回研究大会報告要旨』）

新田栄治（二〇一〇）「銅鼓の起源と拡散」（『海の道と考古学――インドシナ半島から日本へ』、高志書院）九一―一〇七頁

林田憲三（一九九四）「ベトナム水中考古学の現状と展望――ホイアン沈没船予備調査」（『昭和女子大学国際文化研究所紀要』一）一〇七―一一四頁

増田静香（二〇一四）『ベトナムにおける水中考古学の現状と課題』（昭和女子大学提出修士論文）

山形眞理子（二〇一〇）「ベトナムの先史文化と海域交流」（『海の道と考古学――インドシナ半島から日本へ』、高志書院）三〇―五〇頁

Bùi Minh Trí and Kerry Nguyễn Long, 2001, *Gõm hoa lam Viêt Nam*, Nhà xuãt bản KHXH, Hà Nội.

Lâm Thị Mỹ Dung, 2004, ‘Khảo cổ học Cù Lao Chàm’（『ベトナム・ホイアンの学際的研究―ホイアン国際シンポジウムの記録（昭和女子大学国際文化研究所紀要九）』）一八九―二〇〇頁

Lê Thị Liên,2014,‘Khảo cổ học dưới nước: các hoat động hợp tác nghiên cứu cua Viện khảo cổ học trong những năm 2008-2012’, *Những phát hiện mới về khảo cổ học năm 2013*:634-636, Hà Nội.

Lê Thị Liên, Nguyễn Thị Mai Hương, Randall Sasaki, Jun Kimura, Charlotte Pham,Vũ Thị Khánh Duyên, Lê Hồng Sơn and Ngô Đình Dung, 2010,‘Kết quả khảo sát khu di tích Bạch Đằng（Quảng Ninh）’, *Những phát hiện mới về khảo cổ học năm 2009*:355-356, Hà Nội.

Nguyễn Đình Chiến, 2002, *Tàu cổ Cà Mau: Sở văn hóa thông tỉnh Cà Mau*, Viện bảo tàng Lịch sử Việt Nam, Hà Nội.

Nguyễn Đình Chiến and Phạm Quốc Quân, 2008, *Gốm sứ trong năm con tàu cổ ở vùng biển Việt Nam*:16-22, Bảo tàng Lịch sử Việt Nam, Hà Nội.

Nguyễn Đình Chiến and Phạm Quốc Quân, 2014, ‘Khai quật tàu đắm cổ Bình Châu con tàu có thuVI trong vùng biển Việt Nam’, *Những phát hiện mới về khảo cổ học năm 2013*:637-642, Hà Nội.

Nguyễ Giang Hải, 2014, ‘Khảo cổ học biển Việt Nam: tiềm năng và thách thực’, *Khảo cổ học,* 6:8-18.

Nguyễ Quốc Hùng, 1992a, ‘Khai quật kho tàng cổ dưới đáy biển Hòn Cau（Bà Rịa-Vũng Tàu）’, *Khảo cổ học*, 3:62-73.

Nguyễ Quốc Hùng, 1992b, ‘Phát hiện con tàu thuyền cổ thế kỷ 15 bị chìm ở gần Hòn Đảo vùng Phú Quốc Kiên Giang’, *Những phát hiện mới về khảo cổ học năm 1991*:129-130, Hà Nội.

Nguyễn Quốc Hữu, 2003,'Hiện vật gốm sứ trong tàu đắm cổ Bình Thuận', *Bảo tàng Lịch sử Việt Nam Thông báo khoa học* :83-91, Hà Nội.

Nguyễn Văn Nguyên, 2004, 'Tàu đắm Bình Thuận', *Cổ vật tinh hoa*, số 10:15-17.

Phạm Quốc Quân, 2006, 'Khảo cổ học dưới nước ở Việt Nam một số vấn đề cần đặt ra', *Bảo tàng Lịch sử Việt Nam Thông báo khoa học* :107-110, Hà Nội.

Trịnh Cao Tương, 1995, 'Báo cáo sơ bộ về tàu thuyền cổ bị đắm chìm trong vùng biển Hội An, Quảng Nam-Đà Nẵng', *Những phát hiện mới về khảo cổ học năm 1994*:327-329, Hà Nội.

Trịnh Cao Tương and Seiichi Kikuchi, 1996, 'Thêm thông tin về con tàu cho gốm Chu Đậu thế kỷ 15 bị đắm ở ngoài khơi của biển Hội An', *Những phát hiện mới về khảo cổ học năm 1995*:450-451, Hà Nội.

タイ水中考古学調査

向井 亙

はじめに

タイ領海内には現在のところ五二ヶ所の沈没船が確認されているが、このうち一四ヶ所の沈没船について考古学的調査が行われてきた（Favis et al. 2012）。

タイ政府において、遺跡の調査保全管理を管轄するのは文化庁芸術局（以下、芸術局）である。タイ水中考古学を概観する時、注目されるのは、その開始期より一貫して芸術局の水中考古課が主体となり調査を実施してきた点である。

東南アジア諸国で唯一、水中考古学に関する実効的な公的機関を有しているタイが、限られた予算と人材の中で、水中考古学調査を担い続けるため採用した手段は、積極的に海外調査機関と共同調査を行うことであった。本稿では、年代毎にタイ水中考古の動向を象徴する沈没船調査を取り上げながら（図1）、その調査史を振り返り、その特徴と意義を明らかにする。

一　クラム島沖沈没船――一九七〇年代：タイ水中考古学の開始期

タイにおいて水中考古学調査が始まる契機となったクラム島（Ko Khram）沖沈没船は、タイ湾東部沿岸チョンブリ県サッタヒップのクラム島の南西沖合約一二・六キロメートルの水深三七―四二メートルの海底に位置する。一九七三―七四年、地元の漁民が同海域でタイのシーサッチャナライ窯産の青磁を大量に引き揚げたことが沈没船発見の契機となる。当時の新聞記事においても、引き揚げられた陶磁器が高値で取引されていることを報じて

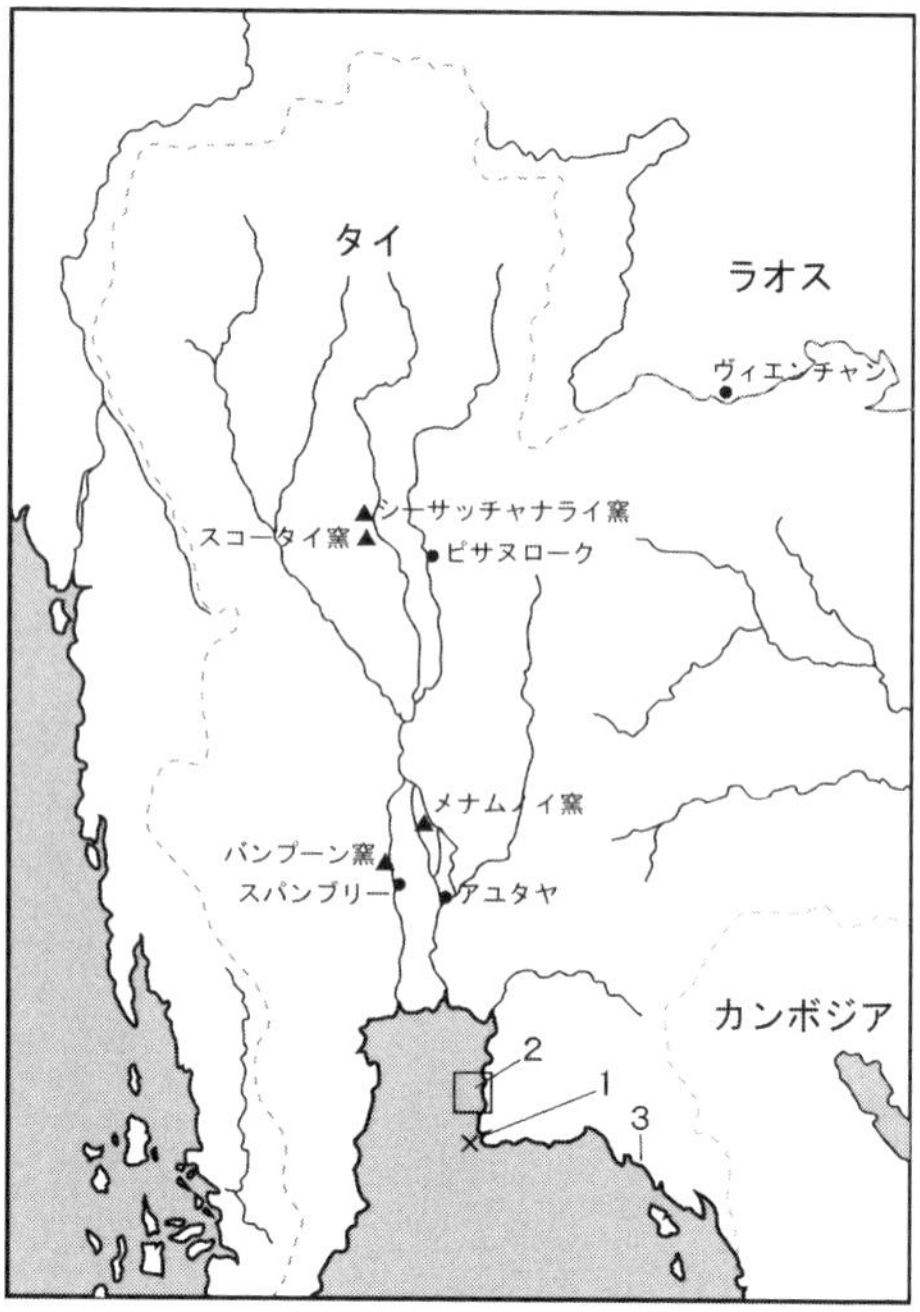

図1　関連地図
1：クラム島沖沈没船
2：シーチャン島沖第三沈没船
3：サメットガーム沈没船

図2　クラム島沖沈没船引き揚げ陶磁器が高値で取引されていたことを示す地元紙「マティチョン」の記事

図3　クラム島沖地沈没船第1次調査に利用された海軍船舶（プンポンペーッ他1975より）

いる（図2）（Favis et al. 2012）。

当時の芸術局は、水中考古学に関する知識も人材も有しておらず、その人材をタイ海軍に求めた。一方、タイ工芸の展覧会をスウェーデン・デンマーク・イギリスで行った際に、芸術局は同沈没船資料を展示するとともに、水中考古調査に関する支援を求めた。これに対してデンマーク政府が水中考古学者四名を派遣することを申し出て、芸術局は水中考古学に関する技術支援を受けることとなる（プンポンペーッ他一九七五）。

芸術局を主体にタイ王国海軍所属のダイバー、デンマーク人水中考古学者を構成員とする共同調査団が組織され、一九七四年一〇月―一九七五年一月にタイで初めての水中考古遺跡の発掘調査が行われる（図3）。そして、この調査が契機となり一九七七年には芸術局に水中考古課が設置される。

クラム島沖沈没船の調査は、一九七五―二〇〇四年の間、七次にわたり実施されている。このうち第一・二次調査（一九七四・一九七五年）では沈没船の状況調査と遺物の引き揚げが行われ、第三次調査（一九七六年）には発掘調査を開始する。各次の調査項目に注目すると、前半（七〇年代）には使用機器の試用や調査にあたるダイバー

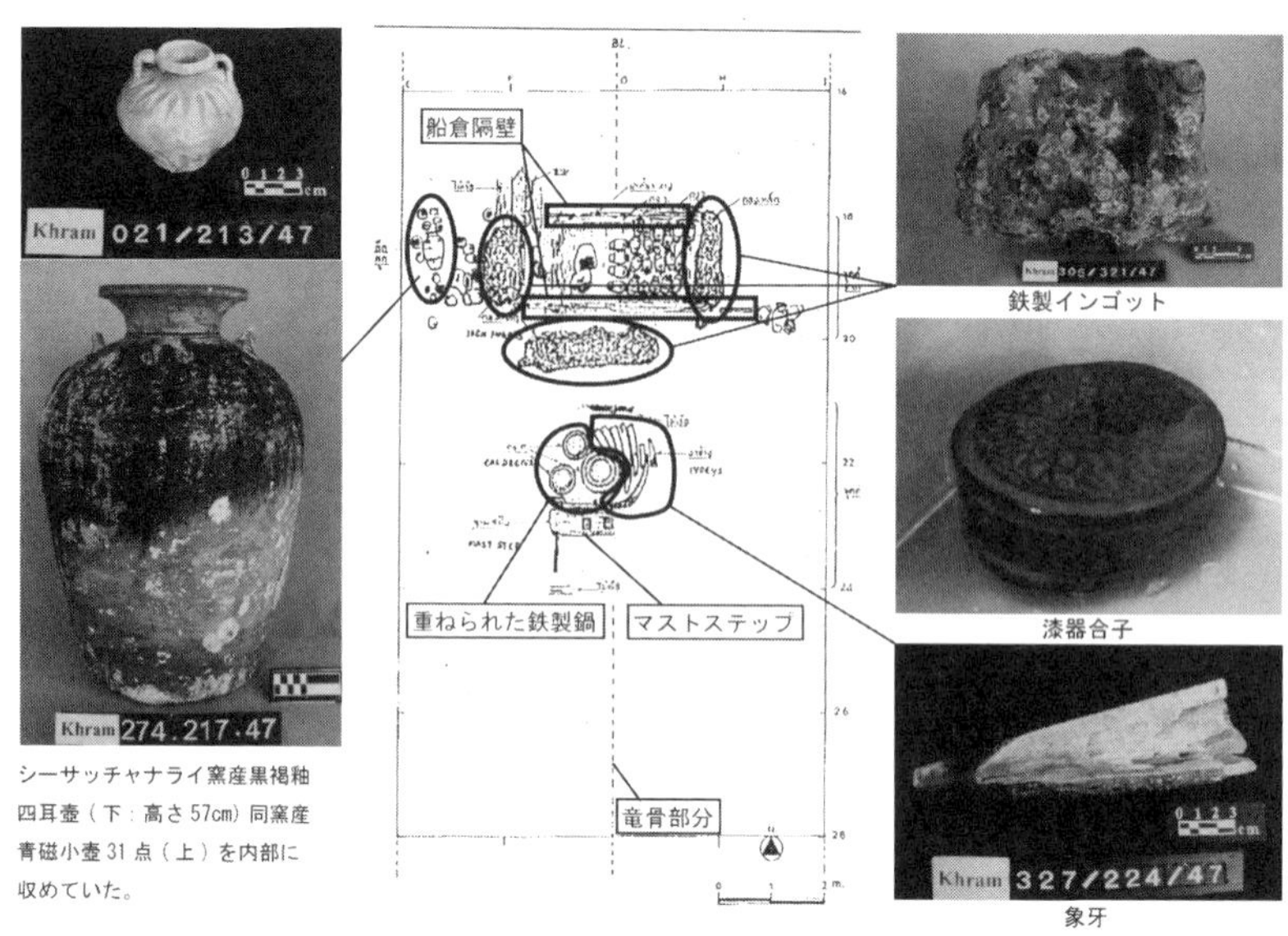

シーサッチャナライ窯産黒褐釉四耳壺（下：高さ57cm）同窯産青磁小壺31点（上）を内部に収めていた。

図4　クラム島沖沈没船の船倉平面図
（第7次調査：ウィーラクンテーワン2006より改変転載）

のトレーニングに主眼が置かれていたのに対して、後半（八〇年代以降）には同沈没船自体の理解に主眼が移行している。また注目すべきは第四次調査（一九七七年）以降、タイ国立シラパコーン大学が調査に加わっている点である。同大学はタイ国内で唯一考古学部を有し、学生の実習活動を行う人材育成カリキュラムがここで始まっている（ウィーラクンテーワン二〇〇六）。

クラム島沖沈没船は攪乱を受けておらず、良好な保存状態であった。全長三二メートル、幅八メートルを測る船体は竜骨をもち、船倉を隔壁で一三区画に区分している。外板には、東南アジア産のチーク材が使用され、木製釘で接合される東南アジア船である。

発見遺物の大半は陶磁器類であり、その主体はタイ中北部シーサッチャナライ窯で生産された青磁である。青磁碗や皿、盤は重ねられて緩衝材として藁にくるまれて船倉内に積載された（図４）。タイ陶磁器以外にも、ベトナム中部のゴーサイン諸窯で生産された青磁碗が大量に出土しており、これらの陶磁器は商品として積載されたと考えられる。陶磁器の特徴から、同沈没船は十五世紀中葉に沈没したと推定される（Brown et al. 2002、向井二〇一二）。

陶磁器以外の遺物では、漆器合子三点、砥石一点、鉄製インゴット一三点、鉛インゴット九点、錫インゴット一六点、腕輪一点、銅製ピンセット一点、錘一点、象牙一六点、椰子殻三点が出土している。また引き揚げは行われなかったが、鉄製の大型鍋が三ヶ所で集中的に確認されている（ウィーラクンテーワン二〇〇六）。鉄製鍋はタイ中北部ピサヌローク県ピサヌローク市ウィハーントーン寺院遺跡で出土しており、インゴットや象牙と同様に鉄鍋が広域流通商品として積載されていたと思われる。

発見遺物のうち商品以外の機能が想定される一群として、シーサッチャナライ窯産の黒褐釉四耳壺がある。この四耳壺に同窯産の青磁小壺が大量に詰め込まれて発見されており（第七次調査：ウィーラクンテーワン二〇〇六）、青磁小壺を運搬するためのコンテナの機能を果たしていたと推定できる。東南アジアで発見される沈没船からは、広くタイ産黒褐釉四耳壺が発見されるが、この内部からは魚骨や胡椒、蟹などが発見され、液体商品をはじめとするさまざまな商品の運搬容器として交易船に積載されていたと考えられる。この他にも、航行中の船員の食料や水を備蓄する容器としても積載されていたであろう。

クラム島沖沈没船の調査は三〇年間七次（一九七四－二〇〇四年）という長期にわたる調査であった。この要因には予算と人材の問題がある。つまり、調査に投入される予算と人材が限られるために、一回の調査が短期間となる。

二　シーチャン島沖第三沈没船──一九八〇年代：オーストラリアとの共同調査

一九八〇年代、タイの水中考古学調査は、オーストラリアとの共同調査が主体となる。一九八二年、東南アジアにおける交易史と造船技術の研究を目的とするタイ─オーストラリア水中考古学研究プロジェクト（Thai-Australian Underwater Archaeological Research Project）が始まり、クラダット島沖沈没船（Ko Kradat：一九七九─一九八〇年）、パタヤ沖沈没船（Pattaya：一九八二年）、シーチャン島沖第一沈没船（Ko Si Chang：一九八二年・一九八五年）、同島沖第二沈没船（一九八二年─一九八八年の間、四回調査）、同島沖第三沈没船（一九八六年）が、このプロジェクトで調査された。このうちシーチャン島沖第三沈没船は、攪乱を受けておらず船体全体が調査された事例として重要な成果を提供している（Green et al. 1987）。

シーチャン島沖第三沈没船は、タイ湾東海岸チョンブリ県のシーチャン島の北西約一〇九キロメートルの水深二四メートルに位置する。一九八五年、シーチャン島沖第一沈没船を調査していた中、新たな沈没船を発見し、シーチャン島沖第三沈没船とした。一九八六年一～三月に行われた発掘調査には、タイ芸術局水中考古学課、オーストラリア海事古学研究所（Australian Institute for Maritime Archaeology）、西オーストラリア海事博物館（Western Australian Maritime Museum）、トルン大学（Torun University）（ポーランド）、ブリティッシュコロンビア水中考古学協会、フランス文化省から構成される総員四〇名が参加し、調査中には平均二五名のダイバーが調査に参加した。

シーチャン島沖第三沈没船は全長約二〇メートル、幅六メートルを測り、竜骨を有し、船倉は隔壁により一六区画に区分される（図5）。船体は内外二層の外板から構成され、木製釘で接合される東南アジア船である。発見遺物の大半はクラム島沖沈没船と同様に陶磁器類であるが、九割以上がタイ産の土器壺と黒褐釉四耳壺で占められる（図6）。これら壺の内部からは、ゴムやアヒルの卵の殻、キンマの実が発見され、壺が商品を運搬貯蔵するための容器であったことを示しており、積載商品に占める陶磁器類の割合はクラム島沖沈没船に比べると格段に少ない。陶磁器類の他には、象牙、青銅製のキンマ入れなどが発見されているが、注目すべきは錫・銅・鉄のインゴットが二〇二〇点出土している点である。発掘調査では、これらのインゴットが船倉の中央部分に集中し、その上に黒褐釉四耳壺が直立した状態で発見された。この他、象牙や土器壺蓋が船倉内で

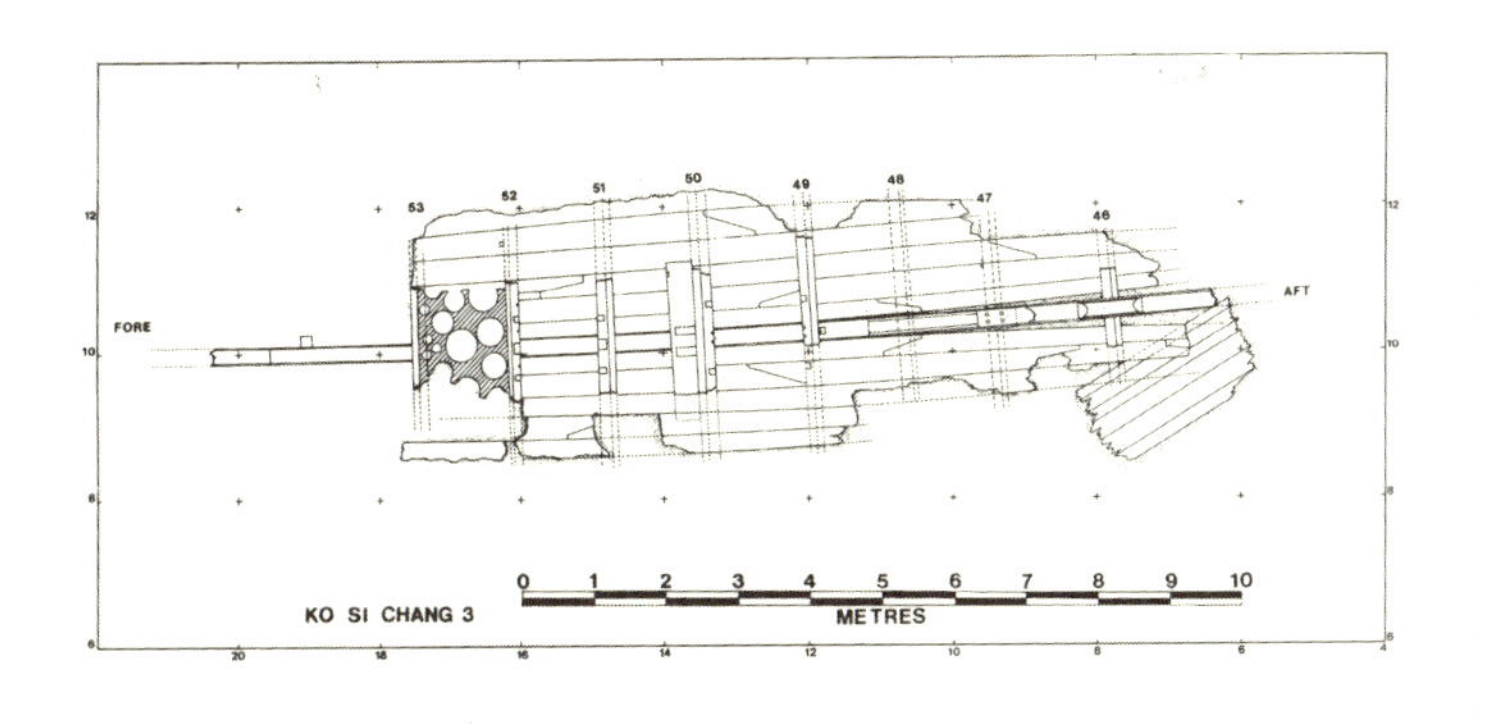

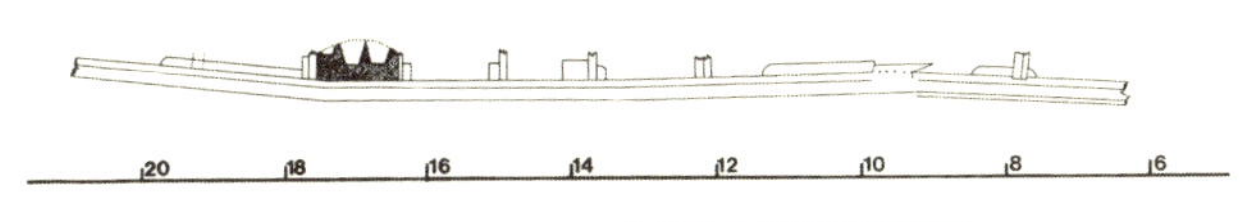

図5　シーチャン島沖第3沈没船平面図
（Green et al. 1987より転載）

図6　シーチャン島沖第3沈没船発見のタイ産土器壺と黒褐釉四耳壺（左）と内部に松脂を収めた黒褐釉四耳壺破片（右）（タイ芸術局2001より転載）

集中した範囲から発見され、これらが商品として船倉中にまとめられて積載されていたと考えられる。沈没時期については、少量出土した中国・ベトナム青花の特徴から、十五世紀末〜十六世紀初めと推定される（向井二〇一二）。小型船である同沈没船は、出土陶磁器の大部分がタイ産の貯蔵陶磁器であることから、タイ湾沿岸を航行する小型交易船であったと推定される。

この調査で特筆すべきは、船体全体の発掘調査を三ヶ月間の調査で完了させた点である。前述したクラム島沖沈没船の調査が一九七五年―二〇〇四年の間の七次にわたる調査であるのとは対照的である。これを実現させた要因には機材や予算的な側面とともに、平均二五名のダイバーが常時調査に参加しているという人材的な側面が指摘できるであろう。ちなみに二〇〇〇年時点におけるタイ芸術局水中考古課のダイバーは一〇名である（シーラブトラ二〇〇〇）。

さらに、シーチャン島沖第三沈没船に限らず、このオーストラリアとの共同プロジェクトで調査された沈没船調査については、いずれも詳細な発掘調査報告書が刊行されており、その資料的価値を高めている。[1] これに対して、タイ芸術局が単独で行った沈没船調査については報告書の刊行される例が少なく、その情報源は研修生として参加したシラパコーン大学の学生の学位論文であることも少なくない。[2]

三　サメットガーム沈没船・タルー島沖沈没船
――一九九〇年代：ＳＰＡＦＡとの連携・人材育成

一九九〇年代、タイの水中考古学調査は人材育成を目的とするプロジェクトにシフトする。芸術局水中考古課は東南アジア諸国文部大臣機構（ＳＥＡＭＥＯ）内の芸術考古学の地域センターを担うＳＰＡＦＡと連携して二つの水中考古学調査のトレーニングコースを立ち上げる。一九八九年にはAdvanced Training Coarse in Underwater Archaeology の下でサメットガーム（Samed Ngam）沈没船の調査が行われ、一九九一年にはIntermediate Training Coarse in Underwater Archaeologyの下でタルー島（Ko Talu）沖沈没船の調査が行われる。

サメットガーム沈没船（Fine Arts Department 1990b）はタイ東部チャンタブリ県ムアン郡サメットガームの沿岸部

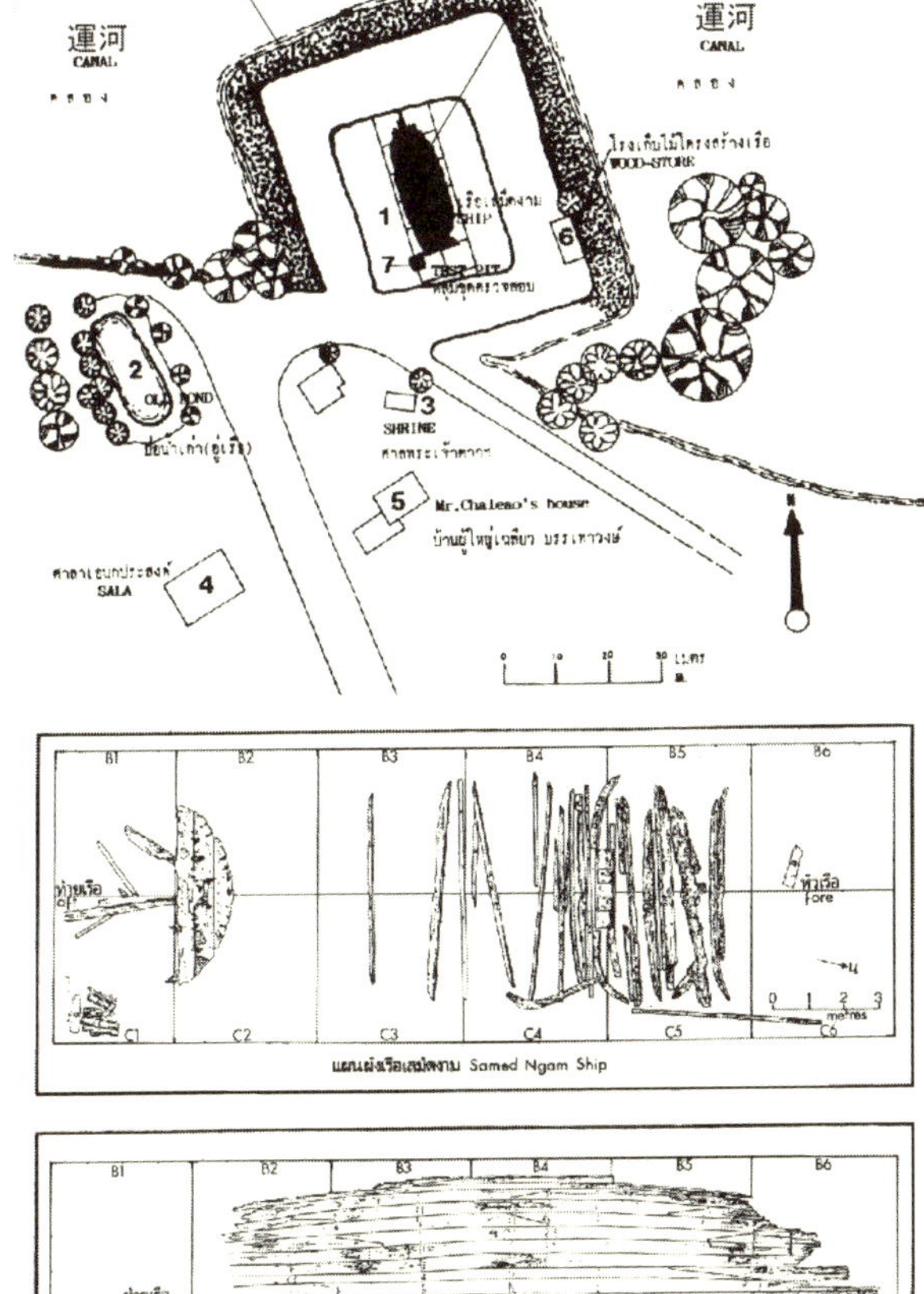

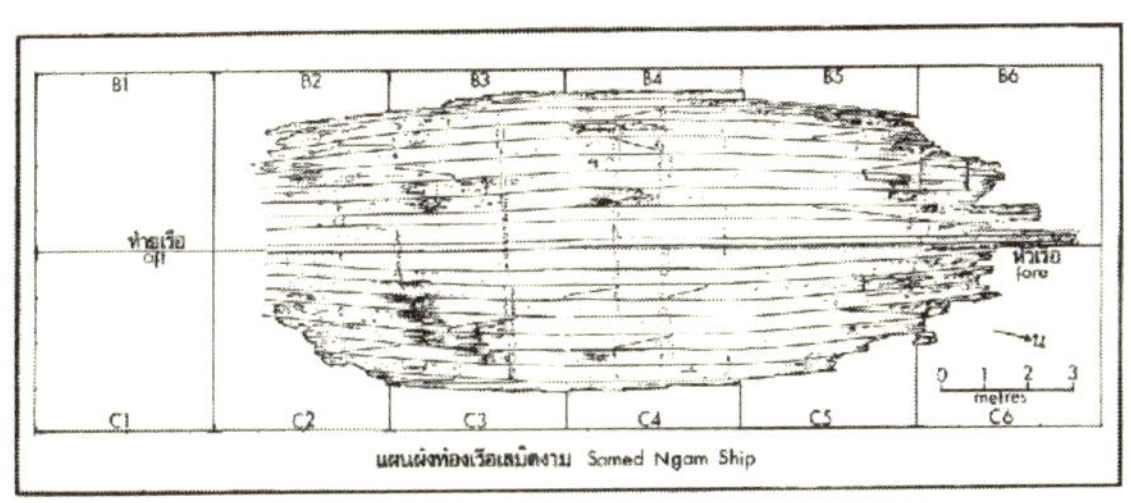

図7　サメットガーム沈没船の位置（上）と平面図（下）
（Fine Arts Department 1990bより改変転載）

図8　サメットガーム沈没船発掘風景（タイ芸術局2001より転載）

で位置する。沈没船はチャンタブリ河岸の長方形の溜池状の場から発見された（図7）。この地は沈没船発見以前から、タークシン大王（一七三四―一七八二年：タイのトンブリ朝を創始した王）の造船所と呼ばれ、船体修復用のドッグであったとされている。一九八〇年、地元民が船体の一部と思われる木材を引き揚げたことが契機となり、一九八一年に芸術局水中考古課が踏査を行った。翌年には同課により第一次調査が行われ、船体の特徴が明らかにされた。芸術局はSPAFAと共同でプロジェクト「水中考古学研修コース上級」（Advanced Training Coarse in Underwater Archaeology）を設立し、その研修遺跡として同沈没船が選定され、一九八九年に第二次調査が実施された。調査には、タイ芸術局水中考古課を含むタイ国内外の総員二〇名が参加した。このうち研修生一〇名は、インドネシア一名、フィリピン二名、マレーシア二名、タイ五名から構成される。

沈没船の発見状況から、発掘調査は溜池内の海水をポンプで吸出して行われた（図8）。全長二四メートル、幅八メートルを測る船体は竜骨を持ち、一層の外板には杉材が使用されている。外板は鉄釘で接合され、中国船、特に福建船である可能性が高い。また船体直下に船体を支える船台が確認され、船体下の堆積土に加工を持つ木材や木屑、そして鋸と斧が出土している。このことから同沈没船は修繕のためにドックに入ったが何らかの理由で修繕は行われず船体が放棄されたと考えられる。堆積土出土の中国青花から、その年代は十九世紀と考えられる。現在、サメットガーム沈没船はドック跡とともに現状保存され、コミュニティー博物館を併設している（Favis et al. 2012）。

一九九一年、「水中考古学研修コース中級」（Intermediate Training Coarse in Underwater Archaeology）の調査実習地としてタイ湾東海岸ラヨーン県タルー島沖沈没船が選定される（Fine Arts Department 1991）。調査団は、芸術局水中考古課の他に、オーストラリア・フランス・カナダからの専門家、インドネシア・フィリピン・マレーシアから各二名の研修生を含む総員二五名から構成される。研修生は調査前に水中考古学に関するレクチャーを受け、一九九一年二月～三月に実習調査が行われた。

タルー島沖沈没船は、タイ湾東沿岸ラヨーン県ムアン郡タルー島近海のパーククローンクレーン村から南東約九・五キロメートルの水深一八メートルに位置する。芸術局水中考古課が一九八七～八九年の各年に踏査を行ったが、その内容は遺物の採集に留まり発掘調査は実施されていなかった。

一九九一年の発掘調査では、船体が全長一一～一二メートル、幅四～五メートルを測る小型船で、プランクは一層で、舳先と船尾がともに先細りとなり泥中の航行に適した形態であることが明らかになった。このような船体構造の特徴は、今日のタイ湾沿岸を航行する小型船の特徴に類似する。

タルー島沖沈没船は陶器壺を中心とした陶磁器類を大量に積載しており、陶磁器の器面に刻まれたタイ語の刻印から、チャンタブリ県バーンタオモー（「焼き物窯の村」の意）において二〇〇年前～現代まで生産された製品であることが明らかとなった。また、陶器工場のオーナーへの聞き取り調査から、約五〇年前に全長一四メートルの陶器運搬船がサメット島付近で沈没しており、これが同沈没船である可能性がある。同沈没船の推定航路については、バーンタオモー村民への聞き取り調査から、同地の陶器がチャンタブリで積載された後にタイ湾に出て沿岸を西に航行し、約一〇日間でバンコクに至ったという。

一〇〇年にも満たない過去ではあるが、報告書では陶磁器のタイ湾沿岸地域の生業の中で貯蔵器を中心とする陶磁器流通の背景等に言及している。タルー島沖沈没船の発掘調査と研究は、タイ水中考古学の中において学際的な調査がなされた事例として重要である。

四 タイ水中考古学への国際的評価
——二〇〇〇年代：ユネスコ水中考古学トレーニングセンター設立

二〇〇一年に開催されたユネスコによる水中考古遺産保護会議の中で、地域における水中考古遺産保護体制の構築が急務とされた。これに対し、ユネスコ・バンコク事務所は〝アジア太平洋の水中考古遺産の保護——水中考古学実習センターの設置を通じた水中考古学保全管理の地域能力の構築〟案を提出する。

これを受けて、ユネスコはアジア太平洋地域における水中考古遺産保護に携わる人材育成のための水中考古学トレーニングセンターをタイ（チャンタブリ）に設置した（図9）。その設置地の選定において重視されたのは、一九七四年以来、タイが民間サルベージ会社による調査に拠らず、考古学的調査を実施してきた点と、七〇年代より水中考古学に携わる調査員を育成する実習活動を継続的に行ってきた点であった。

二〇〇九年、芸術局はトレーニングセンターの設置を受け入れ、建物施設を提供。一九一七年にチャンタブリ沖で沈没した蒸気船マンノック（Mannok）沈没船をフィールドに実習調査を行った。

二〇一二年、ユネスコのプログラムは終了するが、芸術局は、ユネスコのもとで、引き続き水中考古学トレーニングセンターの維持を表明する。そして、アセアン、SPAFA、SEAMEO、シラパコーン大学との連携を模索している（Favis et al. 2012）。

図9　ユネスコ水中考古学トレーニングセンター
（タイ・チャンタブリ：Favis et al. 2012より転載）

五　パノムスリン沈没船——近年の水中考古調査事例

近年、調査が行われた九世紀代の沈没船遺跡であるパノムスリン（Phanom Surin）沈没船について紹介したい（Jumprom 2014a, 2014b）。パノムスリン沈没船は、タイ中部サムットサーコン県ムアン郡パンターイノーラシン地区で発見され、二〇一三年九月に芸術局ラーチャブリ第一支局と同局水中考古学課が合同で緊急調査を行った。沈没船はタイ湾沿岸から約八キロメートル内陸のエビ養殖池に位置し、船体は泥層下で発見された。発見された内竜骨は全長一七・六五メートルを測るが、竜骨は発見されていない。二層となる外板は穿孔して紐で接合するアラブ式である。二本の帆柱が確認され、うち一本は長さ一七・三七メートルを測る。

船内からは多様な遺物が出土しているが、その大部分は陶磁器である。このうち土器壺については、底部にパドルによる成形打痕を有する丸底壺で、タイ中部ドゥバーラバディー期の遺跡から出土するタイプと類似する。この他、中国広東地方産のオリーブ釉を掛けた有耳壺（ドゥスン壺と呼ばれるタイプ）や無釉陶磁器壺が出土している。これらの壺の耳には蓋を固定するための縄が残存している例が確認できる。陶磁器において注目すべきは、その形状がアンフォラに類似するトルペド型壺（torpedo jar）であり、その器面にはアラビア文字が刻まれている。その産地はインド以西と考えられるが、産地同定には至っていない。

陶磁器以外の遺物では、石臼、石製碇、キンマの実、ヤシの実、砂糖椰子の実、米粒、縄、樹脂ヤニ、穿孔を持つ椰子の実製品、枝編み、植物の種子、魚骨、動物骨が発見されている。

発見された中国陶磁器の特徴から、沈没時期は九世紀前半と推定され、タイ国内では、この時期の沈没船事例は少ない。商品を運搬する壺類の生産地に注目すると、地元産の土器壺、中国産陶器壺、インド以西の壺（トルペド壺）が一隻の船に混載されている。この沈没船の航路と寄港地を考察することで、貯蔵陶磁器の混載の様相が明らかとなり、タイ湾における当時の物流を考察する上で重要な資料となる。

おわりに――東南アジア水中考古遺産の保護活用におけるタイ水中考古調査史の重要性

陸上の考古学に比べて、水中考古学調査は金銭的ハードルと、調査に携わる調査員のスキルという人材的ハードルが存在する。この二つのハードルに対して、タイが採った施策は人材育成と確保への取り組みである。つまり、クラム島沖沈没船の第一次調査において、芸術局は海軍ダイバーを芸術局に出向させて、水中考古調査のノウハウを学ばせた。彼らはクラム島沖沈没船の調査後も引き続き芸術局に籍を置き、一九八〇年代に海外との共同調査を経て、九〇年代には次世代の人材育成を担った。さらに国立シラパコーン大学の考古学部は芸術局と連携し水中考古実習を行い、次世代育成のカリキュラムを確立している。

政府予算という金銭的ハードルによる調査員数の制限や使用機材の老朽化、調査期間の制限は、現在においても存在する（シーラブトラ二〇〇〇）。これに対しては、国際的な共同調査の企画により調査が実現できるだけではなく、その質も向上することはタイの水中考古調査史が自ら示している。

現在、東南アジア諸国における水中考古学調査の主流は依然として民間サルベージへの委託調査である。水中考古遺産の評価と活用が重要性を増す中で、タイにおける水中考古調査史は、東南アジア諸国の水中考古政策の一つのモデルとなると考える。

注

（1）調査報告は以下の通り。クラダット島沖沈没船については（Green et al. 1984）、パタヤ沖沈没船については（Green et al. 1983）、シーチャン島沖第一・二沈没船については（Green et al. 1987）参照。

（2）例えば、クラム島沖沈没船の第七次調査についてはシラパコーン大学提出の学士論文（ウィーラクンテーワン二〇〇六）、バンカチャイ第二沈没船調査については同大学提出学士論文（ルンアナンチャイ二〇〇四）、クラ島沖沈没船（ナコンシータマラート県）の調査については同大学修士論文（セーラウ二〇〇五）が唯一の資料である。

参考文献

ウィーラクンテーワン、ウィルン（二〇〇六）『クラム島沖沈没船、２００４年度発掘調査出土遺物の研究』（シラパコーン大学提出学士論文、タイ語）

シーラブトラ、デープリウム（二〇〇〇）『タイ水中考古学事情――タイ水中考古学における潜水教育・研修の研究』（シラパコーン大学提出学士論文、タイ語）

セーラウ、アルニー（二〇〇五）『ナコンシタマラート県クラ島近海沈没船発見陶磁器の研究と保存』（シラパコーン大学提出修士論文、タイ語）

タイ芸術局（二〇〇一）『タイ交易船史』（タイ芸術局）

プンポンペーッ，W.、ムシカカーマ，N.（一九七五）「サッタヒップにおけるタイ――デンマーク考古学者の水中考古学調査報告」（『芸術局雑誌』一九―三、タイ語）七四―一〇七頁

向井亙（二〇一二）「タイ陶磁器の編年研究」（『金沢大学文化資源学研究』五）一―九四頁

ルンアナンチャイ、オンスィリ（二〇〇四）『船体構造の初歩的研究――バンカチャイ第２沈没船の事例から』（シラパコーン大学提出学士論文、タイ語）

Brown, R. and Sjostrand, S., 2000, *Turiang: A Fourteenth Century Shipwreck in Southeast Asian Waters*, Pasadena：Pacific Asia Museum.

Brown, R. and Sjostrand, S., 2002, *Maritime Archaeology and Shipwreck Ceramics in Malaysia*, Kuala Lumpur: Department of Museum and Antiquities.

Charoenwongse, Pisit and Prishanchit, Sayan, eds., 1988, *Underwater Archaeology in Thailand*, Bangkok: Fine Arts Department.

Favis, Ricardo L., Manders, Martijn R. and Underwood, Christpher J., 2012, ‘Introduction, the Development of the Regional Capacity Building Program on Underwater Cultural Heritage’, *Training Manual for the UNESCO Foundation Course Heritage in Asia and the Pacific*, Bangkok: UNESCO Office.

Fine Arts Department, 1990a, *Underwater Archaeology in Thailand II: Ceramics from the Gulf of Thailand*, Bangkok: Fine Arts

Department.

Fine Arts Department, 1990b, *Underwater Archaeology in Thailand III: The Samed Nagam Shipsite, Report on the Survey-Excavation*, ed. S. Prishanchit, Bangkok: Fine Arts Department.

Fine Arts Department, 1991, *Underwater Archaeology in Thailand IV: 141b and the Survey and Excavation of the Koh Talu Wrecksite, Rayong, Thailand, 1991*, Report on the Intermediate Training Course in Underwater Archaeology, ed. S. Prishanchit, Bangkok: Fine Arts Department.

Green, J. N. and Harper, R., 1983, *The Excavation of the Pattaya Wreck Site and Survey of Three Other Sites, Thailand 1982*, Australian Institute for Maritime Archaeology Special Publication No. 1, Fremantle: Australian Institute for Maritime Archaeology.

Green, J. N., Harper, R. and Intakosi, V., 1987, *The Maritime Archaeology of Shipwrecks and Ceramics in Southeast Asia, the Maritime Conection: The Ko Si Chang Three Shipwreck Excavation 1986,* Australian Institute for Maritime Archaeology Special Publication No. 4, Fremantle: Australian Institute for Maritime Archaeology.

Green, J.N. and Harper, R. and Prishanchittara, S., 1984(1981), *The Excavation of the Ko Kradat Wrecksite Thailand, 1979-1980*, reprint ed., Fremantle: Western Australian Maritime Museum.

Jumprom, P., 2014a, ‘Chinese Export Ware Found on a Shipwreck in Phan Thai Norasing Sub-District, Mueang District, Samut Sakhon Province’, *Conference of Research on Chinese Export Ware Found in Thailand during the past Past Three decades* (1-2 August 2014), Ayutthaya.

Jumprom, P., 2014b, ‘The Phanom Surin Shipwreck: New Discovery of an Arab-Style Shipwreck in Central Thailand’, *Southeast Asian Ceramics Museum Newsletter*, vol. 8 (1, Jun. - Sep. 2014), Bangkok: Southeast Asian Ceramic Museum, Bangkok University (http://museum.bu.ac.th/Newsletter/SEACM_V8_no1.pdf).

Prishanchit, S., 1992, ‘Current Movement of Underwater Archaeology in Thailand and Its Application to the History of Maritime Trade during the 13th to 18th Century AD’, *The Silpakorn Journal*, vol. 35(2): 34-70.

Valaikeaw, J., 1992, 'Cultural Heritage from Underwater the "Ao-Thai 1 Junk" or the "Klang-Ao" Junk', *The Silpakorn Journal*, vol. 35(2): 8-33（タイ語、英文梗概）.

Wangcharoentrakul, S. and Arnyanak, C., 1992, 'Identification of the Rasin from Rua Rang Kwian', *The Silpakorn Journal*, vol. 35(2): 71-75（タイ語、英文梗概）.

Wangteraprasert, T., 1992, 'Conservation of Underwater Pottery', *The Silpakorn Journal*, vol. 35(2): 76-84（タイ語、英文梗概）.

フィリピン、パンダナン島沖沈船遺跡出土の土器について

田中和彦

はじめに

フィリピンにおいて潜水用具を使った水中考古学の調査は、一九六七年、ルソン島南部、アルバイ（Albay）州、サント・ドミンゴ（Santo Domingo）のナバサガン（Nabasagan）岬沖の海底遺跡の調査（エバンヘリスタ一九八四、六三頁、Dizon 1997: 310）に始まる。その後、一九七九年、フィリピン国立博物館人類学部の中に水中考古学ユニットが設立され（Dizon 1997: 310）、一九八八年には、人類学部の中にあった考古学課が人類学部から独立して考古学部になり、それに伴って水中考古学ユニットは、水中考古学課となった（Dizon 1997: 310）。フィリピン国立博物館考古学部門のE．ディゾン（E. Dizon）氏は、二〇〇三年に、それまでのフィリピンにおける水中遺跡の調査を概観し、一四ヶ所の遺跡が調査されていることを明らかにした（Dizon 2003）。そして、それらの遺跡の中には、すでに英文の報告書や図録、あるいは陶磁器など一部の遺物の報告が刊行されている遺跡もある。[1]すなわち、交易時代の遺跡としては、本章で取り上げる十五世紀中葉に沈んだパンダナン島沖沈船（Loviny 1996）や十五世紀後半にパ

ラワン（Palawan）島とミンドロ（Mindoro）島の間にあるブスアンガ（Busuanga）島沖で沈んだレナ・ショール（Lena Shoal）沈船（Goddio et al. 2002）があり、スペイン時代の遺跡としては、十六世紀中頃にルソン島西岸のサンバレス（Zambales）州、カバンガン（Cabangan）市のサン・イシドロ（San Isidro）村沖で沈んだサン・イシドロ沈船（Tan 2007）や一六〇〇年にオランダ船モーリシャス（Mauritius）号との戦闘によってマニラ湾を出たバタンガス（Batangas）州、ナスグブ（Nasugbu）沖で沈んだサン・ディエゴ号沈船（Desroshes et al. 1996）、十六世紀末から十七世紀初頭にパラワン島南部西方沖で沈んだロイヤル・キャプテン・ショール（the Royal Captain Shoal）二号沈船（Goddio 1988）、一七六一年に中国の広東を出航し、同年スールー（Sulu）海で沈没したイギリス東インド会社の船、グリフィン（Griffin）（Goddio et al. 1999）などがある。また、これらの中には、その調査成果がいちはやく日本で紹介されたものもある。すなわち、森村健一氏によるパンダナン島沖沈船出土遺物の報告（森村一九九六）や小川光彦氏らによるサン・イシドロ沈船の出土遺物の報告（小川他二〇〇二）である。

これらの沈船遺跡の報告のうち、英文の報告で出土した土器を取り扱っているものは、サン・ディエゴ号沈船遺跡の調査報告（de la Torre 1993, 1996）とレナ・ショール沈船遺跡の調査報告（Crick 2002）だけであり、その扱いも分類と事実記載に留まるものである。また、日本語による森村健一氏の報告と小川光彦氏らの報告は、両者ともに『貿易陶磁研究』という雑誌に掲載されたものであることもあり、陶磁器についての記述と検討が大半を占めており、土器については、森村健一氏の報告では、パンダナン島沖沈船の引揚品の中に「フィリピン産移動式土師器カマド」があることが記されている（森村一九九六、一一一頁）のみで、図や写真や詳しい記述はない。また、小川光彦氏らのサン・イシドロ沈船の出土遺物の調査報告でも、出土遺物の一覧表の中に土器壺二個体の出土が読み取れるのみ（小川他二〇〇一、九二頁）である。このように、フィリピンの沈船から出土した遺物の中で、土器については、十分な検討がなされてこなかった。

しかしながら、沈船から出土する土器類の多くは、船の乗船者によって船上生活で使われていた生活用品であると考えられる。そのため、土器類は、船上生活の実態の解明や乗船者の性格や乗船地を知るてがかりを提供するものと評価することもできる。また、沈船遺跡出土の土器は、陸上遺跡から出土した土器と比較検討することによって、船の寄港地や航海ルートを復元する手がかりとなるものである。この点について、筆者は、かつて『水中考古学研究』の創刊号において、パンダナン島沖沈船出土の注口土器が、ルソン島バタンガス（Batangas）州のカラタガン（Calatagan）遺跡から出土する注口土器（Main et al. 1982: 27, Fig.17）に形態が類似することを指摘し、パンダナン島沖沈船が沈没する前に、バタンガス州近辺を通過した可能性があることを指摘した（田中二〇〇五）ことがある。その後、筆者は、二〇一一年にマニラで開催された第一回アジア太平洋地域水中文化遺産会議において発表した論文（Tanaka et al. 2011）を準備する過程でフィリピン国立博物館においてパンダナン島沖沈船出土土器の主要なものを観察し、写真撮影および実測する機会を得た。本章では、主にその折の調査成果を紹介し、パンダナン島沖沈船出土の土器について、二、三の考察を行ってみたい。

一　パンダナン島沖沈船遺跡

パンダナン島沖沈船遺跡の位置

フィリピン諸島の西側を縁取るのは、南北に細長いパラワン（Palawan）島である。その南端は、散在する数個の島を挟みボルネオ（Borneo）島の北端と向かい合っている。そして、ボルネオ島との間にバラバク海峡（Balabac

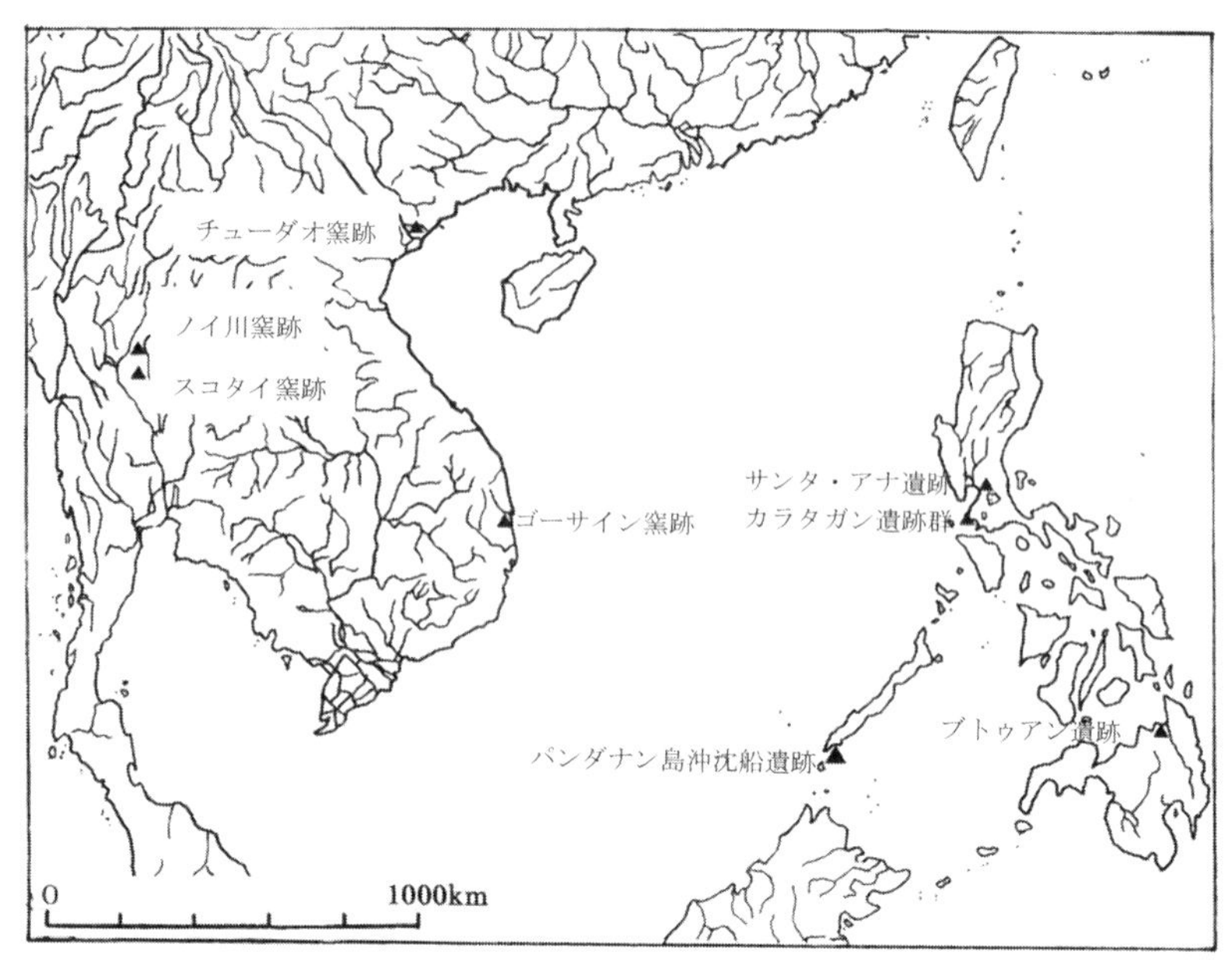

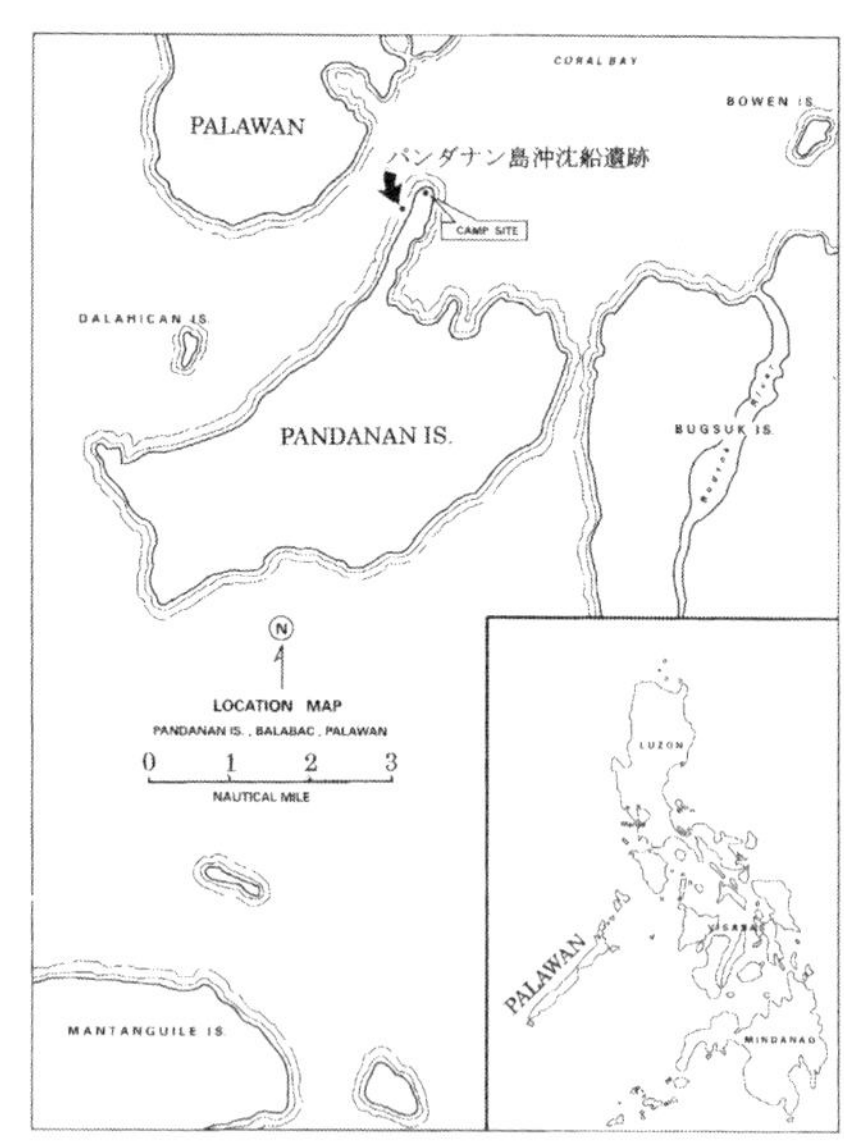

（上）図1　パンダナン島沖沈船遺跡と関連遺跡

（右）図2　パンダナン島沖沈船遺跡位置図

（出典：Dizon 1996: 64, 一部改変）

Strait）と呼ばれる潮の流れのはやい海峡を形作っている。西側の南シナ海から東側のスールー海（Sulu Sea）に入るためには、南側では、このバラバク海峡を通過するのが早道である。そうした意味で、この地域は、南シナ海からスールー海へ抜ける交通の要衝にあたるといえる。

パンダナン島は、パラワン島南端沖に位置する数個の島の一つでパラワン島南端にもっとも近い島である（図1、2）。その大きさと形態は、長さ九・六キロメートル、幅四キロメートル程の方形の島（図2）である。パンダナン島沖沈船遺跡は、この島の北東海岸の沖合約二五〇メートル、水深四二メートル、北緯八度九分四八秒、東経一一七度三分六秒に位置している（Dizon 1996: 64）（図2）。

パンダナン島沖沈船遺跡の調査

本遺跡は、遺跡の所在地でエコファーム・リソーシズ（Ecofarm Resources）株式会社が行っている真珠の養殖中に、紛失した真珠母貝入り養殖籠の探索中に発見されたものである（Honasan 1996: 14）。この発見は、同社のマネージャー、エフレン・T・アニェス（Efren T. Añes）氏によって一九九三年六月九日、フィリピン国立博物館に報告された（Dizon 1996: 64）。この知らせを受けて、フィリピン国立博物館は、一九九五年二月一七日から五月三一日にかけて三隻の木製筏を使って水中考古学の発掘調査を実施した（Dizon 1996: 64）。

パンダナン島沖沈船遺跡に遺存していた船体

船体は、「砂と泥に覆われたサンゴ礁の崖の底」（Dizon 1996: 70）で発見された。発見された船体部分（図3）は、沈んだ船の四分の一程と推定された（Dizon 1996: 70）。そして、この残存した部分に基づいて沈んだ船は、長さ二五～

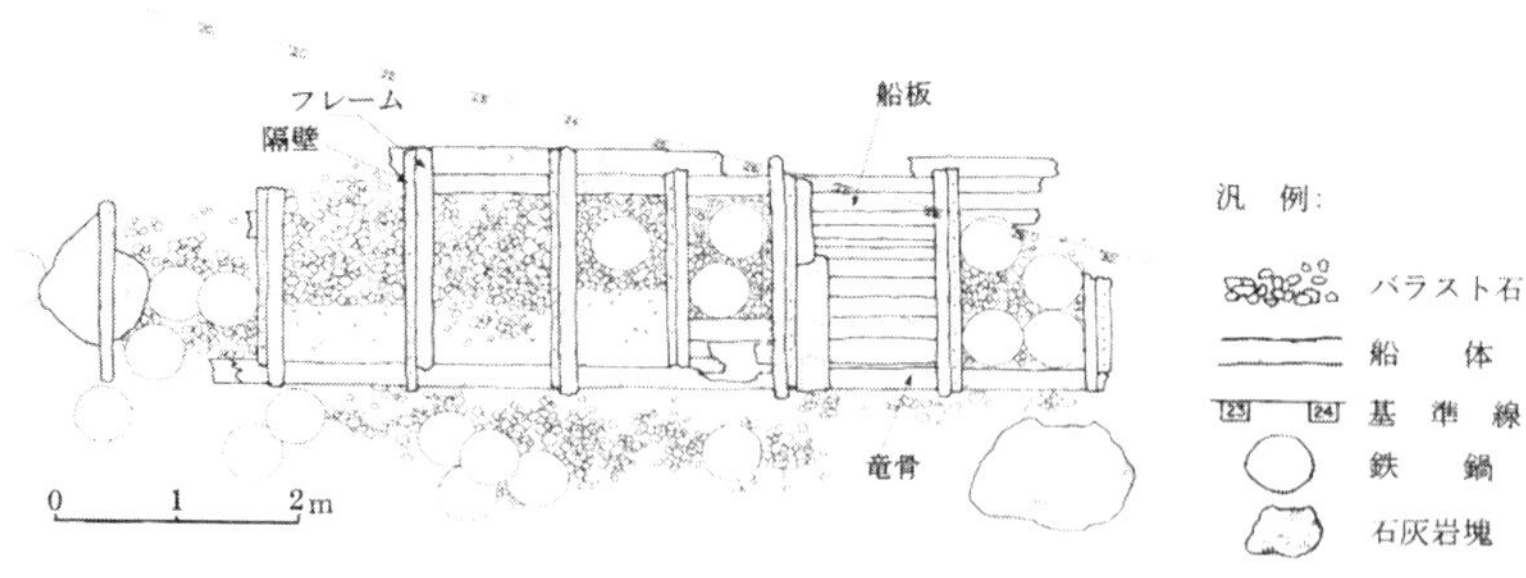

（出典：Dizon 1996: 74-75, 一部改変）

図3 パンダナン島沖沈船遺跡船体図および鉄鍋分布図

三〇メートル、幅六〜八メートルの大きさに達すると推定された（Dizon 1996: 70）。また、この船の構造上の特徴の一つとして、隔壁の仕切りに水を通すための穴がある（Dizon 1996: 70）ことが指摘された。また、報告者のディゾン（Dizon）氏は、船体が四分の一程しか残っていなかった理由として、船体は、船体の木材にたかった熱帯の海中の虫によって食われてしまったか、あるいは海流によって流されてしまったと述べ、船の沈没後に遺跡が形成されていく過程で生じる諸要因にその原因を求めた（Dizon 1996: 70）。また、船の製作地についてディゾン氏は、「中国か東南アジアのどちらか」（Dizon 1996: 70）とする一方で、「船の構造は、ベトナムあるいは南中国」（Dizon 1996: 70）の特徴を持つと指摘し、さらに、沈船から発見された遺物の七〇％が現在のベトナムの地で生産されたものであることから、船もベトナム製である可能性が高い（Dizon 1996: 70）ことが示唆された。ただし、船体に使われた木材の材質同定は、ディゾン氏の報告には示されておらず、船の製作地を考える上でも、今後その材質同定は重要な調査課題の一つになっている。

二 パンダナン島沖沈船遺跡の出土遺物

船体とともに検出された四七二二点（Dizon 1996: 66）の遺物群は、陶磁器、土器、金属器、銭貨、ガラス製品、石器に分けられる。土器については、この後の節で詳しく見るため、ここでは土器以外の遺物について概観したい。

陶磁器

陶磁器類は、中国製のもの、タイ製のもの、ベトナム製のものが出土した。中国製のものには、景徳鎮窯製のもの、龍泉窯系のもの、福建・広東の窯製のものがある。景徳鎮窯製のものには、青花、青白磁、青白磁鉄斑文の製品がある。青花の製品としては、元青花の鳳凰麒麟文大鉢（図4―1a、1b）、明代の麒麟文大盤（図4―2）、明代の麒麟文皿（図4―3）、明代の梅枝文碗（図4―4）と明代の宝相華文碗（図4―5）、小壺などがある。青白磁の製品としては、元代の瓢形水注（図4―6）があり、青白磁鉄斑文の製品としては、元代の瓢形水注（図4―7）がある。一方、龍泉窯系の製品には、青磁皿・盤（図5―1）があり、福建・広東の製品としては、褐釉双龍文六耳壺（図5―2）がある。また、タイ製のものには、ノイ（Noi）川窯系の黒褐釉四耳壺（図5―3）とスコータイ（Sukho thai）窯の鉄絵魚文鉢（図5―4）がある。ベトナム製のものは、北部ベトナム製のものと中部ベトナム製のものがある。北部ベトナム製のものは、チューダオ（Chu Dau）窯の青花の製品で、皿（図6―1）、無耳壺（図6―2）、有耳壺（図6―3）、瓶（図6―4）、合子（図6―5a、5b）などがある。一方、中部ベトナム製のものは、ビン・ディン（Binh Dinh）省のゴーサイン（Go Sanh）窯製の輪状釉はぎ青磁皿（図7―1）、窯は特定できていない褐釉筒形碗（図7―2）、褐釉丸碗（図7―3）、褐釉押型文有耳壺（図7―4〜6）、褐釉劃花文有耳壺（図7―7、8）、石灰壺（図7―9）がある。

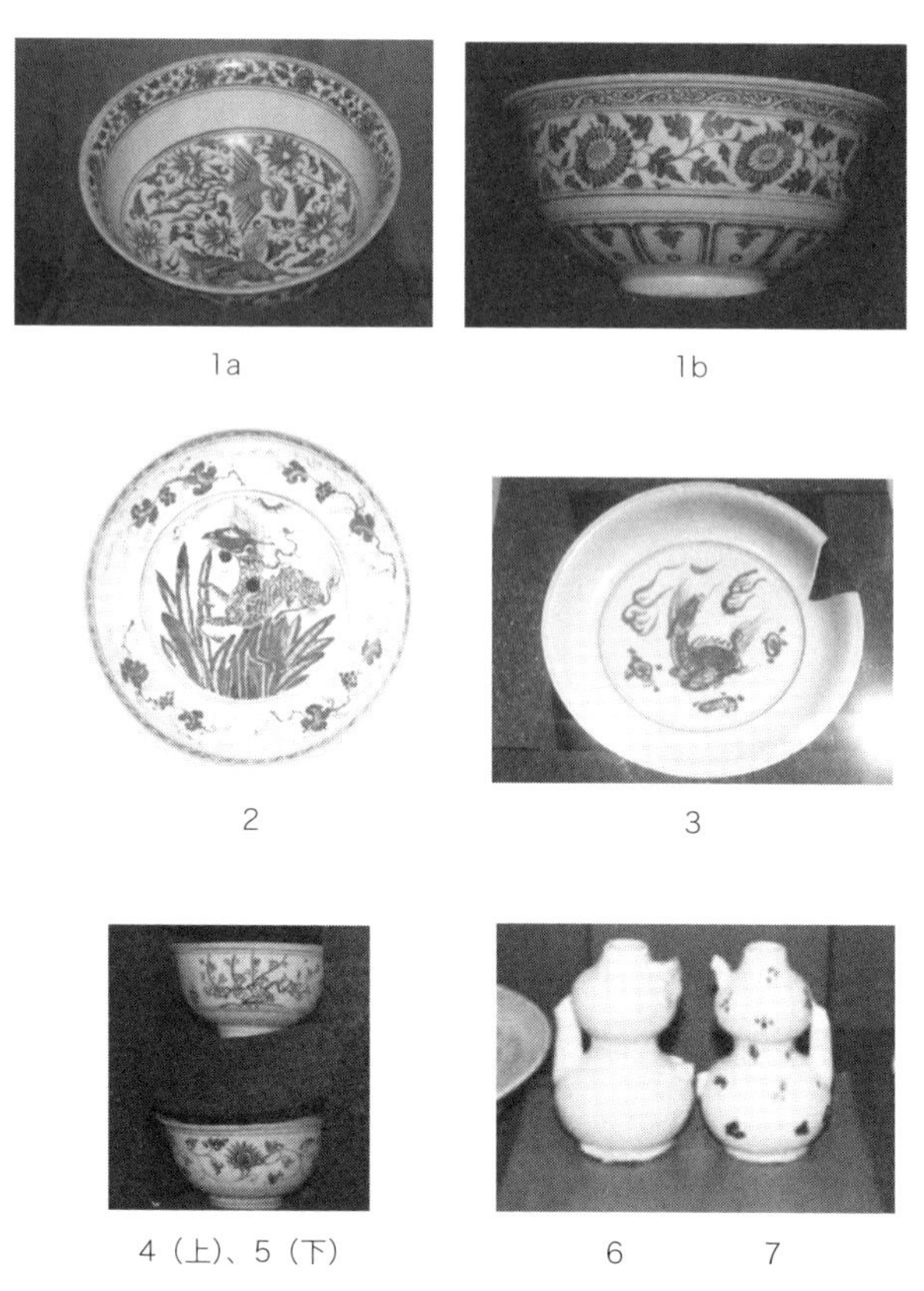

（出典：1、3～7：筆者撮影、2：Diem1996: 104, Fig. 18）
（Courtesy: National Museum of the Philippines and Dr. Eusebio Z. Dizon）

図4　パンダナン島沖沈船遺跡出土景徳鎮窯製青花（1～5）、青白磁（6）、鉄斑紋青白磁（7）

金属器

金属器としては、青銅器・青銅製品と鉄器が出土している。

青銅器・青銅製品としては、青銅製小砲（図8—1）が二点、青銅製ランプ（図8—2）が一点、青銅製天秤量（図8—3）が一点、青銅鏡（図8—4）が一点、青銅製合子が一点、青銅製円盤一点、および青銅製釣針（点数不明）と青銅製石突き（点数不明）が出土している（Dizon 1996: 68）。また、青銅製銅鑼（図8―5）が五点出土している（Dizon 1996: 68）。

鉄器

1

2

3

（口径23.7cm）
4

（出典：1～3：筆者撮影、4：Diem 1996: 98, Figure 3）
（Courtesy: National Museum of the Philippines and Dr. Eusebio Z. Dizon）

図5 パンダナン島沖沈船遺跡出土龍泉窯系青磁（1）、福建、広東系褐釉六耳壺（2）、タイ、ノイ川窯系黒褐釉有耳壺（3）、タイ、スコータイ窯製鉄絵魚文鉢（4）

鉄器としては、鉄剣（図8―6）が一点、鉄製大鍋（図3）が六〇点以上、鉄製ナイフが一点出土している（Dizon 1996: 68）。

銭貨

銭貨としては、永楽通寶（図8―7）が出土している（Dizon 1996: 66）。

ガラス製品

ガラス製品としては、ガラスビーズが数千点、炻器の壺の中から検出された（Dizon 1996: 66）。

石器

石器は、砥石（図8―8）が二一点出土している

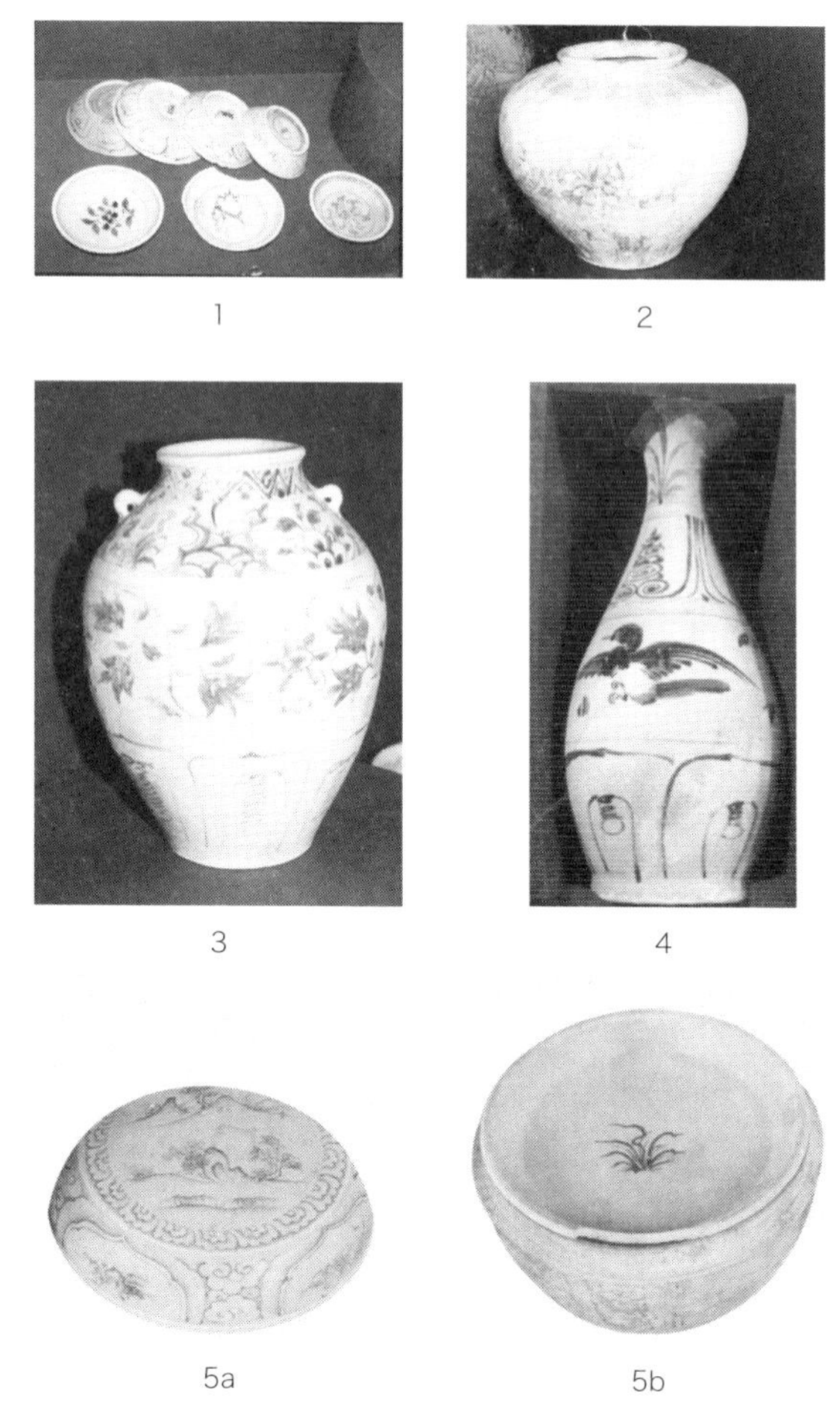

（出典：1～4：筆者撮影、5a、5b：Dizon1996, Fig16）
(Courtesy: National Museum of the Philippines and Dr. Eusebio Z. Dizon)

図6　パンダナン島沖沈船遺跡出土北部ベトナム、チュダオ窯製青花：皿（1）、壺（2、3）、瓶（4）、合子（5a、5b）

（Dizon 1996: 68）。平面形は、長方形を呈し、側面形は、逆台形を呈し、底面が上面の作業面より狭くなっている。

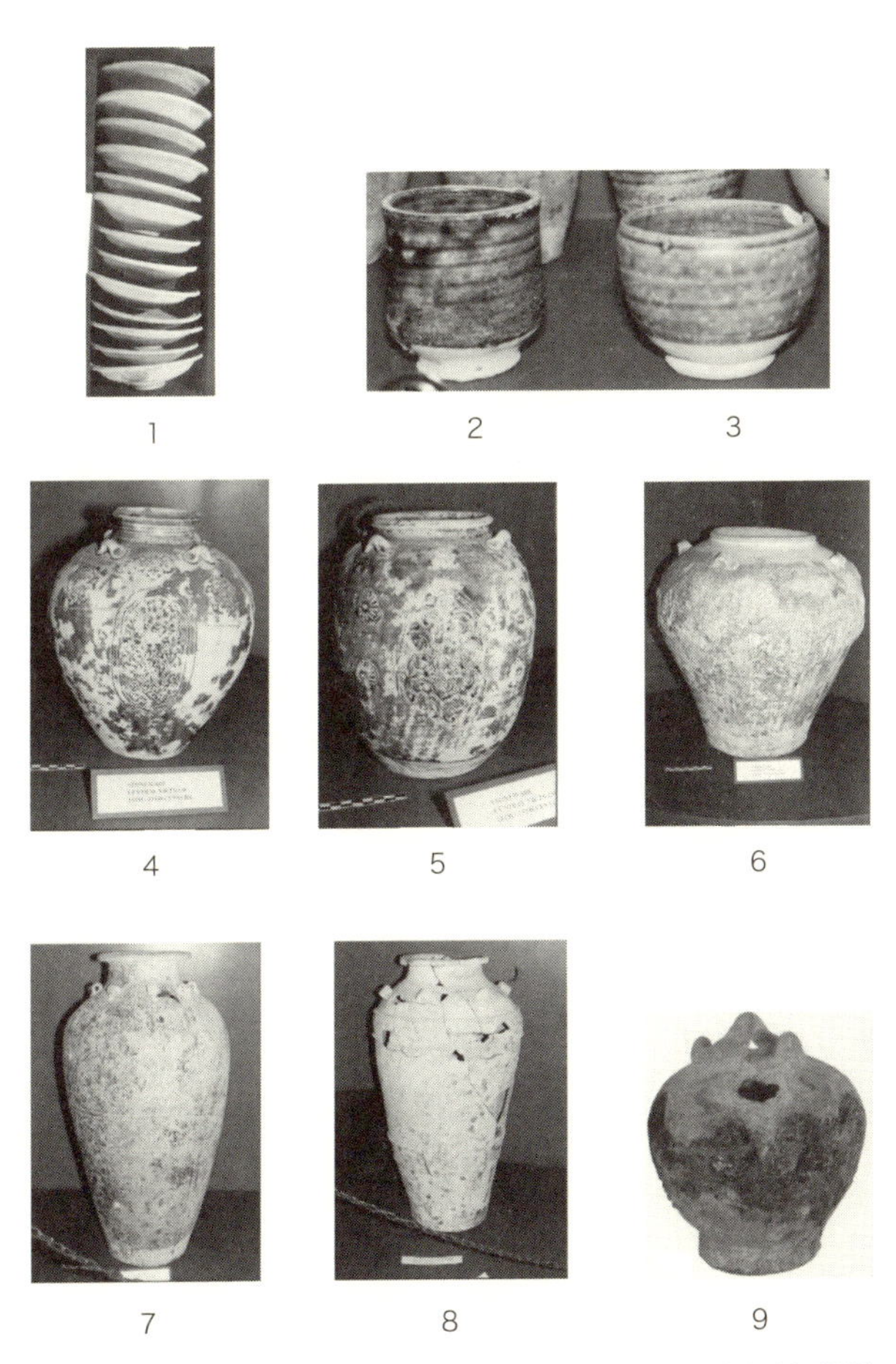

（出典：1～8：筆者撮影、9: Diem 1996: 99, 図6）
(Courtesy: National Museum of the Philippinesand Dr. Eusebio Z. Dizon)

図7　パンダナン島沖沈船遺跡出土ベトナム中部ビンディン（Binh Dinh）製青磁皿（1）、褐釉筒形碗（2）、褐釉丸碗（3）、褐釉壺（4～8）、褐釉石灰壺（9）

三　パンダナン島沖沈船遺跡出土の土器

本遺跡からは、全部で三〇一点[2]の土器、土器片が出土している。これらの土器を器種別に見ると、①調理甕、

(出典：1～6、8：筆者撮影、7：Dizon1996: 66)
(Courtesy: National Museum of the Philippines and Dr. Eusebio Z. Dizon)

図8　パンダナン島沖沈船遺跡出土金属器、金属製品、銭貨：青銅製小砲（1）、青銅製ランプ（2）、青銅製天秤量（3）、青銅鏡（4）、銅鑼（5）、鉄剣（6）、永樂通寶（7）、砥石（8）

②小壺、③注口土器、④蓋、⑤コンロ（ストーブ）から成っていることがわかる。以下では、器種ごとに本遺跡から出土した土器を概観してみたい。

調理甕

調理甕は、少なくとも四点（図10―1a～4b）の略完形あるいは、完形に近く復元された土器が出土している。いずれも頸部で強く屈曲し外反する口縁部を持ち、口縁部から頸部にかけて断面が〝く〟の字形を呈するものである。そして、胴部は、球形または球形に近くふくらむ形態を持つものである。また、いずれも、胴部外面に黒色の煤の付着が認められる。

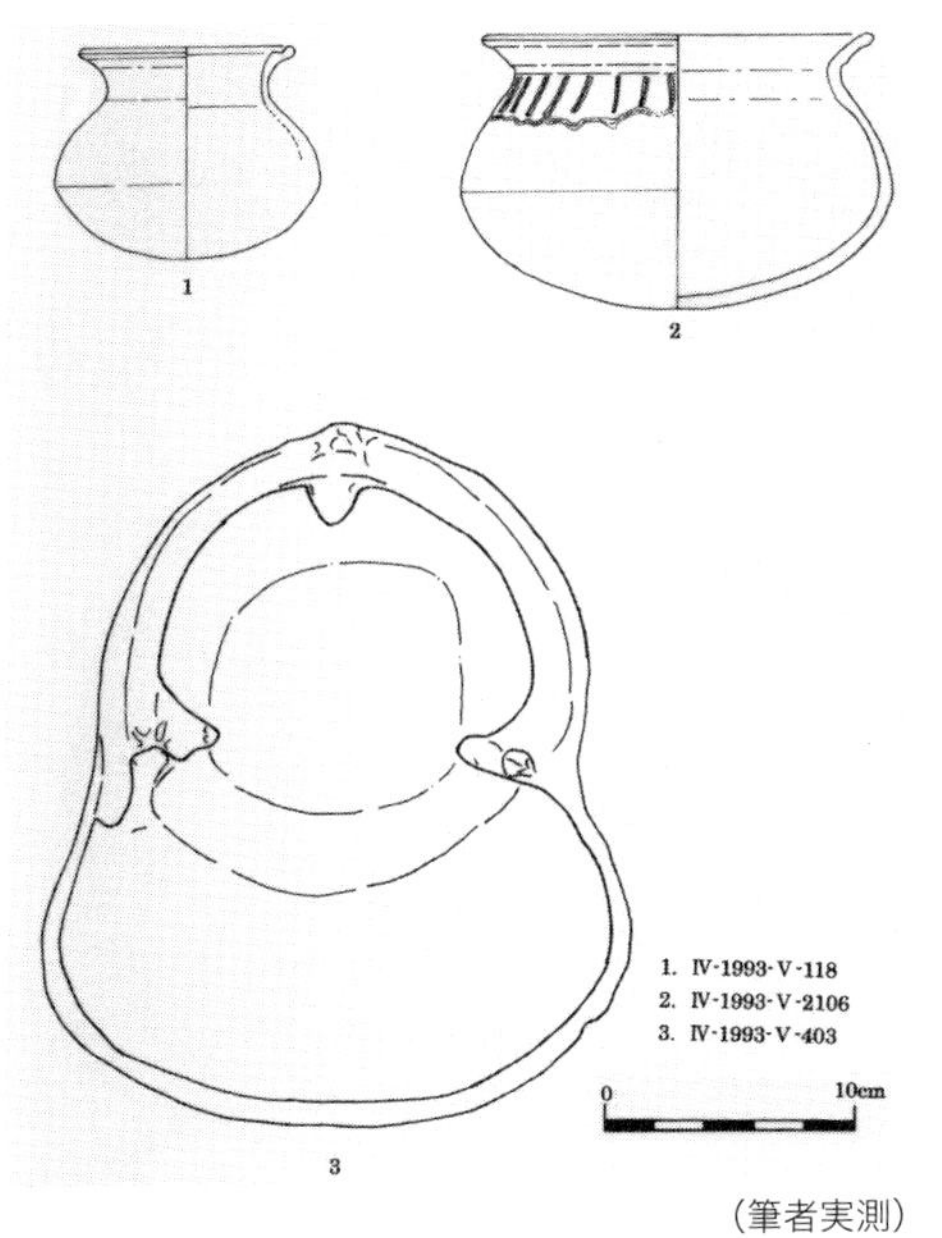

（筆者実測）

図9　パンダナン島沖沈船遺跡出土土器：小壺（1）、調理甕（2）、コンロ（3）

図10―1a、1b、図9―2の調理甕は、四点の中で唯一、紋様を持つものである。その紋様は、外面頸部屈曲部直下から、二叉状工具によって縦位の二本の平行沈線が互いにくっついた形で八～一一ミリメートルほどの間隔で施されている。また、各々の沈線の長さは、一・九～二・三センチメートルである。そして、この縦位の沈線の下端に接するように、縦位の沈線を施すときに用いたものと同様の工具によって二本の波状沈線が横位に施

されている。全体の形態は、胴部中位やや下よりで稜をとり、器高が一〇・八センチメートルとやや低めのずんぐりした形の調理甕である。また、口径は、一五・六センチメートルと広口である。

図10—2a、2bの調理甕は、形態的に図10—1a、1bの調理甕に類似するが紋様を持たず、無紋のものである。口径は一七・一センチメートル、器高は一〇・八センチメートルである。

図10—3a、3bの調理甕は、図10—1a、1bおよび6—2a、2bの調理甕と同様に広口でずんぐりした形態

1a 1b 2a 2b 3a 3b 4a 4b

(1a～4b：筆者撮影)
(Courtesy: National Museum of the Philippines and Dr. Eusebio Z. Dizon)
National Museum Acc. No.
1a, 1b: IV-1993-V-2106, 2a, 2b: IV-1993-V-3684
3a, 3b: IV-1993-V-4010, 4a, 4b: IV-1993-V-3044

図10　パンダナン島沖沈船遺跡出土土器：調理甕（1a～4b）

であるが、口径が胴部最大径よりも大きくなっているのが特徴である。また、丸底の底部外面に縦位の研磨痕が残されている（図10―3b）のも、他の調理甕と異なる特徴である。口径は一三・七センチメートル、器高は八・二センチメートルである。

図10―4a、4bの調理甕は、上述の三点の調理甕と異なり頸部のしまりが強く、また、器高も高く、胴部は全体が球形に膨らむ形態を持つものである。口径は一四・八センチメートル、器高は一四・五センチメートルである。

小壺

小壺（図11―1a、1b、図9―1）は、外反する口縁部と短い円筒形の頸部を持ち、球形に膨らんだ胴部を持つ丸底の土器である。口径八・七センチメートル、器高八・二センチメートル程の小ぶりな土器である。口唇部は丸味をもつが、口唇部内面には、蓋受けのためと考えられるくぼみがある。また、胴部内面には、厚く白色物質が付着している。今後、化学分析を要するが、この白色物質は、石灰の可能性が高いと考えている。

注口土器

注口土器（図11―2a～3d）には、外面が褐色を呈し、研磨が施されたもの（図11―2a、2b）と赤色スリップが施され、さらに研磨が施されたもの（図11―3a～3d）がある。

前者（図11―2a、2b）は、比較的口径が小さく、高さが低い外反した口縁部をもっている。また、頸部はしまり、頸部より下の胴部は、球状に丸く膨らみ胴部中位で最大径をとっている。一方、底部は、中央に小さな窪

1a

1b

2a

2b

3a

3b

3c

3d

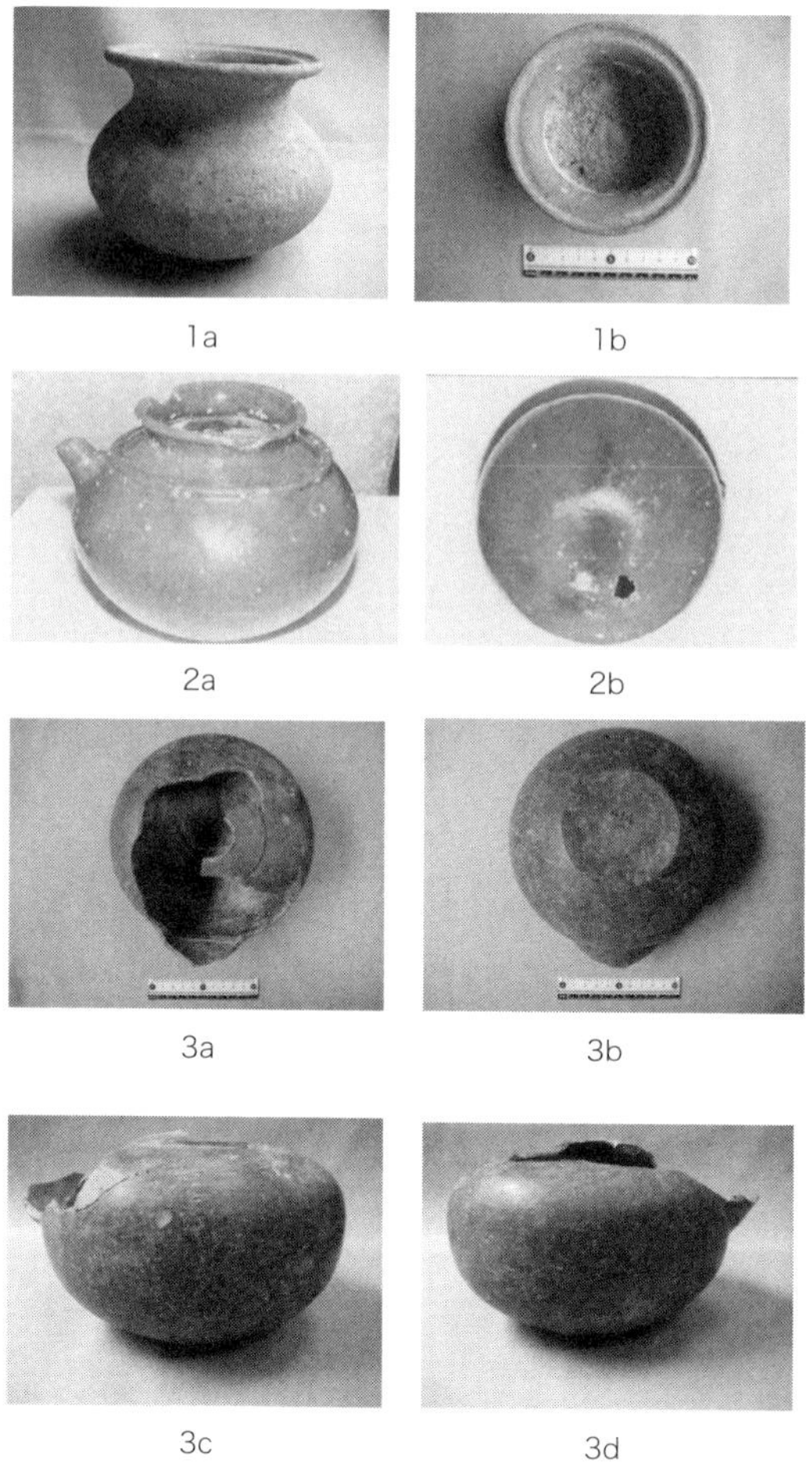

（1a ～ 3d：筆者撮影）
(Courtesy: National Museum of the Philippines and Dr. Eusebio Z. Dizon)
National Museum Acc. No.
1a, 1b: IV-1993-V-118, 2a, 2b: unknown
3a, 3b, 3c, 3d: IV-1993-V-414

図11　パンダナン島沖沈船遺跡出土土器：小壺（1a、1b）、注口土器（2a ～ 3d）

みを有し、置いた際に安定するようになっている。また、肩部には、丸味を持った隆帯が一本、横位に巡っている。また、注口部は、まっすぐで短く、注口先端部は斜め上方を向いている。この注口部は、胴部上半部片側に付いている。

一方、後者（図11―3a～3d）は、外面全体に赤色スリップが施され、薄手で精緻な作りの注口土器である。胴部から底部に至る部分のみが残り、上部は欠損している。胴部上端部中央にもともと円形を呈していたと考えられる欠損部分がある。この部分は、頸部につながる部分と考えられ、欠損部分の形態から、円筒形の頸部がついていたものと推察される。こうした円筒形の頸部を有する注口土器は、クンディ(kundi)と呼ばれる注口土器に顕著であるので、この土器の全体の形態は、クンディの形をした注口土器であったと考えられる。胴部は、上端がつぶれたような形態(図11―3c、3d)を呈し、その一端に注口が付いている。ただし、注口部は、基部の部分が一部残存するのみで、注口部全体の形態は、不明である。また、底部は平底(図11―3b)になっている。

蓋

蓋(図12―1a～4b)は、少なくとも三点の観察ができた。いずれも裏面中央が膨らんだ凸型の形態を持つものである。逆に表面中央部は、凹状に窪んでいる。そして、この中央部に円形のつまみがついている。また、蓋の周縁部は、上面側に折り返されている。形態は、三点ともおおむね類似するが、細部と大きさに違いがある。すなわち、図12―1a、1bと図12―2a、2bは、ほぼ同じ大きさで、1a、1bの径が一一・八センチメートルで2a、2bの径が一一・九センチメートルである。いずれも、折り返した縁部上面に、一条の溝を持つが、1a、1bの溝はやや深く、2a、2bの溝はやや浅い。また、中央部のつまみの頂部は、1a、1bのものが、平坦であるのに対して、2a、2bのものは、やや膨らみ丸味を持っている。図12―3a、3bは、他の二つのものよりやや大きく、径は一四・三センチメートルほどである。また、他の二つの蓋に見られた折り返した縁部上面の溝は、見られない。また、中央のつまみの頂部は、2a、2bと同様に、やや膨らんで丸味を持っている。

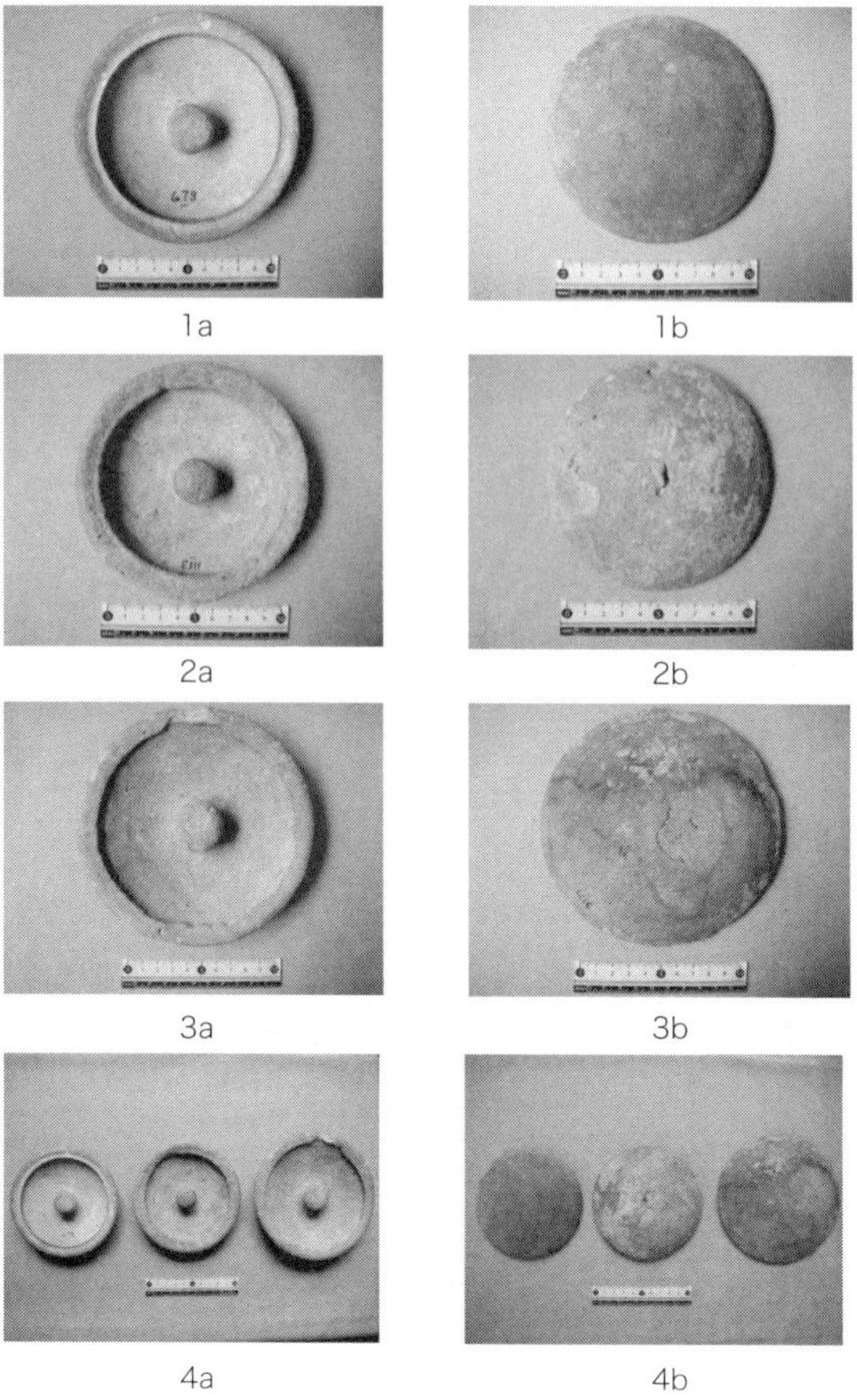

コンロ

コンロは、少なくとも三点（図13―1a～3d）の形態の異なるものが出土している。すなわち、上から見た時の平面形が吊り鐘形のもの（図13―1a、1b）、台形のもの（図13―2a、2b、図14）および瓢形のもの（図13―3a～3d、図9―3）である。

先ず、平面形が吊鐘形を呈するもの（図13―1a、1b）は、薪を焚く焚き口部は、方形になり、その前面部分

1a

1b

2a

2b

3a

3b

4a

4b

（1a ～ 4b: 筆者撮影）
(Courtesy: National Museum of the Philippines and Dr. Eusebio Z. Dizon)
National Museum Acc. No.
1a, 1b: IV-1993-V-678, 2a, 2b: IV-1993-V-1113
3a, 3b: IV-1993-V-3171

図12　パンダナン島沖沈船遺跡出土土器：蓋（1a ～ 4b）

は、直線的である。上に調理甕を乗せる部分の後部は、ゆるく弧を描く。そのため、平面形は、吊鐘形となる。また、上部に調理甕を乗せる部分は、粘土が環状に回り、その上に三箇所、上に乗せる調理甕を支える突起が付いている。ただし、この製品は、上に調理甕を乗せる後方部分と焚き口部分のある前面部分が、その間の部分を欠いているため、接合していない。

一方、平面形が台形を呈するもの（図13―2a、2b、図14）は、焚き口部のある前面部分の幅が二八・七センチ

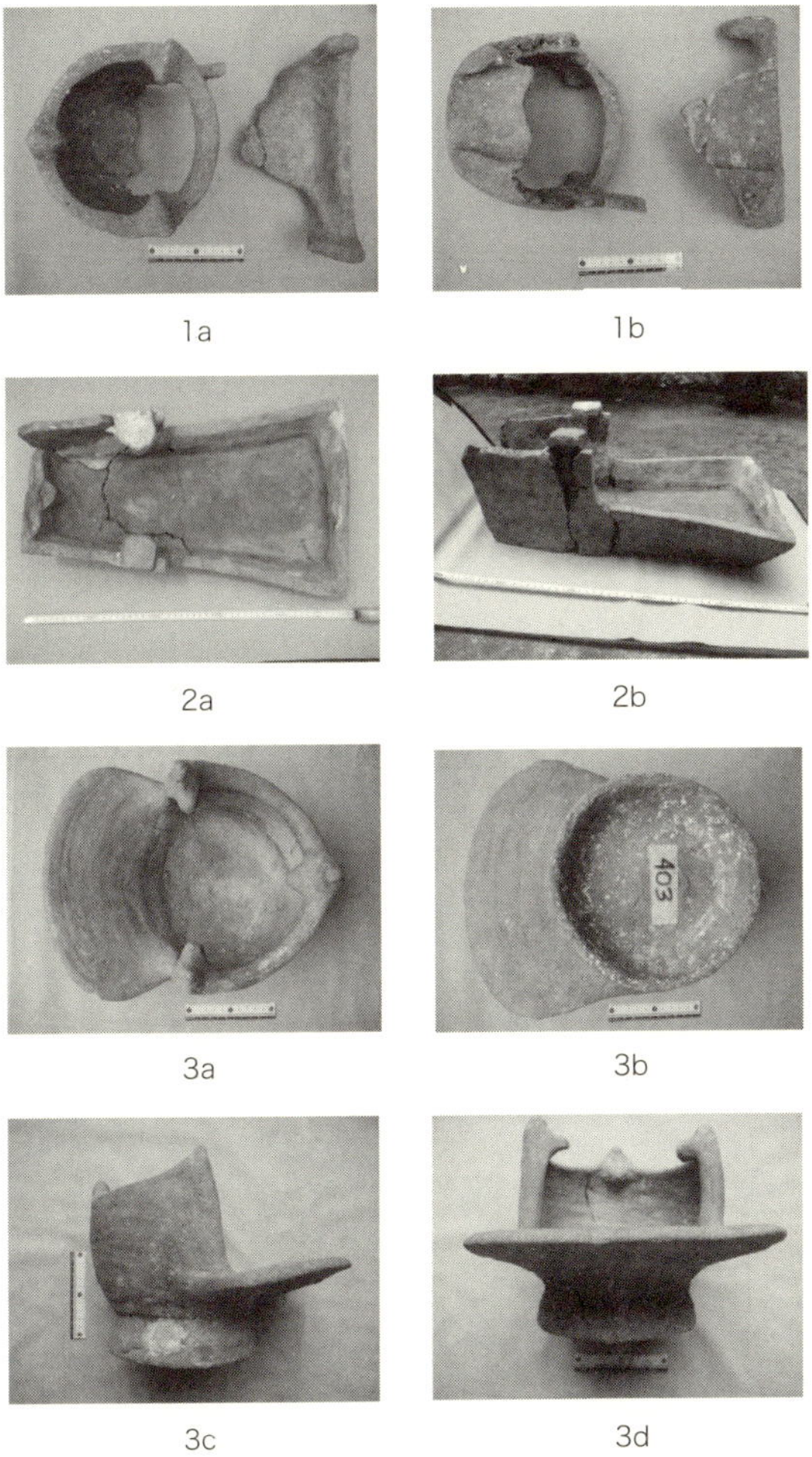

1a

1b

2a

2b

3a

3b

3c

3d

（1a～3d：筆者撮影）
(Courtesy: National Museum of the Philippine and Dr. Eusebio Z. Dizon)
National Museum Acc. No.
1a, 1b: IV-1993-V-956, 2a, 2b: IV-1993-V-4682
3a~3d: IV-1993-V-403

図13　パンダナン島沖沈船遺跡出土土器：コンロ（1a～3d）

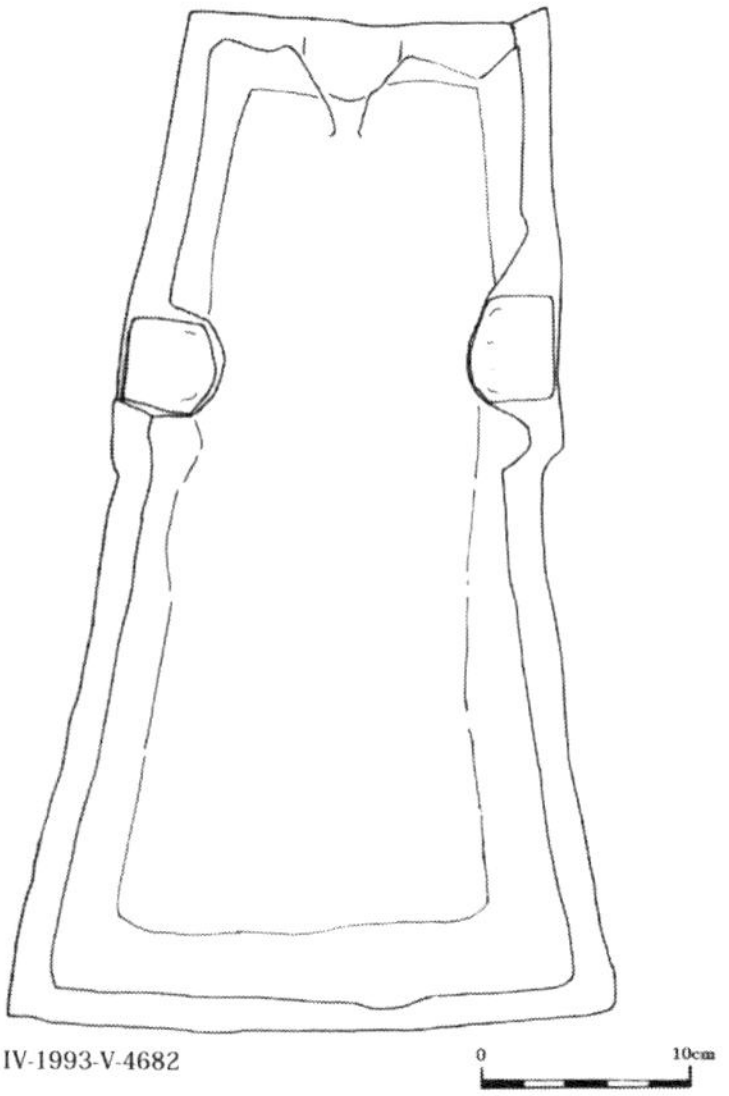

IV-1993-V-4682　0　10cm

（筆者実測）

図14　パンダナン島沖沈船遺跡出土土器：コンロ

メートルとやや広く、調理甕を上に乗せる突起のある後方縁部の幅が一七・一センチメートルとやや狭い。また、長さは三七センチメートルである。上に調理甕を乗せるための突起は、側縁部後方に左右一箇所ずつ、後方縁部中央に一箇所の三箇所である。また、底部においては、左右の両側縁部が中央部分より高くなっている。

一方、平面形が瓢形を呈するもの（図13—3a～3d、図9—3）は、前面部分の薪を乗せる部分が扇状に大きく開き（図13—3a～3d）、前面から中央にかけて緩く傾斜している（図13—3C）。一方、後方部分は、半楕円形を描き、左右両側と最奥部の三箇所に上に乗せる調理甕を支える突起が付いている（図13—3a、3d）。また、底部には、圏足が付いている（図13—3b、3c）。

四　若干の考察

ここでは、パンダナン島沖沈船遺跡出土の土器類の性格および陸上遺跡出土品との関連について若干の考察を行ってみたい。

まず、これらの土器の性格について検討を行うと、本章で取り上げた調理甕の全てに煤が付着していたこと、コンロにも煤の付着の見られるものがあることおよび小壺の中に石灰と考えられる白色物質が付着しているものがあることなどから、これらの土器は、交易商品ではなく、船上において船員によって実際に使われていた日常生活用品であると考えられる。

陸上遺跡出土品との関連については、調理甕二点、小壺一点、注口土器一点、蓋三点、コンロ二点について検討を行いたい。

まず、調理甕二点であるが、ここで取り上げるものは、有紋のもの（図10―1a、1b）と研磨痕をもつもの（図10―3a、3b）である。前者の土器の紋様は、二叉状工具によって外面の頸部から肩部にかけてほぼまっすぐに二本の沈線を引いたもので、この二本ずつの沈線が七～九ミリメートルほどの間隔で施されている。また、この縦位の沈線の直下に、その紋様を縁取るように同じ二叉状工具によって、横位の二本の波状沈線が描かれている。この土器と関連する紋様を持った資料として、時代が少し溯り発展期金属器時代の資料となるが、パラワン（Palawan）島ササック（Sasak）岩陰遺跡出土の二叉状工具による沈線紋土器（Fox 1970, Fig.50）（図15―1a～1c）があげられよう。ササック岩陰遺跡出土土器は、沈線が斜行S字紋となる点がパンダナン島沖沈船出土土器と異なるが、二叉状工具によって沈線が描かれている点は共通し、縦位の沈線の直下に同様な二叉状工具によって横位の沈線紋を描いている点も共通する。ただし、パンダナン島沖沈船出土土器の横位の沈線紋は、波状沈線であるのに対して、ササック岩陰遺跡出土土器の横位の沈線紋は平行沈線あるいは平行沈線と波状沈線である。パンダナン島沖沈船遺跡出土の土器とササック岩陰遺跡出土の土器のこのような違いは、両者の時間差と考えれば理解しやすいであろう。すなわち、パラワン島の発展期金属器時代に二叉状工具による斜行S字紋は、交易時代になってまっすぐな沈線紋に変化すると見るものである。また、頸部から肩部の紋様を縁取る横位の沈線紋は、発展期金属器時代の平行沈線

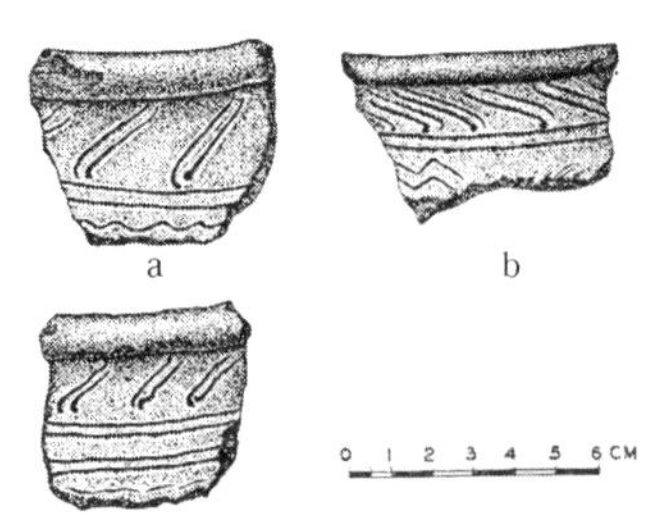

（出典：Fox 1970, Fig. 50）
1．パラワン島ササック岩蔭遺跡出土土器

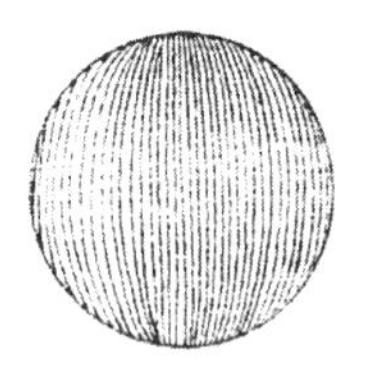

（出典：Fox et al. 1982, Fig. 5）
2．ルソン島カラタガン遺跡群出土土器の底部研磨タイプ III

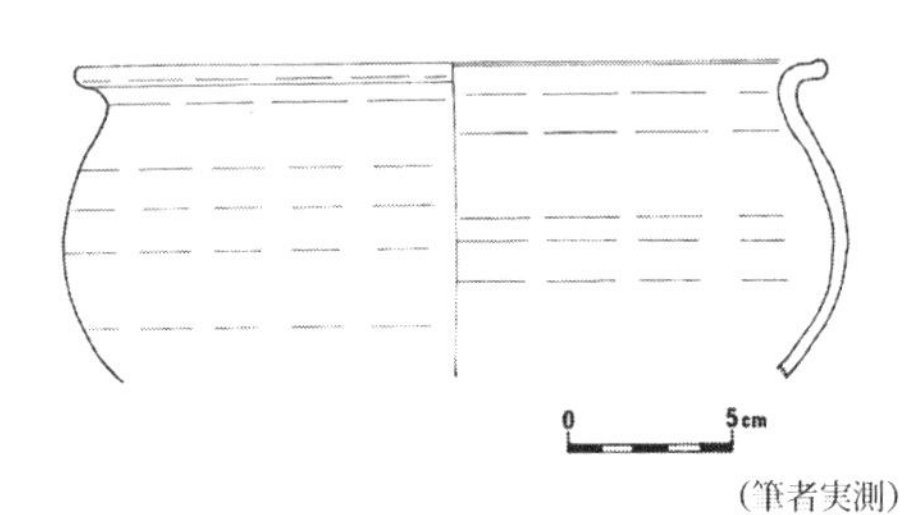

（筆者実測）
3．ベトナム中部、ビンディン省ゴーサイン窯埋土出土土器

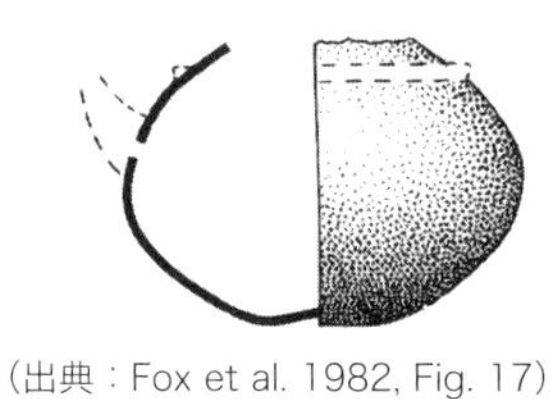

（出典：Fox et al. 1982, Fig. 17）
（現存高15cm、胴部最大径21cm）
4．ルソン島、カラタガン遺跡群出土注口土器

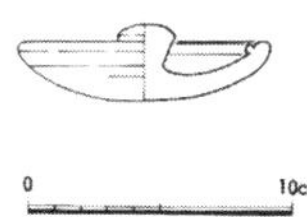

（出典：有島 1991, Fig. 3-18）
5-1．博多出土のタイ製土器蓋

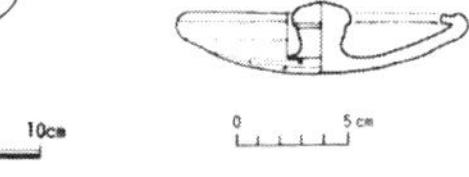

（出典：金武 1991, Fig. 1-1）
5-2．首里城出土のタイ製土器蓋

5．日本出土のタイ製土器蓋

図15　パンダナン島沖沈船出土土器と関連する土器

あるいは平行沈線と波状沈線は、交易時代になって波状沈線に変わるとみることができよう。

一方、後者の研磨痕を持つ土器（図10―3a、b）は、ルソン島バタンガス（Batangas）州、カラタガン（Calatagan）遺跡群出土のカイ・トマス・タイプ（Kay Tomas）の土器のうちのタイプⅢの研磨（一方向研磨）（図15―2）をもつものに類似するといえる。

小壺（図11―1a、1b、図9―1）は、口縁部が強く外に屈曲し、上方を向いた口唇部内面先端部分に蓋受けと考えられる窪みをもつものである。このような口唇部を持つ土器は、同時期あるいは前後する時期のフィリピンの土器には知られていない。一方、視野を広げてみると、ベトナム中部のビンディン（Binh Dinh）省、ゴーサイン（Go Sanh）窯の埋土から出土した土器に、同様な口唇部をもつ土器（図15―3）がみられる。すでに見たようにパンダナン島沖沈船から出土する陶磁器の七〇％以上はベトナム製のものであり、その中には、多数のビンディン省、ゴーサイン窯製の青磁皿（図7―1）が含まれている。この点を考慮に入れるならば、ビンディン省製の土器の小壺が存在しても不思議はないであろう。ただし、ゴーサイン窯製青磁皿は、貿易商品であったが、土器小壺は、中に石灰と考えられる白色物質が入っており、船の乗員が使っていた実用品であったと考えられる。

注口土器（図11―2a、2b）は、球形に膨らんだ胴部と中央が凹状に窪んだ底部を持ち、肩部に横位の一本の隆帯の貼り付けが付く点で、ルソン島カラタガン遺跡群出土の注口土器の一つ（図15―4）に類似している。筆者は、この類似に基づいて、パンダナン島沖沈船の船が沈没前にバタンガス周辺海域を航行した可能性をかつて考えたことがあった（田中二〇〇五、四五―四八頁）。本章でもその可能性を考えておきたい。

蓋（図12―1a～4b）は、下面が凸状に湾曲すること、縁部が上面内側への折り返しによって作成されていること、上面中央につまみがつくことなどの点で、博多や沖縄で出土するタイ製の土器蓋（図15―5―1、5―2）に類似する。博多の出土品は、HKT-42遺跡からの出土（有島一九九一、Fig.3-18）であり、沖縄では首里城（金武一九九一、Fig.1-1~8）他二八箇所の遺跡（金武二〇〇四、表2）から出土している。また、金武は、この土器蓋がタイ製の褐釉陶器壺の蓋として使われたものであることを明らかにした（金武二〇〇四、七三―七七頁）。ただし、博多出土のものは、胎土に「細かい黒い粒子が見える」（有島一九九一、一一八頁）という指摘があり、首里城出土のものも「黒色細片鉱物を多量に混入するのが大きな特徴」とされている（金武一九九一、八三頁）。しかしながら、パンダナン島沖沈船出土の土器蓋三点は、いずれも胎土に顕著に含まれているのは、赤褐色鉱物粒である。そうした胎土中に顕著に含まれる鉱物粒の違いから考えれば、パンダナン島沖沈船から

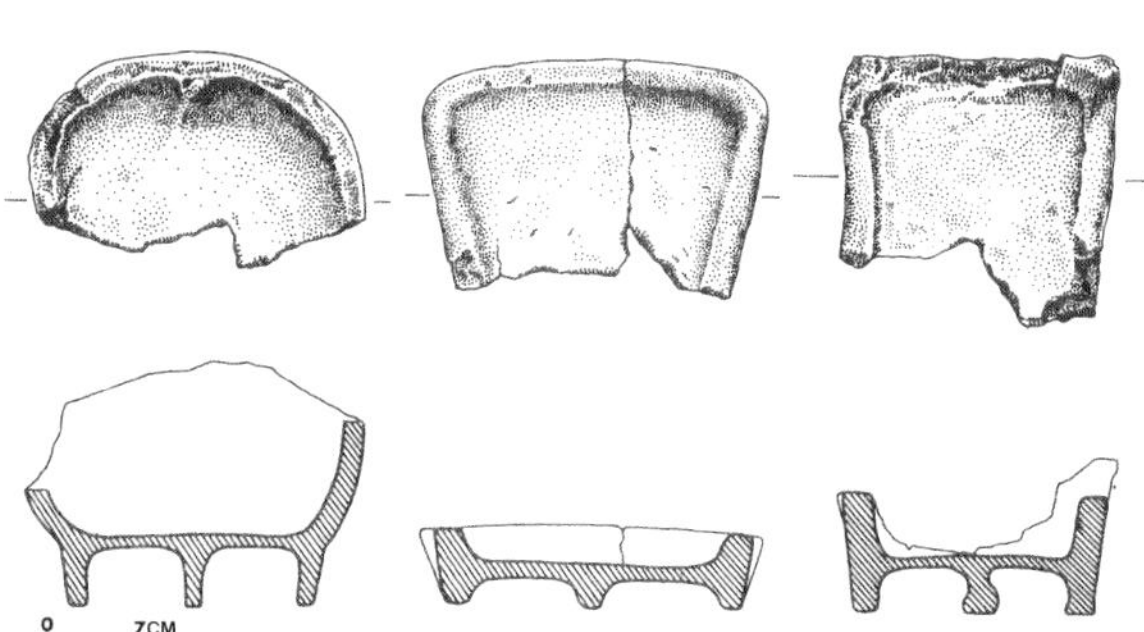

（上）図16―1　サンタ・アナ遺跡の墓とストーブ
（出典：Fox and Legaspi 1977: Fig. 8）
（下）図16―2　ブトゥアン遺跡群出土のストーブ
（出典：Cembrano 1988, Fig. 10）

出土した土器蓋三点は、博多や首里城から出土した土器蓋と形態は類似するが、生産地は異にしていた可能性が高い。

コンロは、三種類の異なった形態を持つものが明らかになった。これらのうち、瓢形に近い形態のコンロは、十四世紀代に年代づけられるマニラ市のサンタ・アナ（Sta Ana）遺跡から埋葬に伴って出土している（図16―1）。一方、台形のコンロは、十一世紀代に年代づけられるミンダナオ（Mindanao）島北東部のアグサン（Agusan）川下流域のブトゥアン（Butuan）遺跡で出土している[3]（図16―2）。各地域でコンロがどのような形態変化をとげてきたかについては、未だにほとんどわかっていない。しかしながら、これらの出土例は、パンダナン島沖で沈んだ船が、広い地域との交流を持っていたこと、あるいは、そうした地域とつながりのある地域を航海してきたことを物語るものであろう。今後、さらに資料収集、資料化に努めた上で再検討を行いたいと考えている。

おわりに

本章では、まずパンダナン島沖沈船から出土した土器が、調理甕、小壺、注口土器、蓋、コンロなどの器種から成ることを明らかにした。その上で、調理甕やコンロなどに使用時に付着したと見られる煤の痕があることや小壺内に使用時に付着したと考えられる付着物が見られることから、これらの土器が土器蓋を除き、船上生活において、船の乗員によって使用された実用品であると考えられることを明らかにした。

また、本遺跡出土の土器と陸上遺跡出土の土器の比較検討では、二つの土器が注目された。すなわち、一つは、小壺であり、ベトナム中部ビンディン省ゴーサイン窯埋土出土の土器に類似するものである。さらに胎土の分析検討を進める必要はあるかと思われるが、ビンディン省の製品であれば、本沈船から多数出土したビンディン省製の見込みに蛇の目状釉剝ぎのある青磁皿などを船に積み込む際に一緒に乗船した人やすでに乗船していた人によって運ばれたものと考えることができよう。また、もう一つは、注口土器で、ルソン島バタンガス州カラタガン遺跡群出土の注口土器に類似するものである。筆者は、この類似に基づいて、パンダナン島沖沈船が沈没前にバタンガス周辺海域を航行した可能性をかつて考えたことがあった（田中二〇〇五、四五―四八頁）。本章でもこの可能性を考えておきたい。(4)

注

（1）フィリピン考古学においては、九、十世紀からスペイン人が到来する十六世紀前半までを交易時代と呼ぶ。中国や大陸部東南アジアで製作された陶磁器が大量にフィリピンに齎された時代である。

（2）土器の出土点数は、筆者自身によるフィリピン国立博物館考古学部記録課に所蔵されている遺物登録台帳のチェックに基づくものである。

（3）ブトゥアン遺跡出土のコンロの中にパンダナン島沖沈船出土のコンロと類似するものがあることについては、すでに（田中二〇〇七、一六八頁）において指摘したことがある。ただし、この時は、写真資料のみであったが、今回は、実測を行った上で、実測図とともに資料提示ができた。

（4）パンダナン島沖沈船遺跡出土の土器の調査を許可してくれたフィリピン国立博物館考古学部門元部長ウィルフレッド・P・ロンキリオ先生（Prof. Wilfredo P. Ronquillo）並びに同沈船遺跡の調査を主導され、同沈船遺跡出土土器の調査を快諾してくれた同博物館考古学部門キュレーターのヨセビオ・Z・ディゾン博士（Dr. Eusebio Z. Dizon）に心から感謝申し上げます。

参考文献

青柳洋治（一九八五）「フィリピン出土中国貿易陶磁の変遷――カラタガン遺跡とサンタ・アナ遺跡の年代について」（『三上次男博士喜寿記念論文集』、陶磁編、平凡社）三一三―三三〇頁

青柳洋治（一九九二）「『交易の時代』（9～16世紀）のフィリピン――貿易陶磁に基づく編年的枠組」（『上智アジア学』一〇）一四四―一七六頁

有島美江（一九九一）「博多出土のタイ・ベトナム陶磁」（『貿易陶磁研究』一一）一一一―一二九頁

エバンヘリスタ、アルフレッド（一九八四）「フィリピン中部マリンドゥケ島南西海岸の沈没船からの貿易陶磁器の回収について」（『国際シンポジウム新安海底引揚げ文物――報告書』、中日新聞社）六三―六五頁

小川光彦、宮城弘樹、宮田絵津子、森隆、森本朝子、フィリピン国立博物館考古部（二〇〇二）「フィリピン、サンイシドロ沈船の陶磁器」（『貿易陶磁研究』二二）九〇―一〇五頁

金武正紀（一九九一）「沖縄出土のタイ・ベトナム陶磁」（『貿易陶磁研究』一一）八一―一〇〇頁

金武正紀（二〇〇四）「沖縄から出土したタイ・ベトナム陶磁」（『シンポジウム　陶磁器が語る交流―九州・沖縄から出土した東南アジア産陶磁器』、東南アジア考古学会、九州国立博物館誘致推進本部、鹿児島大学埋蔵文化財調査室）六七―八四頁

田中和彦（二〇〇〇）「フィリピンにおける交易時代研究の展開――長距離交易と複合社会の発展」（『交流の考古学（現代の考古学第五巻）』、小川英文編、朝倉書店）九五―一三三頁

田中和彦（二〇〇五）「フィリピンの沈船遺跡と出土土器――15世紀中葉から16世紀末の資料を中心に」（『水中考古学研究』一）一七―五三頁

田中和彦（二〇〇七）「フィリピン出土の土製焜炉、ストーブについて」（『地域の多様性と考古学――東南アジアとその周辺（青柳洋治先生退職記念論文集）』、青柳洋治先生退職記念論文編集委員会編、丸井雅子監修、雄山閣）一五三―一七一頁

森村健一（一九九六）「フィリピン・パンダナン島沖沈没船引き揚げ陶磁器」（『貿易陶磁研究』一六）一一一―一二五頁

向井亙（二〇〇三）「タイ黒釉四耳壺の分類と年代」（『貿易陶磁研究』二三）九〇―一〇五頁
山本信夫（一九九五）「ベトナム中部の陶磁器生産と貿易――ゴーサイン窯跡群の発掘調査」（『東洋陶磁』二三・二四）九三―一一一頁
山本信夫、長谷部楽爾、青柳洋治、小川英文（一九九三）「ベトナム陶磁の編年研究とチャンパ古窯の発掘調査――ゴーサイン古窯跡群の発掘調査」（『上智アジア学』一一）一六三―一八〇頁
Cembrano, M., 1998, *Patterns of the Past: The Ethnoarchaeology of Butuan*, Manila: National Museum of the Philippines.
Crick, M., 2002 'Typology: Porcelains and Ceramics', *Lost at Sea – The Strange Route of the Lena Shoal Jank,* ed. F Goddio et al.: 98-233, London: Periplus Publishing.
de la Torre, A.,1993, 'Potteries of the Period: A Preliminary Analysis of Potteries Retrieved from the San Diego Shipwreck', *Saga of the San Diego*, ed. W. Ronquillo et al.: 31-37, Manila: Concerned Citizens for the National Museum, Inc.
de la Torre, A., 1996, 'Terra Cotta Pieces', *Treasures of the San Diego*, ed. J. Desroches et al.: 252-255, Paris: Association Française d'Action Artistique, Fondation of ELF and ELF Aquitaine International Foundation, Inc.
Desroches, J., Casal, G. and Goddio, F., eds., 1996, *Treasures of the San Diego*, Paris: Association Française d'Action Artistique, Fondation of Elf and Elf Aquitaine International Foundation, Inc.
Diem, A., 1996, 'Relics of a Lost Kingdom', *The Pearl Road: Tales of Treasure Ships in the Philippines*, ed. C. Loviny: 95-110, Makati City: Asiatype.
Dizon, E. Z., 1996, 'Anatomy of a Shipwreck: Archaeology of the 15th Century Pandanan Shipwreck', *The Pearl Road: Tales of Treasure Ships in the Philippines*, ed. C. Loviny: 63-94, Makati City: Asiatype.
Dizon, E. Z., 1997, 'Underwater and Maritime Archaeology in the Philippines', *Encyclopaedia of Underwater and Maritime Archaeology*, ed. J. P. Delgado : 309-311, London: British Museum Press.
Dizon, E. Z., 2003, 'Underwater and Maritime Archaeology in the Philippines', *Philippine Quarterly of Culture & Society,* vol. 31: 1-25.

Fox, R. B., 1959, ‘The Calatagan Excavations: Two Fifteenth Century Burial Sites in Batangas, Philippines’, *Philippine Studies,* vol. 7(3): 1-74.

Fox, R. B. and Legaspi, A., 1977, *Excavations at Santa Ana,* Manila: National Museum of the Philippines.

Goddio, F., 1988, *Discovery and Archaeological Excavation of a 16th Century Trading Vessel in the Philippines*, Lausanne: World Wide First.

Goddio, F. and de Saint Michel E. J. G., 1999, *Griffin on the Route of an Indianman,* London: Periplus Publishing.

Goddio, F., Crick H., Lam, P., Pierson, S. and Scott, R., 2002, *Lost at Sea-The Strange Route of the Lena Shoal Junk,* London: Periplus Publishing.

Honasan, A. B., 1996, ‘The Pandanan Junk: The Wreck of a Fifteenth Century Junk Is Found by Chance in a Pearl Farm off Pandanan Island’, *The Pearl Road: Tales of Treasure Ships in the Philippines*, ed. C. Loviny: 13-23, Makati City: Asiatype.

Locsin, L. and Locsin, C., 1967, *Oriental Ceramics Discovered in the Philippines,* Tokyo: C. E. Tuttle Company.

Loviny, C., ed., 1996, *The Pearl Road : Tales of Treasure Ships in the Philippines,* Makati City: Asiatype.

Main, D. and Fox, R. B., 1982, *The Calatagan Earthenwares: A Description of Pottery Complexes Excavated in Batangas Provincie, Philippines,* Monograph No.5, Manila: National Museum of the Philippines.

Tan, R.C., 2007, *Zhangzhou Ware Found in the Philippines: ‘Swatow’ Export Ceramics from Fujian 16th-17th Century*, Makati City: Art Post Asia Pte.

Tanaka, K. and Dizon, E., 2011, ‘Shipwreck Site and Earthenware Vessels in the Philippines: Earthenware Vessels of the Pandanan Shipwreck Site’, *Proceedings on the 1st Asia-Pacific Regional Conference on Underwater Cultural Heritage*, ed. M. Staniforth et al.: 437-449, Manila: National Museum of the Philippines.

「テクシン・カーゴ」への疑義——マイケル・ハッチャーの策謀

坂井　隆

はじめに

水中文化遺産研究は、調査に地上に比べはるかに多くの費用を必要としている。そのため資金的な裏付けが大きな要素を占めるが、そこに盗掘者とも言えるトレジャー・ハンターが跋扈する理由がある。

特に東南アジアのシャム（サイアム）湾からジャワ海にかけての浅いスンダ大陸棚は彼らが活躍する一大中心地であり、その代表とも言えるのがマイケル・ハッチャー（Michael Hatcher）である。「ハッチャー・カーゴ」や「ナンキン・カーゴ」など過去の彼の大戦果をもたらした盗掘海域は、インドネシア領海の可能性がきわめて高いものの具体的に明らかにされていない。

そのため彼の活動を、インドネシア政府は長く公式には制限してきた。しかし唯一「合法」ライセンスを得てインドネシアのバンカ（Banka）島とビリトン（Belitung）島の間であるガスパル（Gaspar）海峡（図1）で引揚げたとされるのが、「テクシン（Tek Sing）・カーゴ」である。三七万点とされる引揚げ陶磁器は、二〇〇〇年一一月にドイツのオークション会社により大々的に宣伝されて売りさばかれた。

しかし一八二二年に沈んだ大型ジャンクとされるテクシン号について、最近、陳國棟は根本的な疑義を公表している。[1] オークションカタログにも記された沈没船をテクシン号と同定した根拠にはさまざまな点で矛盾があり、出港地とされる福建のアモイの記録からも同名の船は確認できないと述べたのである。[2]

本稿では、陳國棟の説を紹介しながら「テクシン・カーゴ」への疑問点をまとめ、トレジャー・ハンター盗掘品をいまだに利用することの多い陶磁器研究者へ警鐘を鳴らしたい。

一　陳國棟のテクシン・カーゴへの疑惑

ハッチャーの引揚げ品をテクシン号の積荷だとしたのは、ハッチャーの協力者で「ナンキン・カーゴ」をオランダ船ヘルデルマルセン（Geldermalsen）号積荷と考察したニジェール・ピックフォード（Nigel Pickford）である。ピックフォードの考えに対して、陳國棟は次のような疑問点を明らかにした。

まずテクシンという船名が根拠なくいきなり現れ、しかも「的惺」という漢字名同定にも説得力ある説明がないと指摘する。

依拠史料とされる一八四三年に出版されたジェームズ・ホースバーグ（James Horsburgh）の記録に記された「ベルヴィデレ暗礁（Belvidere Shoals）で転覆した船の一部の船員がガスパル（Gaspar）島に逃れ、カルカッタ発のカントリートレーダー船に救出された」という記事には、全く船名や人名が書かれていない。どうしてそこからテクシンという船名が出て来るのかが全く理解できないとする。

図2　TS140 景徳鎮青花童子座像

後者のものだけであり、そこから「テクシン（Tek Sing）的惺」号と復元したピックフォードの説は根拠がないと陳國棟は述べる。「的惺」は中国のジャンク船船名としては不自然であり、ババ・チィの証言を彼が使った可能性の高いアモイ方言から復元すれば、「得順」または「徳順」が妥当である。しかし一八〇六―一〇年の記録に残る六七隻のアモイ船船名などを見ると、最初を「金」や吉祥文字とし最後を「船」とするような三文字の漢字で構成されている。「的惺」ではピックフォードが言うような「本当の星々」という意味にはならず、また一八二二年に沈んだ船の船名としては全くありえないと指摘した。

またババ・チィの証言では、大勢の乗客を乗せていた。彼らのほとんどはアモイからバタヴィアを目指した移民であったことは、当時の情況からも間違いないと思われる。彼らは最低限の荷物と航海中の食料を、船内に持ち込んでいたはずである。そのような乗客と荷物を満載した状態の中で、はたして三七万個もの陶磁器を積載する空間が船内にあったのかという疑問も提示した。

ガスパル海峡が有名な海の難所であることも述べている。記録に残るだけでも、一八一七年のイギリスの清朝への使節アマースト（Amherst）のアルセスト（Alceste）号が帰路に起こした遭難、また一八六二年の榎本武揚を含む徳川幕府留学生を乗せたオランダ船カリプソ（Calypso）号の座礁が有名である。それ以外に一七八九年から一八二四年までに、九隻の欧米船がここで沈んだ記録がある。そのような情況を考慮して、ハッチャーの引揚げ陶磁器は複数の船の積荷が混在していた可能性が高いことを陳國棟は書いている。
陳國棟は陶磁器研究者ではないが、引揚げ陶磁器の年代的な不合理も述べている。大量に発見された景徳鎮青花童子座像（図2）はベトナムのカマウ（Ca Mau）沖沈没船の引揚げ品と酷似しているが、同船での年代は一七二三—三五年とされ一世紀近い差があるのは不自然だとしている。[3]
さらにハッチャーが引揚げたとする「道光二年端月置」銘の墓碑石についても異論を唱えている。これは漳州出身を示す地名の「赤嶺」そして被葬者名「楊延柱」が刻まれたもので、パール船長の記録に照合する最大の物証になっている。この墓碑石は年代的に符合するものの、少なくとも一八一九年のシンガポール開港以後、シンガポールが華人墓石の生産地になっていたことをウォーレス（Alfred R. Wallace）のアル（Aru）諸島での十九世紀中葉の見聞を引用しながら指摘している。
全体として、「テクシン」号引揚げ品としてシュツットガルトのオークションで販売された文物は不正確な要素がかなり含まれているため、学術的な資料として使用することへの警鐘を鳴らしている。

二　「テクシン・カーゴ」の内容

「テクシン・カーゴ」として売り出されたのは、総数三七万点強とされる中国陶磁器が中心である。そのほとんどは量産品であるため、通常のコレクターの関心を集めるような種類ではない。そのためオークション会社のナーゲルオークション（Nagel Auctions）は、ジャンクをイメージしたような大型の展示施設（図3）をシュツットガルト駅に四ヶ月間設けるとともに、インターネットを駆使した大衆オークションを二〇〇〇年一一月一七日か

図3　シュツットガルト駅でのオークションイメージ展示

ら二五日まで行った。

結果として多くの大衆コレクターに対して、同一種類を半ダースずつなどの少量単位で売られたものが多くなった。現在その全容を把握するためには、オークションカタログしか方法がない。以下、そこから得られる情報をまとめてみよう。

オークションカタログには、テクシンを意味するTSというコードを付けた番号が353まで写真で紹介している。しかしこの番号は異なった種類のものに別々に付けているのではなく、あくまで販売用の目安である。そのため同一種類のものでも、珊瑚が付着して独自の商品価値が想定できるものは別の番号になっている。それとは別に一万六一〇〇組の実際の販売単位（ロット）を網羅したリストがあり、そこでは何らかの事情でオークションにかけられなかったTS番号の二種類が省かれるが、逆に番号がない状態で追加オークションされたものが全て希望価格とともに記されている。

オークション点数は、施釉陶磁器二八〇種類三七万一九二点、宜興窯等無釉焼締陶器一八種類六七八点、無釉土器類四六種類五五一点、金属製品二五種類一〇五点、ガラス一種類一一点、石製品一五種類一四五点、象牙製品一種類一組、木材四種類六点、そしてその他二種類二点と計算できる。[4]

ここから当然のこととして容易に浮かび上がる、いくつかの問題点を指摘しよう。それは全てが本当に同じ船から引揚げられたのか、という根本的な疑問に関することである。このことを、カタログ製作者自体が抱いていた非確実性の指摘、そして他の考古学資料から考えられる疑問点の二つに分けて見てみよう。

まずカタログ製作者自体がすでに持っていた不安要素は、沈没年一八二二年とは明らかにはるかに異なった品々が含まれていることである。そのためナーゲルオークションは、それらに次のように年代を明記している。

TS1	竜泉窯青磁香炉（明初期）	一点
TS2	竜泉窯青磁香炉（明初期）	一点
TS3	竜泉窯青磁香炉（明初期）	一点
TS4	竜泉窯青磁香炉（明初期）	二点
TS5	竜泉窯青磁香炉（明初期）	一点
TS6	青磁青花香炉（一七二〇年頃）	一点
TS17	シーサッチャナライ窯青磁皿（明）	一点
TS18	紅釉玉壺春（十八世紀）	一点
TS147	景徳鎮窯青花童子座像（一七四〇年頃）	六二三点
TS352	イギリスのジョン・バーテン John Burten 製船長時計（一七八〇／九〇年頃）	一点
TS353	イギリス製時計（一八〇〇年頃）	一点[5]
TS353a	フランス製女性時計（一七八〇年頃）	一点

これらは明らかに沈没年と齟齬がある年代である。

まず陶磁器については、カタログで「テクシンの磁器」と題する文章を書いているフリードマン（David Freedman）は、青磁類は乗客の持ち物の可能性があるが、青花童子座像は数があまりに多過ぎるので、「骨董品として販売するための商品として持ち込まれた」としている。また個別の説明には年代を明記していないものの、宜興窯の焼締急須について、一七五〇年頃とする「ナンキン・カーゴ」のものとほとんど区別できない点も述べている。宜興窯無釉焼締陶器急須は一六種類六二六点がオークションされているが、これについてフリードマンは、「古いタイプの在庫品が積み込まれたというより、古い型のリバイバル生産がなされたと考えるべき」と書いた。

一方、時計については、特別の指摘はカタログには記されていない。

前述のように生き残りの乗客ババ・チィの証言では、乗客は一六〇〇人ほどだったとされる。彼らのほとんどはバタヴィアへの移民だったはずで、骨董品を持ち込んだ可能性はきわめて乏しい。もちろん少数の商人もいて、彼らの貿易品の中に骨董品が入っていたことはありうるかもしれない。しかしそうだとしてもタイのシーサッチャナライ青磁をアモイから乗った商人が、バタヴィアへ持ち込むだろうか。もともと竜泉窯青磁の輸出量減少によって生産輸出されたシーサッチャナライ青磁は、基本的に中国へ運ばれていなかった。例外的に運ばれたものが長く伝世され、今度は骨董品として竜泉窯青磁とともにバタヴィアへ運ばれようとしていた、というひとつもの仮定を積み上げた話しになってしまう。

時計は陶磁器に比べて長い期間使用する可能性があるので、年代の開きはそれほど大きな問題でないかもしれない。しかし後でも再度検討するが、沈没船はアモイ発のジャンクとされる。その乗組員と乗客は、華人以外には考えられない。移民である大部分の乗客はもちろん、少数の商人と乗組員がこのようなヨーロッパ製の時計を身につけているだろうか。同様の疑問は、年代が記されてはいない金属製六分儀片三点にも生ずる。明らかにヨーロッパ製の六分儀は、本当にジャンクの船員が使用したのだろうか。

次に他の考古学調査成果からの、カタログの陶磁器への疑問を考えてみたい。それを指摘する前に、オークションリストによる数量を上げてみよう。

施釉陶磁器と無釉焼締陶器の合計二九八種類三七万八七〇点は、非常に偏った分布を示している。単純な一種類ごとの平均数量は一二四四点強だが、実際には一万点以上が一二種類二七万二四九二点（七三・四％）、八〇〇〇点以下一七〇〇点以上が一九種類六万五六八八点（一七・七％）、一二〇九点以下一二七点以上が六〇種類二万八六一六点（七・七％）を占めている。そして平均数量の一〇％以下となる一二三点以下のものは、二〇六種類四〇七四点（一・一％）である。つまり「テクシン・カーゴ」を特徴づける膨大な数量とは、ほとんど特定の限られた種類によってもたらされている。

私はかつて、ジャワ島西端のバンテン・ラーマ（Banten Lama）遺跡とスラウェシ島南東部のウォリオ（Wolio）城跡で発見された膨大な陶磁片の整理調査を大橋康二氏らと行ったことがある。それらの成果（大橋他一九九九、大橋二〇〇〇）および関連するタイのロップブリ（Lopburi）遺跡と台湾の鳳山県旧城遺跡の出土陶磁から見ると、カタログで紹介されている陶磁器には少なくとも次のような年代的に大きな齟齬がある。(6)

TS34　福建青花唐人文皿（三点）　十八世紀（バンテン・ラーマ）

TS41-48,331　福建青花霊芝文碗皿（図4、九万一一二点）　十八世紀（ウォリオ）

TS127-130　徳化窯白磁合子（二三五一点）　十八世紀前半（ウォリオ）

TS146　徳化窯青花梵字文小杯（一〇五〇点）十八世紀後半（ウォリオ）

TS151　徳化窯青花竜文皿（図5、二万七〇〇一点）十八世紀中葉（バンテン・ラーマ、鳳山県旧城、ナンキン・カーゴ）

TS153-154　福建広東青花花籠文皿（図6、七五一六点）十八世紀後半（バンテン・ラーマ、ウォリオ）

TS164-165　福建青花壽字文碗（図7、一二二点）十七世紀末～十八世紀前半（ウォリオ）

TS168-172,176-177　徳化窯青花丸点文小碗（図8、五万八五一四点）十八世紀後半（バンテン・ラーマ、ウォリオ）

TS186　福建青花山水文ウィローパターン折り縁皿（二点）十八世紀後半（ウォリオ）

TS187　景徳鎮窯青花山水文ウィローパターン皿（一点）十八世紀中葉～後半（バンテン・ラーマ、ウォリオ）

TS205-206　福建広東褐釉小皿（三四六五点）十七世紀～十八世紀前半（バンテン・ラーマ、鳳山県旧城）

TS227-228　福建五彩碗（一三四五点）十八世紀後半（ウォリオ）

TS238,245　宜興窯焼締急須（七四点）十七～十九世紀（バンテン・ラーマ、鳳山県旧城、ナンキン・カーゴ）

図4　TS47 福建青花霊芝文碗

図5　TS151 徳化窯青花竜文皿

図6　TS153 福建広東青花花籠文皿

TS267-268　福建広東青花印花梵字文皿（図9、四二六八点）十七世紀末〜十八世紀中葉（ロッブリ、バンテン・ラーマ）

少なくとも以上の一四種類について、一八二二年の沈没船が積んでいた陶磁器とした場合、それぞれの遺跡で確認した生産年代とは大きくずれている。すでにフリードマン自体が「ナンキン・カーゴ」と同一であるとして、青花童子座像は骨董品、そして宜興窯急須全体について「古い型のリバイバル生産」という無理な解釈をしたことは前述の通りである。しかし「ナンキン・カーゴ」と同一のものは、以上のように徳化窯青花竜文皿も含まれている。また徳化窯青花白磁合子、福建青花壽字文碗、福建広東褐釉小皿そして福建広東青花印花梵字文皿の年代観は十八世紀前半以前である。これら全てはいわゆる大量生産された雑器であり、リバイバル生産されることはほとんど議論に値しないことは間違いない。

次にこれらの遺跡の年代観を、改めて見てみよう。

図7　TS164 福建青花壽字文碗

図8　TS169 徳化窯青花丸点文小碗

図9　TS268 福建広東青花印花梵字文皿

バンテン・ラーマはバンテン・イスラーム王国の都であった港市遺跡である。陶磁片調査は主に王宮跡から出土した約三〇万片（推定個体数二万五〇七六）であったが、これらは十五世紀以前から十九世紀前半までの六時期に分類できた。最大の量を確認したのは全体の六割近くを占める十八世紀代だが、一八一一年に王宮がオランダによって破壊された十九世紀前半の出土陶磁は全体の一割以下に激減している。しかもその三分の一はヨーロッパ陶磁になっている。

時期的には十九世紀前半の福建広東陶磁はテクシンと共通するはずだが、明らかに同じものは上記のようにいずれも十八世紀の陶磁器ばかりである。

ウォリオ城跡は、ブトン・イスラーム王国の都跡である。この遺跡の城壁修復工事で出土した約七万片（推定個体数：磁器四九四八、陶器一八四四）について調査を行ったが、十五世紀以前から十九世紀後半までの九時期に区分できた。最大の出土を示すのはやはり十八世紀代で、磁器の七割が該当する。しかしバンテン・ラーマと同様で、十九世紀になると磁器は一・五％になってしまっている。

十九世紀代の中国陶磁は激減するものの、王宮としては存続したためバンテン・ラーマよりは多い。しかしここでも確実に同じ種類として指摘できるのは十八世紀代のものばかりである。TS96の景徳鎮青花ペンシル・ドローイング六角形合子（三二八点）は、やや似た同じ技法の蓋物がウォリオで見られるが同一ではない。

タイのロップブリはアユタヤ（Ayutthaya）王国のナライ（Narai）王が一六六六年に建設した都跡で、同王が死んだ一六八八年には都はアユタヤに戻っている。しかし何らかの活動は継続されたようでビルマ軍の攻撃によるアユタヤ王国が滅亡した一七六七年頃までの陶磁器が出土している（Chandavij 1989）。その後、ラッタナコーシン（Rattanakosin）朝のモンクット（Mongkut）王が一八五六年に復興した。従ってロップブリ出土の陶磁器がテクシン・カーゴと一致することはありえないのだが、上記のように福建広東産の印花梵字文青花皿が見られるのである。

台湾の鳳山県旧城遺跡は、高雄市左営に残る都市遺跡である。もともと十七世紀後半に鄭氏政権の軍営だったが、一六八四年に清朝はここを鳳山県城として台湾南部の中心地とした。しかし一七八六年の林爽文反乱事件で攻撃され、二年後に鳳山県城そのものが移転されている。だが軍事的な有効性が考慮されて一八二四年に再使用のための石造城壁の工事が始まり、翌年完成した。出土陶磁もそのような情況を反映して、十七・十八世紀のものと十九世紀のものを含んでいる（謝一九九九）。

従ってテクシンが沈没したとされる一八二二年より遡る三五年間は、ここには人の生活はない。だがバンテン・ラーマでも見られ、この遺跡でも出土した徳化窯青花竜文皿が、テクシンでは二万七〇〇一点も引揚げられたことになっている。福建広東褐釉小皿三四六五点も同様である。上述の宜興窯焼締急須も、この遺跡で出土している。

以上のようにカタログで写真が紹介されている陶磁器は、台湾を含む東南アジアの遺跡で出土した十八世紀の陶磁器と共通するものを少なからず指摘することができる。しかし沈没年から想定される十九世紀初頭の陶磁器については、僅かにペンシル・ドローイング合子が年代的に妥当と考えられるだけである。

ただTS139-140の福建広東青花蓮華（七一七点）については、似ているものがシンガポールのエムプレス・プレース（Empress Place）遺跡で出土している。似た蓮華の破片はウォリオ城跡でも見られる。この遺跡はシンガポール川河口左岸に位置し、一八二七年に植民地政府建物として後に転用された最初のヨーロッパ式建物が築かれた。発掘調査では上下二層の文化層が確認されているが、上層はオランダ東インド会社のコインの出土より十八世紀以降とされている[7]（Miksic et al. 2004）。従って青花蓮華については、十九世紀初頭の可能性を考えることはできる。[8]

そのようにペンシル・ドローイング合子と青花蓮華は、十九世紀初頭と考えられる類例を指摘できる。だがそれ以外の陶磁器については、管見の範囲ではこの時期とする確実な証拠を見出すことはできない。一方、上述のように十八世紀代であるとの年代観を他の遺跡資料から想定できる例は、カタログには少なくない。特に重要なことは、TS169など徳化窯青花丸点文小碗・TS45など福建青花霊芝文碗皿・TS151徳化窯青花竜文皿は数量上位六種類の中で五種類を占めており、それだけで施釉陶磁器総数の半数近い一七万点になっていることである。今後調査遺跡の増加により新たな知見を追加できる可能性は残っているが、十九世紀初頭のものの確認だけが増えることはないだろう。一八二二年に沈んだ船の積荷としてあまりに不自然なことは、多言を要しない。

三　墓碑石

テクシンのカタログでもっとも重要な品は、TS302aの墓碑石（一一八×六一・二×一七センチメートル、図10）である。前述のようにこれには「道光二年端月置」の銘があり、パール船長の救助記録の一八二二年二月七日（道光二年一月一六日）を証拠づけると考えられるからである。

この墓碑石について、かつて私は十九世紀前半に中国大陸から輸入されたことを示す資料で、華人の貿易活動を示す重要な物的証拠だと肯定的に取り上げたことがある（坂井二〇〇三）。しかし今回改めて検討してみると、それほど単純なものではない可能性が考えられてきた。次にそれを記したい。

まずチャイニーズ・レポジトリーに記されたバタヴィア華人のババ・チィの証言によれば、次のような難破船の航海が想定できる。

一八二二年二月七日（道光二年一月一六日）にインディアナ号によって生存者が救助されたが、ババ・チィは二三日前にアモイを出航したと証言している。そのためアモイを出たのは、一八二二年一月一五日（道光元年一二月二三日）となる。またガスパル海峡とアモイの間は約四五〇〇キロなので、速力は一日約二〇〇キロ程度となる。バタヴィアまで残っている距離は五〇〇キロ程度だから、遭難日より三日後には到着していたことになる。つまり想定される到着日は一八二二年二月九日（道光二年一月一八日）である。

墓碑石に記された設置日は「道光二年端月置」であり、バタヴィア到着より一二日間残っている。積み降ろし作業を考えても、バタヴィアを含むジャワ島西部であれば墓への設置は可能と言えるだろう。

しかしこのタイムスケジュールを実現するためには、亡くなった楊廷柱の関係者がこの船のアモイ出航日より以前にアモイに渡っていなければならない。アモイからバタヴィアへは二五日間程度だが、北西モンスーン季節にバタヴィアからアモイに向かうことはジャンクでは難しい。さらにいつ頃にこの関係者がアモイに着いたかについては、両者を結んでいた年間の船の数が重要である。レオナルド・ブルッセ（Leonard Blusse）によれば、十九世紀初頭前後にバタヴィアへ到着したジャンクの数と乗船者数は次の通りである（Blusse 1996: 153）。

図10　TS302a　道光二年銘墓碑石

一七九八年　九隻　総数二二三五人（二四八人／隻）
一七九九年　七隻　総数一三七八人（一九六人／隻）
一八〇〇年　八隻　総数一三三八人（一六七人／隻）
一八〇一年　七隻　総数一八七七人（二六八人／隻）

一八〇二年　四隻　総数一一三八人（二八四人／隻）

ジャンクの出帆地はいずれもアモイと想定されているが、この期間では単純計算の間隔は四〇から九〇日に一隻となる。しかし実際には逆風でのジャンクの航行は難しいので、これらは北西モンスーン季節での間隔になる。これらの船がアモイに戻るのは、通常は南東モンスーン季節まで待たねばならない。普通に考えれば、この関係者のアモイ到着ははやくても一八二一年九月末頃であり、バタヴィア出発は九月初頭になる。

つまり往復で五ヶ月以上を費やすことによって、墓碑石の運搬がなされるわけである。アモイに着いて初めて帰りの船の予定が分かったはずで、その時にやっと銘の年月が決まることになる。楊延柱が死んだのは当然バタヴィア出発より以前であり、その時点では仮埋葬をしているものの墓碑石を設置する期日は不明であろう。

ここで注意したいのは墓碑銘に刻まれた道光二年一月の最初の日一日は、一八二二年一月二三日、そして最後の日の三〇日は一八二二年二月二一日である。ババ・チィの証言どおりなら、船は墓碑石の設置まで余裕をもった二月九日に着いていたはずだった。アモイ出航がこれより四〇日前でも後でも、墓碑銘「道光二年端月置」は意味をなさないことになる。そのために確かにパール船長が救助した船であることを裏付けるという論理になっている。

その点でこの墓碑石は、他の紀年を有する資料とは意味が異なっている。一般に発見物の製作年代は同時性ではなく、その年代より後であることを証明するだけである。前章での古い陶磁器類は単独で見た場合、一八二二年に沈んだ船に積まれていた可能性はゼロではない。もちろん骨董品あるいは再生産品専門の貿易船などはありえないから、前述のように古いものの多さは異常である。

しかしこの墓碑石は、ババ・チィの証言を裏付ける同時性を語ろうとしている。それはあまりにも符合し過ぎているとは言えないだろうか。

彼の証言とされるものの中に、乗客数が一六〇〇人ほどとなっている。この数は上述のブルッセが記した二〇年ほど前の乗客数とはかなり異なっている。年を経るごとにやや増加の傾向はあるものの、一隻当りの乗客は最大で一八〇二年の二八四人である。二〇年後に乗客数が五倍以上になるような造船技術の発達が本当にあったのだろうか。

もちろんチャイニーズ・レポジトリーの記事にある救助日は道光二年一月一六日にあたるので、ババ・チィの証言に関わらず墓碑石の紀年はぴったりと一致していることは確かだが。

おわりに

冒頭で見たように、陳國棟はテクシンという船名そして漢字名に対して、大きな違和感を主張した。同時代のアモイ発ジャンクの船名とはあまりに異なっていること、そして原史料にはそれを裏付ける記述を見出せないからである。

次に一六〇〇人もの移民主体の乗客を詰め込んだジャンクに、果たして三七万個もの陶磁器を積む空間があったのかという疑問も提示した。船の大きさ自体は前章で見たように大きな疑問があるが、さらに関連する事例を上げてみよう。一八四六年にイギリス商人が購入してアメリカとイギリスまで航海した三本帆柱大型ジャンク船キーイン（Keying）の場合、排水量八〇〇トンほどで船体の大きさは四五×一〇・七×五・八メートルだった。(9)

この数値から計算される上甲板の広さは一四〇坪以下で、船倉内のスペースをジャンクでは考えにくい二層としても平坦な部分は三〇〇坪程度と思われる。それを全部乗客用に使ったとしても、一二〇〇人程度が限度であることは明らかである。

実際にブルッセが書いたように十九世紀初頭のジャンクの乗客は三〇〇人以下であり、この点を考えると乗客数と三七万点の陶磁器積載は絶対に不可能と言わざるをえない。

そして陳はナンキン・カーゴと同種の陶磁器が、オークションカタログに載っていることの不自然さを指摘した。カタログに陶磁器の解説を載せているフリードマン自体が、「骨董品販売」とか「古い型のリバイバル生産」というような苦しい説明をしている。実際にカタログの陶磁器を考古遺跡発見資料と比較すると、少なくとも一四種類が十八世紀代のものであり、それらが全体の大半を占めていることが明らかであった。

特に十九世紀初頭には居住がない遺跡である、ロップブリや鳳山県旧城遺跡出土のものが含まれていることは看過できない。また他遺跡例と比較して確実に十九世紀初頭と推定できるものは、二種類しか確認できなかったことも特記したい。さらにアモイ発の華人移民ジャンクの骨董品では説明できないものとして、タイのシーサッチャナライ青磁やヨーロッパ製の時計類がカタログには入っている。

陳が指摘したように、引揚げがなされたガスパル海峡は海の難所であり、十九世紀初頭の二六年間に欧米船だけで九隻が沈んだ記録がある。それを考えれば、カタログに掲載された品々は、多くの異なった船の積荷が混じっている可能性がきわめて高いと言える。

そのような中で紀年銘を持つ墓碑石は、確かにイギリス船に一部乗員が救助された船の沈没日と符号している。しかしそれはオークションにかけられた品々の全てが、墓碑石と同じ時に沈んだ証拠ではないことに十分注意を要する。当然かもしれないが、カタログには実際の沈没した船体やそこに残る墓碑石や陶磁器類の残存情況を示すものは全く記されていない。

オークションリストの一万六一〇〇組もの販売単位を見ると、同じ種類の陶磁器を半ダース・一ダース・三ダースのような数量でまとめている場合が多くある。さらに後の方になると、五ダース・一〇ダースそして五〇〇個・一〇〇〇個となることも少なくない。あるいは青花丸点文小碗と白磁蓮花のセットや、同じ霊芝文碗皿のセットも繰り返し登場する。つまりどのように膨大な陶磁器類を売りつくすかに、多大な努力がなされていることが明瞭である。しかし疑問も投げかけるフリードマンの文章以外に、同じ船から本当に引揚げられたと示す文言は全く見られない。

これはあくまでトレジャー・ハンターの販売用のカタログであり、そこには一切の学術的な情報は存在していない。しかし記録に残る悲劇の難破船というイメージは、膨大な陶磁器類の完売に大きく貢献しただろう。混在する陶磁器はあるいは引揚げ時の不可抗力によるのかもしれないが、しかしハッチャー特有の商業的思惑に起因することも否定できない。少なくとも「ナンキン・カーゴ」との混在は看過できない状態だといえる。そのため「テクシン・カーゴ」なるものを使用しての研究は、意味をなさないことを改めて強調したい。[10][11]

注

（1）台湾、中央研究院歴史語言研究所研究員。二〇一二年九月二八日の同研究所での口頭発表をもとにして、「關於所謂「的惺號」及其出水文物的一些意見」を執筆している（本稿執筆現在未発表）。

（2）オークションカタログは（Nagel Auctions 2000）である。引揚げ品をテクシン号積荷と判断した考察は（Pickford et al.

2000）で、その主要部分はこのカタログにも転載されている。
（3） オークションカタログには、注記として一七四〇年頃と書かれている。
（4） 合計数量自体の記載はないため、オークションリストより筆者が計算した数値。ただし陶磁器一種類はガラス製品と珊瑚で溶着しており、また石製品二種類は鋳型でそれと同形の金属製品がセットになっている。
（5） これは破損資料とあり、写真が掲載されていない。
（6） TSは前述の青磁や時計類などと同様にカタログでのオークション用の識別番号だが、大量の粗製陶磁器の場合、同一種類でも珊瑚の付着により商品価値の高いと想定されたものは別の番号になっている。
（7） この遺跡出土の上層陶磁器は他に四点が紹介されているが、Plate 13は福建広東印花梵字文皿でロップブリの年代観から見ても同書が記す十九世紀はありえない。Plate 12も同様に十八世紀前半と考えられる。一方、Plate 10福建青花花唐草文碗とPlate 11福建青花双喜字文碗は十九世紀代が妥当であり、ウォリオ城跡でも出土している。しかしテクシンのカタログには見られない。
（8） 最大数量の蓮華はTS137白磁蓮華で、一万四九八六点がオークションされている。
（9） Wikipedia（http://en.wikipedia.org/wiki/Junk_Keying）による。
（10） 本稿で見たように、トレジャー・ハンターたちの商業サルベージ成果は、陶磁貿易史研究とは基本的に無関係と考える必要がある。その原則については（坂井二〇一六）で明らかにした。
（11） 本論文執筆にあたり、貴重な未発表論文を提示していただいた陳國棟教授に感謝申し上げる。なお、本論文に使用した図の出典は次の通りである。Jakarta National Museum（著者撮影）：2, 4-9,（Nagel Auctions 2000）: 1・10, Wikimedia Commons: 3.

参考文献

大橋康二（二〇〇七）「磁器」（『バンテン・ティルタヤサ遺跡　ブトン・ウォリオ城跡発掘調査報告書』、ＮＰＯ法人アジア文化財協力協会）六五―七四頁

大橋康二、坂井隆（一九九九）「インドネシア・バンテン遺跡出土の陶磁器」（『国立歴史民俗博物館研究報告』八二）四七―九四頁

坂井隆（二〇〇三）「インドネシア、バンテン遺跡のパチナン華人墓」（『新世紀の考古学――大塚初重先生喜寿記念論文集』、大塚初重先生喜寿記念論文集刊行会）一〇〇三―一〇一八頁

坂井隆（二〇一二）「インドネシアにおける水中考古学調査」（『東南アジア考古学会第35回大会研究発表要旨』）

坂井隆（二〇一六）「東南アジアの陶磁の道を学ぶ――一九八〇年代からの流れ」（『東洋陶磁』四五）四七―六六頁

謝明良（一九九六）「左営清代鳳山県旧城聚落出土陶瓷補記」（『台湾史研究』三―一、中央研究院台湾史研究所）二一九―二二四頁

Blusse, Leonard, 1996, ‘The Cicissitudes of Maritime Trade: Letters from the Ocean *Hang* Merchant, Li Kunhe, to the Dutch Authorities in Batavia (1803-09)’, *Sojourners and Settlers: Histories of Southeast Asia and the Chinese*, ed. A. Reid: 148-163, St. Leonards: Allen & Unwin.

Chandavij, Natthapatra, 1989, *Ceramics from Excavation Lop Buri 1986-1987*, Bangkok: Division of Archaeology, Fine Arts Department.

Freedman, David, 2000, ‘The Porcelain of the Tek Sing’, *Tek Sing Treasures*, ed. Nagel Auctions: 50-57, Stuttgart: Nagel Auctions.

Miksic, John and Cheryl-Ann Low Mei Gek, eds., 2004, *Early Singapore 1300s-1819*, Singapore: Singapore History Museum.

Nagel Auctions, 2000, *Tek Sing Treasures*, Stuttgart: Nagel Auctions.

Pickford, Nigel and Hatcher, Michael, 2000, *The Legacy of the Tek Sing*, Cambridge: Granta Editions.

第Ⅲ部　多角的視野から見る——研究の現在

大深度水中考古学の可能性を拓く水中技術

近藤逸人

はじめに

ダイバーが通常潜水して水中文化遺産の調査を行える深度は四〇メートル程度までといわれている。これよりさらに深いところに遺構が位置する場合は、特殊な方法により潜水して短時間で調査を行うか、水中ロボットや曳航体などの潜水機に頼ることになる。水中ロボットにはケーブルにより電源を供給して、水中カメラからの映像をリアルタイムにモニタリングしながら遠隔操縦をするタイプと、バッテリを搭載してケーブルを持たず、全自動で調査をこなす自律型のタイプがある。このような水中ロボット技術はここ四〇年余りで格段の進歩を遂げており、大深度を対象とする水中考古学研究にも多大な貢献をするようになってきた。水中を音波で探査するソーナーも電子回路の小型化と信号処理技術の発展により小型かつ高性能になってきている。本論は、水中文化遺産の調査で活躍するこれらの水中技術について概観する。

一　ダイビングによる水中調査

従来、水中文化遺産の遺構調査では、ダイバーが潜水して調査を行うのが一般的であった。水中調査では発見時の状況をとどめたまま、できる限り正確な寸法を計測し、これを平面図として記録することが求められる。このため、遺構に指標となる枠を設けてマス目を作り、これを基準としてスケッチをしたり、カメラ撮影をしたりという手段で遺構のマップが作成されてきた。

ダイバーによる潜水作業は、たとえ水深が浅くとも潜在的に危険を伴うが、大深度の作業ではさらにその危険性が増す。潜水によって引き起こされうる潜水障害の詳細はダイビングの書や水中作業を扱う専門書等を参照して頂くとして、ここでは大深度の潜水に伴う危険性について一部を簡単に述べる。

水中でダイバーは自分の受ける周辺の水圧と同程度の圧力の空気を呼吸する必要がある。水圧は一〇メートル深くなる毎におよそ一気圧ずつ増加する。大深度の潜水作業になると大気中に比べて数倍高圧の空気を呼吸することになる。圧縮された空気を呼吸すると、肺から血液などの体液中に通常より多くのガスが溶解する。体液中に溶け込むガスの量はその分圧、すなわち一定体積に占めるそのガスの割合が高ければ高いほど、潜水時間が長ければ長くなるほど多くなり、潜水時の条件によりあるところで飽和する。体液中に溶け込む窒素の量が多くなると、判断力が鈍り酩酊状態に陥るなど、窒素中毒（窒素酔い）の症状を来す危険性がある。正確な判断ができなくなることによって、マスクを外して溺れてしまう等の事故に繋がる危険性があるため注意が必要である。これを防ぐためには、吸気中における窒素ガスの分圧を下げてやれば良いので、大深度の潜水では窒素や酸素の割合を変えて、ヘリウムや水素等の気体を入れた混合ガスが用いられる。混合ガスを使用することにより四〇メートルを超えるような大深度にも潜水をして作業をすることが可能になるが、ひとたび管理を誤れば即生命の危険に繋がるリスクを孕んでいる。酸素の分圧が高くなりすぎると、意識喪失や全身の痙攣などがおき、最悪の場合は死に至る酸素中毒の症状を引き起こす危険性がある。

上述の通り潜水作業中には、人体が受ける圧力や潜水時間に応じて、大気圧下に滞在する時よりも多くのガスが体液中に溶け込んでいる。浮上により周囲の圧力が下がると、溶け込んだガスは再び呼気を通して体外へ排出されるが、身体の組織にあるガスが体液中から排出されるにはある程度の時間がかかる。深いところから急激に浮上すると体液中でガスが気化して気泡が生じる。これが毛細血管等を塞いでしまうことにより神経障害を引き起こし、最悪の場合には死に至る危険性がある。これを減圧症と呼ぶ。減圧症の発生を防ぐためには、身体の組織中に溶け込んでいるガスの量と、浮上時にこのガスが体外へ放出されるために必要な時間を考慮して、徐々に浮上するという減圧が行われる必要がある。深く潜れば潜るほど、減圧には多くの時間が費やされなければならず、タンクの容量と浮上に要する時間を十分に考慮した潜水計画と管理が必要とされる。

人体には副鼻腔や中耳腔など多くの空隙が存在する。潜水により高圧を受けたとき、これらにうまく空気が通じなくなり圧力の平衡が保たれなくなると圧迫されて痛みが生じたり、鼓膜が破れたりといった圧外傷が起こる。通常はあくびをしたり、鼻をつまんでつばを飲み込んだりといった耳抜きをすることで圧力の均衡が保たれて解決されるが、体調などによりこれがうまくいかない場合は問題が生じる。降下時に起きる問題であれば潜水を中止すれば良いが、浮上時に起きることをリバースブロックと呼び、この場合にはそのまま浮上することが困難となる。症状が回復するまで追加のボンベを運んでもらいながら、水中で腫れを抑えるための薬を服用するといった緊急処置が必要となる場合もある。浅い場所でのダイビングであっても、浮上時に息を止めてしまうと肺におけるガスの排出がうまくなされなくなり、肺に深刻な障害が発生する場合があり大変危険である。

このようなことから、通常の圧縮空気を用いた潜水で調査を行えるのは、水深四〇メートル程度までというのが目安であり、これを超える大深度の調査では混合ガスを使った潜水によるか、水中ロボット等の潜水機を用いた調査が行われる。たとえ浅い水深であっても、ダイビングをしながらの調査作業には上述のリスクが伴う点と、人間が可能な潜水調査は時間が限られるため、今後特に潜水機による調査が有望視されているのである。

二　大水深における調査の流れ

大水深における水中文化遺産の調査では、通常まず遺構そのものの位置を特定するための探査が行われる。史料に残された記録や、漁獲作業等によって遺物が引き揚げられたり海岸に遺物が打ち寄せられたりといった情報をもとに、比較的広範囲な調査海域が設定され、この海域をサイドスキャンソーナー、マルチビーム音響測深機、サブボトムプロファイラ、磁気探査装置等を用いて探査する。これらの装置は船舶からワイヤケーブルで吊り降ろして曳航するか、船体に固定して運用されることが多い。調査海域の広さは事前情報の正確さに依存するため一概にはいえないが、大雑把には数百メートルから数キロメートル四方といったオーダであり、この段階で探査機器を搭載した水中ロボットが用いられることもある。広域探査のデータは通常は後処理によってマップ化され、特異な箇所を探し出すことによって具体的な調査候補地点が絞り込まれる。

次に、調査候補地点に高解像度のイメージングソーナーや水中カメラを搭載した水中ロボット、水中曳航体等の潜水機が投入され、遺構存在の有無の確認が行われる。さらに、遺構の存在が確認された場合、最終的には水中カメラの画像をモザイクとしてつなぎ合わせることで遺構全体の広範囲画像を作成したり、三次元の起伏データに画像を貼り付けることで、コンピュータ仮想空間内に遺構を再現したりすることなどが行われる。調査成果として精密な平面図を作成することも可能である。

この次の作業として、大深度に存在する遺物のサンプリング調査や現状保存、管理というところにも、将来的には、マニピュレータを搭載した水中ロボットが用いられる可能性がある。

三　探査用のセンサ

ここでは、探査用に使われる主なセンサについて概要を説明する。

サイドスキャンソーナー

サイドスキャンソーナーは、扇状の音響ビームを発射して、海底から跳ね返ってくる音波の反射強度を時系列に計測するもので、これを画像化することによって海底表面の地質、例えば砂、泥、岩などの区別を調べたり、海底に横たわる遺物を探索したりすることに用いられる。海底下に埋没することなく、表面に出ている対象物を探査することを目的として使用する。

サイドスキャンソーナーは、一般的にはそのものが細長い曳航体の形をしており、胴体の左右斜め下に細長いトランスデューサ（送受波器）が配置されている。トランスデューサから発せられる音波は、小さな点から発せら

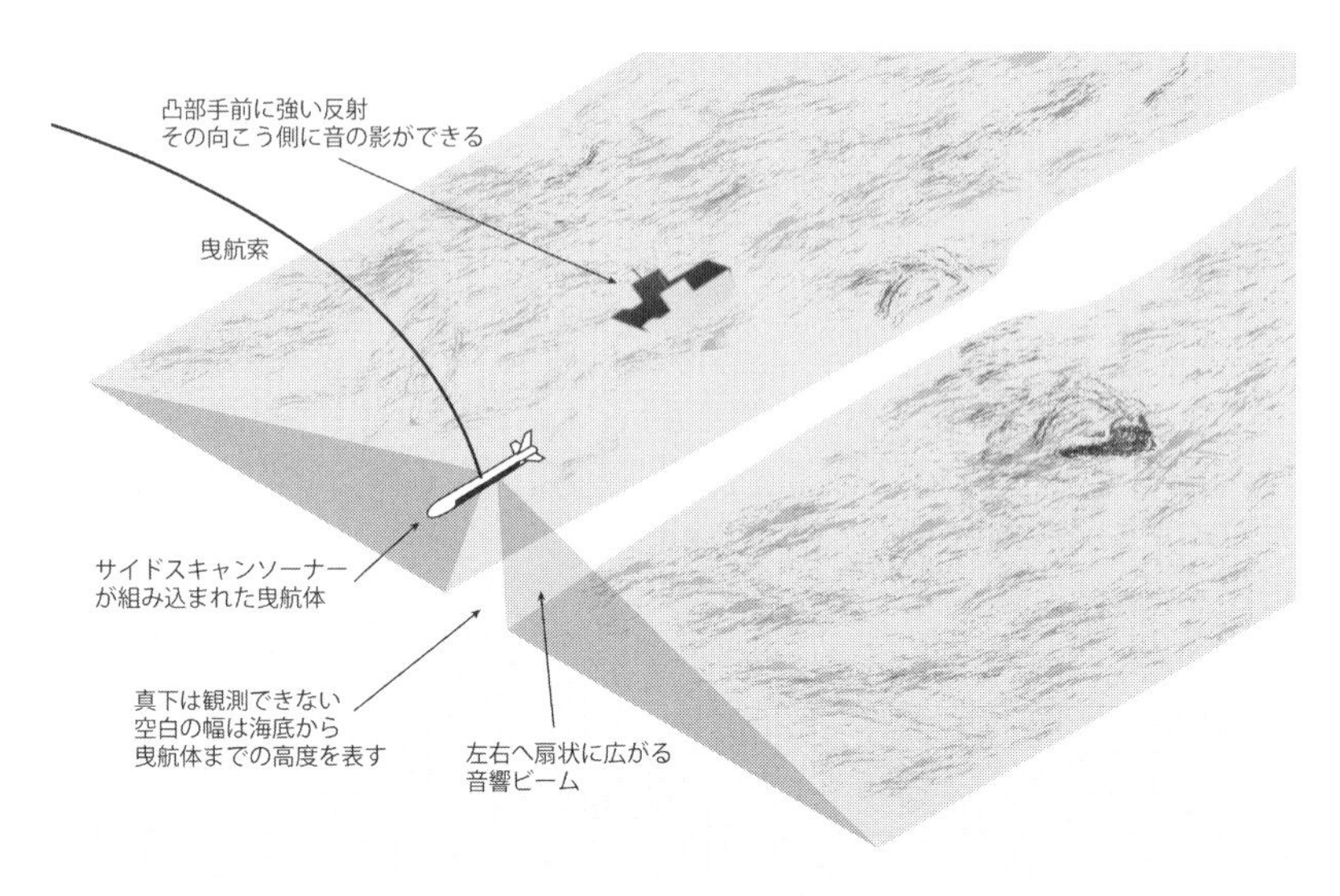

図1　サイドスキャンソーナーの仕組み

れるとそこから球面状に、すなわち無指向的に拡がってい き、幅の広いトランスデューサから発せられると、より平面的に指向性を持った伝搬の仕方をする性質がある。前後に細長いトランスデューサを配置するサイドスキャンソーナーでは、図1に示すように前後方向には拡がりを持たず、横方向には大きな拡がりを持つ、言わば扇状の音響ビームが形成される。海底は主に水平面的に拡がっていると仮定すると、海底から跳ね返ってくる音波は、曳航体の真下に近いところから順に距離の遠いところへという順番に観測される。この強弱を例えばグレースケールに対応させて表示すれば、濃淡のある一本の筋として表現される。このトランスデューサが曳航体の左右に搭載されているので、一回の音波発信により左右方向に細い筋として観測される。曳航の移動に対応して観測されるデータを平面的に並べていくと、ちょうどプリンタやファクシミリの印刷のようにして、濃淡で表現された海底面が現れるという仕組みである。

海底に起伏があるとすると、盛り上がっている部分の手前側からはより強い反射が返り、その向こう側には音の届かない領域が生じる。この部分は音波の影といえる部分である。例えば海底に船が沈んでいる場合、曳航体側から光を当てたかのように、手前に明るく船体の形が浮かび上がり、その先には船の形の影が映っているかのような画像が得られる。ただし、サイドスキャンソーナーで観測されるのは、あくまで観測される信号の強弱を時系列に並べたものであるので、上方からカメラで撮影した写真画像とは異なる見え方をするという点に注意が必要である。観測されたこの画像からは、影の長さなどを使って、実際の起伏の高さや幅などが計測できる。

反射の強度は地質により変化するため、これにより地質の違いを観測することにも用いられる。簡単に言えば、硬い岩のようなものであれば強い反射が返り、泥やヘドロのようなものの場合反射は弱くなる。

サイドスキャンソーナーは、性能の良い物であれば曳航される高度に対して一〇倍以上の幅を観測することが可能であり、速度一〇ノット程度で曳航することができる。実際の観測範囲は周波数によって異なり、片側で数一〇メートルから二～三〇〇メートルという程度である。

サイドスキャンソーナーの応用として受信用のハイドロフォンがアレイ状に複数搭載されたものはインターフェロメトリソーナーと呼ばれ、海底の三次元的な測深を同時に行うことが可能である。さらに、曳航体の移動した軌跡と姿勢を正確に記録して、後処理によって解像度を上げることのできる合成開口ソーナーと呼ばれるものもある。

マルチビーム音響測深機

マルチビーム音響測深機は、海底の三次元形状を測定するために用いられる。水中ロボットの投入計画立案の

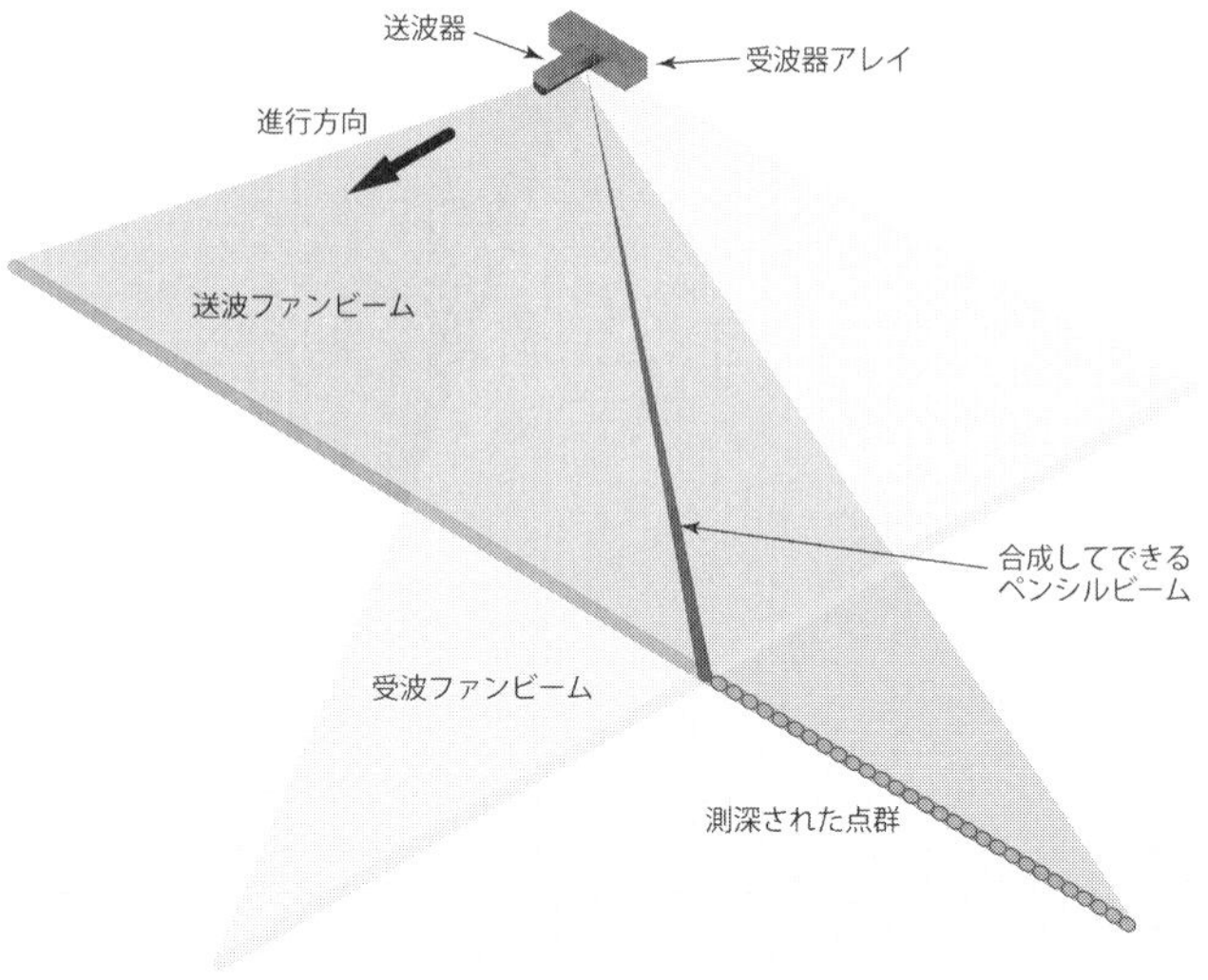

ために事前調査として海底地形図を作成したり、遺構そのものの探索や三次元マッピングを行うこと等を目的として使用する。

マルチビーム音響測深機は図2に示すように、送波器から海底に向けて扇状に拡がる音響ビームを発射して、送波器と直交する向きに配置した受波器アレイにより反射波を受信する仕組みになっている。受波器アレイで観測される信号を演算により合成すると、発射された扇状のビームと直交する鋭い扇状の指向性を持った方向だけを受信するということが可能になる。これをビームフォーミングと呼ぶ。結果としては扇状の送波ビームと受波ビームが交わるところに非常に精細な一本のビームが形成されることとなり、この細いビームでひとつの測深が可能となる。一度受信した信号は、時間遅延を加えて演算することで、任意の角度に指向性を持つ無数のビームを形成することができるため、扇状の送波ビームが海底に当たる線に沿って沢山の測深データを得ることができる。これをミルズクロス法、あるいはクロスファンビーム法と呼ぶ。

図2　マルチビーム音響測深機の仕組み

ひとつひとつの測深時おける装置の位置と姿勢を正確に記録しておき、後処理によって測深点を三次元的に座標変換しながらプロットすると、バシメトリ（海底地形）を得ることができる。

マルチビーム音響測深機は対象とする海底までの距離によって数十キロヘルツから数百キロヘルツの周波数帯が使われており、トランスデューサアレイの大きさは、周波数によって数十センチから数メートルとなる。ビームの指向角度は〇・五度から数度であり、送波ビームは百数十度程度までの拡がりを持っている。小型の装置は小型船に一時的に設置して使うことができるが、大型の装置は調査船等の船底に建造時に固定設置されるものである。

マルチビーム音響測深機においても、音波の反射強度を同時に記録することで、測深と同時に海底の地質を調べるというサイドスキャンソーナーと似た使い方が可能である。

サブボトムプロファイラ

サブボトムプロファイラとは、海底に向けて一本の音響ビームを発射して、海底からの反射だけでなくさらにその地下構造から反射してくる音波も観測し、信号強度を時系列に並べて可視化するものであり、海底に埋もれているものを探査する目的で使用される。

地下にまで到達する低い周波数の音波を大きなパワーで出力することが多いが、装置が巨大化してしまうため、より高い周波数の送受波器をアレイとして並べて、二つの周波数を同時に発信し、これらから生じる「うなり」の現象を使って必要とする低い周波数の音波を合成する、パラメトリック方式のサブボトムプロファイラも存在する。

イメージングソーナー

イメージングソーナーとは、水中や海底を可視化するソーナーの一般的な呼称であり、ソーナーヘッドを機械的に回転させて装置の周辺一帯を可視化するメカニカルスキャンタイプのものと、送受波器をアレイ状として電子的にこれを行うもの等がある。一般的には音響ビームの縦方向に十度程度の厚みを持たせ、水平方向には回転させるか、アレイとして電子的に複数のビームを形成させるかする。縦方向に厚みのあるビームを海底に浅い角度で照射するようにして使うものであり、ちょうど地面をサーチライトで照らすようにビームの当たる範囲についてサイドスキャンソーナーで得られる画像と同じような音響画像を得ることができる。アレイを使ったものは、ほぼリアルタイムの動画像を得ることが可能である。人間の内臓や胎児をエコーで診断する装置があるが、あれをもっと遠距離まで海中で使えるようにしたものをイメージしてもらえれば良い。

透明度の悪い海中で、遺構を探査して接近する時などに有効であり、水中ロボットに搭載して使うものや、ダイバーが手で持って使うタイプのものが存在している。

水中カメラ

遺構あるいは遺物を詳細に観察するために一番有効なものが光学式のカメラである。大深度で使われるものは、耐圧式の容器に市販のカメラや工業用の高解像度カメラ等が収納される構造になっている。静止画像撮影用のカメラと、動画を撮影するビデオカメラがある。遺構調査においては、大量の画像撮影が可能であることや、後処理のしやすさから、今日ではほとんどの場合にデジタルカメラが使用されている。

光学式の水中カメラを使う上で重要なことは、レンズや耐圧窓により生じる画像の歪みを補正することであり、チェック模様や円を規則的に並べた模様等のボードを色々な角度から撮影してキャリブレーションを行うことで歪み補正が可能である。

大深度における撮影では、照明もまた非常に重要な要素である。ストロボの位置は可能な限りカメラ本体とは離して設置し、水中に浮遊する粒子からの乱反射を抑える必要がある。水中ロボットに搭載するカメラで自動的に沢山の写真を撮影させるような場合には、撮影毎に人間が結果を確認できないことから、あらかじめ現場の環境に合ったストロボの光量、撮影距離、レンズの絞り、フォーカス等を設定する作業が大変重要であり、この良し悪しが撮影結果の出来を大きく左右する。暗く写ったものを後で補正することは可能であっても、露出オーバで感度の上限を振り切って撮影されてしまった部分は、いくら補正したとしても像を取り出すことはできない。

撮影された画像は、後処理として歪み補正が行われ、カラー画像の場合にはさらにカラー補正を施した後、複数の画像をモザイクとして合成し大きな一枚の画像にするなどの処理が行われる。近年では、ストラクチャ・フロム・モーションと呼ばれる技術によって、連続して撮影された画像から、対象物の三次元マップを構築することもできる。

カメラ受光部の特性上、白黒カメラのほうがカラーカメラより感度が良く、遺構の平面図作成のような用途においては、白黒カメラのほうが有利である。

磁気探査装置

磁気探査装置は、微弱な磁気異常をセンサで捉えることにより、磁性体の存在を探査するものである。これを応用して海底の地下物理構造を探査したり、鉄製の沈没船を探査したりすることが可能である。海底の遺物を探査する場合には、非磁性体の枠にセンサを配置してこれを海底付近まで吊るして曳航する方法が取られる。

近年では、水中曳航式のセシウム磁力計を水中ロボットに搭載したり、水中ロボットでセンサを曳航したりして運用する取り組みも行われるようになっている。

四　潜水機

ここでは、調査に用いられている潜水機の中から、曳航体、遠隔操縦型水中ロボット（ROV）、自律型水中ロボット（AUV）の仕組みとその運用方法について説明する。ただし、これらの潜水機はもともと海水を調べたり、海底を調べたり、ある特定の作業に供したりというさまざまな目的に応じて、それぞれ開発と改良が繰り返され発展してきたものであり、潜水機に与えられるミッションに応じて多種多様な形態と運用方法が存在している。このため、本章では水中文化遺産調査を想定した、ごく一部の内容に限定して説明することをあらかじめご承知頂きたい。

曳航体の仕組み

曳航体とは、図3のように船舶から特殊なケーブルで吊り降ろして、一定の深度あるいは海底からの高度を保つように曳きながら使用するものである。胴体の形はサイドスキャンソーナーのように円筒形で細長い形の比較的小型のものや、金属や樹脂製のフレームの中に各種の機器を搭載する大型のものがある。曳航中の姿勢と深度を安定に保つために、垂直や水平などの安定翼が備わっているものが多い。曳航体に搭載される機器はケーブルを通じて船上の装置と繋がっており、基本的には調査中の観測データは、船上でリアルタイムにモニタリングされると同時に記録される。

　水中文化遺産の調査で曳航体に搭載される機器としては、サイドスキャンソーナー、マルチビーム音響測深機、サブボトムプロファイラ、磁気探査装置、水中カメラ、水中ストロボ等が想定される。この他に曳航体の姿勢や位置を計測するための姿勢センサ、ジャイロやジャイロコンパス、深度センサ、高度センサ、水中音響測位装置のレスポンダ等が調査目的と規模に応じて載せられる。

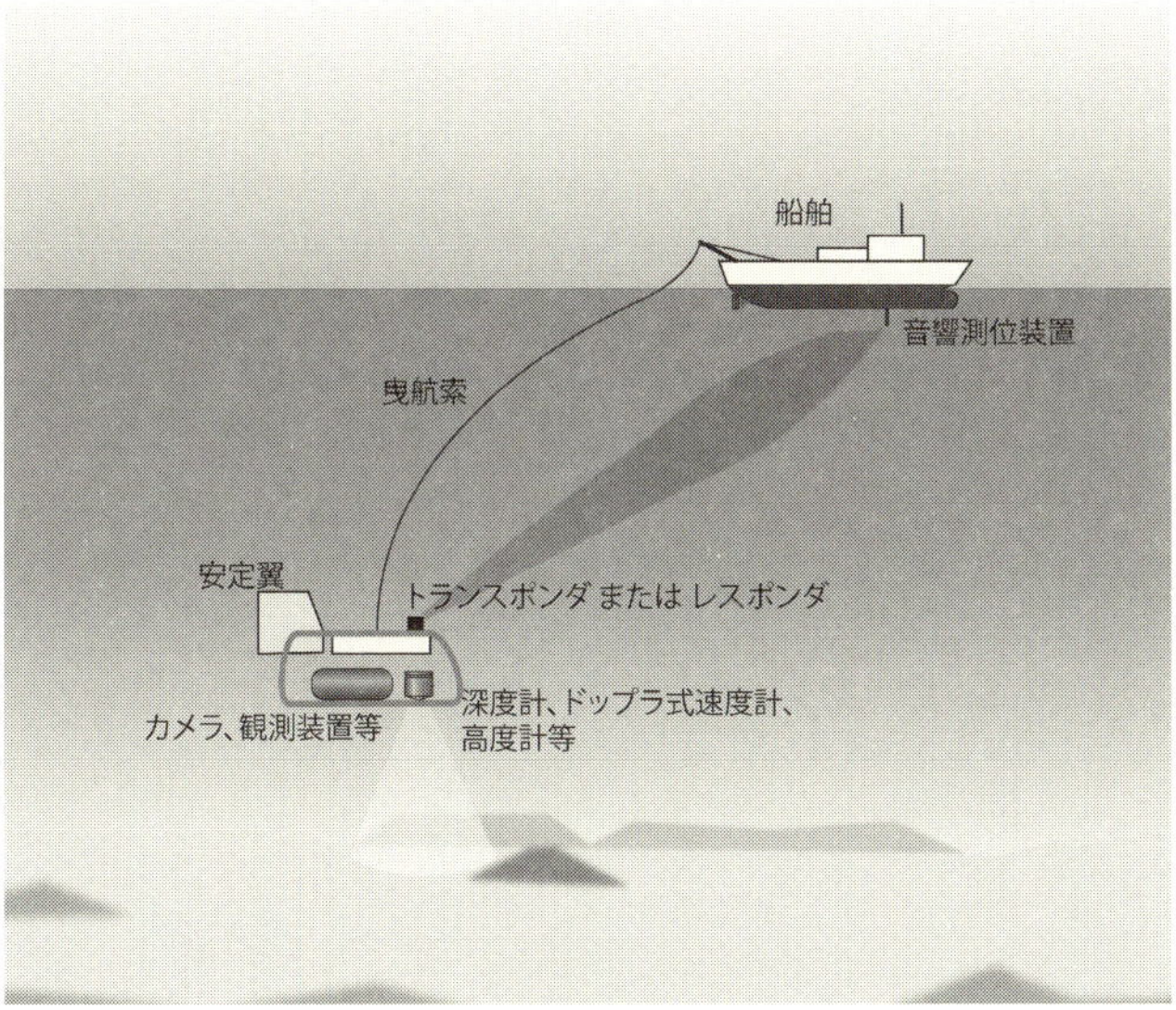

図3　曳航体の仕組み

　ジャイロとは機体の角加速度を計測するセンサであり、積分すると角速度、二回積分すると角度、すなわち機体の姿勢が求められる。これに対してジャイロコンパスは内部にジャイロと加速度センサが搭載されており、地球の自転軸方向を検出することによって、真北を求めることができる装置である。高度センサは海底に向けて音波を発信して、海底からの反射音を受信するまでの時間を二で割り、これに水中音速を乗じることで海底までの距離を求めるものである。

レスポンダは船上から信号線が繋がっている曳航体やＲＯＶに搭載される音響測位用の発信器であり、船上からのトリガ信号によって音波を発信する。船体に設置されたハイドロフォンアレイによってこの音波を受信して、船に対する水中機器の相対位置を求めるために使用される。この音響測位にはハイドロフォンアレイの間隔の大小によって二つの方式がある。一つは音波到着までの片道時間から距離を求め、アレイで観測される波の位相差から音波の進入角度を求めて、距離と角度から位置を求めるSuper Short Base Line（ＳＳＢＬ）あるいはUltra Short Base Line（ＵＳＢＬ）と呼ばれる方式、もう一つは各ハイドロフォンまでの片道時間からそれぞれの距離を求めて、各ハイドロフォンを中心とした球面の交点を求める、いわば三辺測量と似た原理のShort Base Line（ＳＢＬ）方式に分類される。

船上から有線でトリガ信号を送ることができない場合や、ＡＵＶなど無索の場合にはトランスポンダと呼ばれる装置が搭載される。この装置は船上からの問い合わせ音波を受け取ると直ちに返答を返すものであり、往復時間から電気回路の遅延時間を引いて二で割ることで片道時間を算出し、同様の方法により相対位置を求めるために使用される。

サイドスキャンソーナーや磁気探査装置は、「三　探査用のセンサ」で述べた通り、機器自体が曳航体として成り立っているものが多く、機器の水中位置を把握するために深度センサやレスポンダ等をオプションで内蔵できることが多い。

吊り降ろすケーブルは、電源供給のための電線が中に入っており、周りをスチールの撚り線が保護しているアーマードケーブルと呼ばれるものが一般的に使われる。大型の曳航体では本体の重量も大きく、曳航中にケーブルが受ける力も非常に大きいため大半がこの形式であり、船舶に専用のウィンチが搭載される必要がある。一方、小型の曳航体ではアラミドなどの強靭な繊維で電線を包んだ比較的軽量なケーブルが使われることもあり、人手によりケーブルの出し入れを行う場合もある。

ケーブル内部の電線は電力と通信信号を同時に流す同軸ケーブルのような単線のものや、複線のもの、また通信用に光ファイバを含んだ複合ケーブルとしているものなどがある。このケーブルを通じて、船上から機器への電力伝送とデータおよびコマンドの相互通信が行われる。ケーブルについては後述のROVと共通する部分が多いが、船が常に移動して曳きながら使う曳航体と、船が一点に留まって潜水機自らが動き回るROVでは、ケーブルに対する考え方が異なり、前者では船が止まれば船の真下まで沈むように吊り下げているものであるのに対して、後者ではROVの動きを妨げないように水中重量をほぼ中性にして流体抵抗を小さくする等の工夫がされている。

図4　曳航体「Sea Sled」

曳航体は、カメラを搭載して局所的な海底面撮影に使われることもある。この例として小型の金属フレーム式曳航体を図4に示す。これは米国ウッズホール海洋研究所のSea Sledと呼ばれる曳航体で、筆者が米国に滞在中の二〇一二年に米国五大湖のひとつであるヒューロン湖で、実際に水中文化遺産調査に使用したものである。調査時には、カメラ二台、ストロボ二台、ドップラ式速度センサ、小型のマルチビーム音響測深機を搭載し、小型の船舶からアーマードケーブルで吊り下げて使用した。

曳航体の運用方法

曳航体に搭載した観測装置を使って良好なデータを得るためには、深度や海底までの高度を一定に保ち、かつ姿勢が安定するように曳航することが重要である。曳航体の深度あるいは高度は、曳航している船の速度と繰り出されているワイヤの長さによって決まる。船の速度が遅くなれば、曳航体は船の真下に垂れ下がるかたちとなり高度が下がる。反対に船の速度が上がれば曳航体は本体やワイヤにかかる水の抵抗などの影響で高度が上がる。上から見下ろした場合には、速度が遅い場合に曳航体は船の真下に近く、速度が速い場合には相対的に後方に位置する。これらのことを考慮して、運用中は船に搭載されている測深機から読み取る現場の水深と、曳航体に搭載されている深度または高度センサから得られる値を見ながら、海底との衝突が生じないように絶えず高度を調節しなければならない。この操作は、操船者による船速および針路の調整とウィンチ担当者がワイヤを巻き上げたり繰り出したりする協調作業によって行う。音響測位装置が搭載されている場合は曳航体の水中位置を確認しながらオペレーションを行えるが、そうでない場合は、カメラからの画像と各種のセンサの値を読みながら経験的に曳航体の位置を想像しながらオペレーションを行う必要がある。

ソーナーや磁気探査の場合は比較的高い高度を曳航するため、深度を一定に保つことに注力をすれば良いが、水中カメラを用いて海底の撮影を行う場合には、海底や遺構までの距離が数メートルというところまで接近す

図5　ヒューロン湖にて曳航体による探査中の船内の様子

るため慎重な作業が求められる。先ほど紹介したSea Sledを使って実際にヒューロン湖の沈没船を撮影調査している際の船内の様子を図5に示す。船長はＧＰＳプロッタと周囲の安全に気を配りながら、曳航体が目標の上を通過するように操船し、曳航体のオペレータは高度情報や撮影画像を見ながら状況を逐一報告する。さらにウィンチのオペレータが連携してウィンチの操作を行う。撮影対象がごく限られた局所撮影であればこの方式は簡単で良い。しかしながら、海底の高低差が激しい場所や、マストが残っている帆船などを対象とした場合、高度調節が非常に難しい。

遠隔操縦型水中ロボット（ROV）の仕組み

ＲＯＶはRemotely Operated Vehicleの略称で遠隔操縦式の水中ロボットを意味する。図６にＲＯＶの仕組みを示す。一般的にはテザーケーブルやアンビリカルケーブルと呼ばれるケーブルで船上の装置と連結されており、この索を通じて電力と信号がやりとりされる。

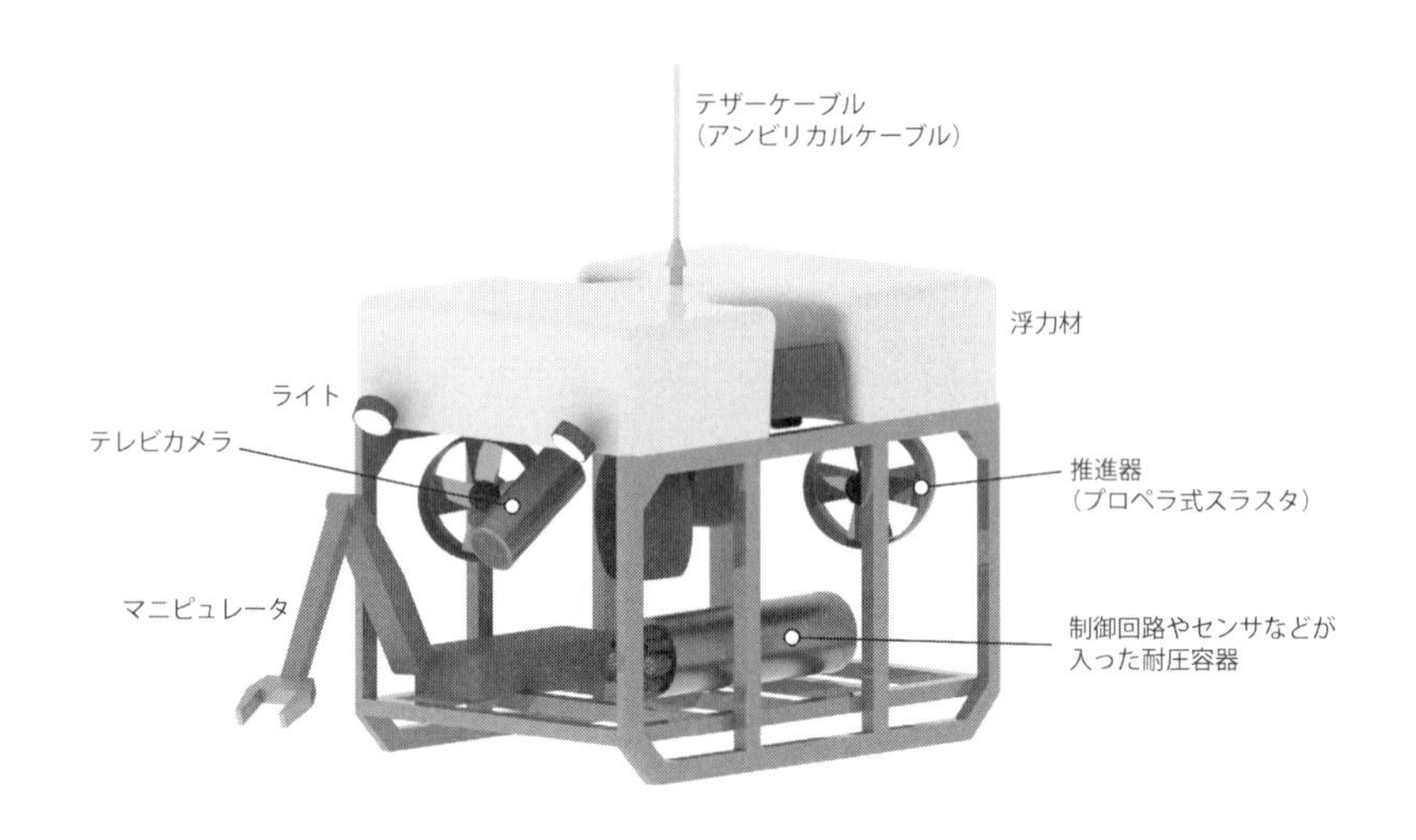

図6　ROVの仕組み

曳航体と異なる点はROVには推進器（スラスタ）が搭載されており、上下、前後、左右、回頭などの運動制御が可能なところである。ROVの大きさはさまざまであり、人が片手で持ち運べるほどの小さなものから、科学的な調査を行うもの、さらに海底油田のリグ建設など重作業を行うものなど人の背丈を超える大きなものまでが実用的に活躍している。一般的な形としては、金属や樹脂製の箱形フレームの中に、推進器と各種の機器が固定され、上部に浮力材が載っている構造のものが多く、小型のものでは円筒形の耐圧容器の周りに推進器が直接固定されているコンパクトな形のものもある。

ROVの規模によって搭載される装置には幅があるが、基本的にはオペレータが船上から遠隔操縦をするために必要となるテレビカメラとライト、および深度センサと方位センサなどが最低限搭載されている。これに加えて、カメラの視界より遠方を探査するためのイメージングソーナーや、人間の腕と手の役割を果たすマニピュレータとよばれる装置が搭載されることが多い。マニピュレータがあると物を摑んで回収したり、海底に機器を設置したりという作業をすることができるようになる。さらに、高圧ウォータージェット、回転ブラシ、ロープカッタなども存在していて、対象物の洗浄などの作業を行うこともできる。

ＲＯＶの音響測位は、曳航体と同じくレスポンダかトランスポンダを用いて、ＳＳＢＬ方式やＳＢＬ方式が使われることが多くなっている。海底油田の掘削リグのように同じ場所で何度も作業を繰り返す場合や、位置精度が求められる時には**Long Base Line**（ＬＢＬ）方式が用いられる。ＬＢＬ方式とは、海底に複数のトランスポンダを設置し、測位したい主体（この場合はＲＯＶ）に搭載した送受波器と各トランスポンダとの距離を求めて、位置を算出するものである。送受波器からは問い合わせ信号が発信され、各トランスポンダはこの信号を受信すると、あらかじめ個別に定められた異なる周波数の応答信号をただちに返信する。ＲＯＶ側ではそれぞれの応答時間から、各トランスポンダまでの距離を得る。各トランスポンダを中心として、この距離の球面を描き、これらが交わる交点が、すなわち求めたいＲＯＶの位置である。位置を緯度経度として地球固定座標系で求めたい時は、あらかじめ送受波器を搭載した船がＧＰＳで位置を計測しながら八の字などに航行して、トランスポンダの位置を求めておく必要がある。ＳＳＢＬやＳＢＬ方式に比べてＬＢＬ方式は位置精度が良いというメリットがある反面、このキャリブレーション作業が大変面倒でありコストがかかるというデメリットがある。

ＲＯＶの運用方法

ＲＯＶに搭載されたテレビカメラやソーナーの映像は、リアルタイムで船上のディスプレイに表示され、オペレータはこれらを見ながら操縦を行う。規模の大きなＲＯＶになると、機体の操縦とマニピュレータ等搭載機器の操作のために複数のオペレータが共同で作業にあたる。

曳航体の運用では船は動き続けることが基本であるが、ROVの運用では船は定点に留まり続けることが基本である。それぞれ異なる方向へ流れる風と潮の影響を受ける中で、船を定点に保持しておくことは大変に難しく、海底油田のリグ周辺で使われる作業船の場合には、特殊な推進装置や舵が設けられており、ダイナミック・ポジショニング・システム（DP system）という自動定点保持機能が備わっている。水中文化遺産調査を行う場合には、地元で傭船をする小型船を使った作業も多く、自動定点保持機能を備えた船舶を使用することはほぼ無いといえる。この場合、ROVと船が別々の動きをするため、水中測位装置が無いと船に対してROVがどちらへ動いているのかわからなくなってしまうことが多い。風や流れがある場合には、遺構の場所があらかじめわかっていても、ROVを目的地へ誘導して辿り着かせること自体が難しい。同じ場所で繰り返し調査を行っているような場合には、遺構の存在する水深を深度センサで確認しつつ、海底の地形や特徴物など過去の記憶に頼りながら目標物を探し出す。

小型のROVを使う場合は、人が手でケーブルを扱うことが多く、ROVの動きに応じてケーブルを出したり入れたりする作業が伴う。この作業はかなり大変なのであるが、注意をしないと浮上時にケーブルやROV本体が小型船のプロペラに巻き込まれることもあるため、非常に重要な仕事である。

自律型水中ロボット（AUV）

AUVはAutonomous Underwater Vehicleの略称で自律型潜水機を意味する。UUV（Unmanned Underwater Vehicle）すなわち無人潜水機と呼ばれることもある。日本語としては、自律型海中ロボット、自律型水中ロボット、自律型無人探査機などで呼称される。ここでは、以下ＡＵＶと略称する。

ＡＵＶは一九六〇年代末から登場し、水中に要求されるミッションに合わせて多種多様な形式で開発が進められてきた。一九九〇年代から二〇〇〇年代に大学や研究機関の技術をもとにＡＵＶを製造販売する会社が世界でいくつか現れるようになった。ＡＵＶの構成は対象とするミッションや時代によってさまざまであり、全体を包括して短く説明することは困難なため、最近の傾向としてこのような形式が多いといった観点で紹介する。

ＡＵＶが自律型であるという所以は、動力源を内部に持ち、搭載するセンサ情報をコンピュータで自動的に処理・判断して航行するところにある。水中に投じられてから浮上するまでは、あらかじめ与えられた調査ミッションを遂行するために全自動で制御が行われる。ＡＵＶの最大の利点は、ケーブルが無いことから行動範囲を拘束されることがなく、広範囲を動き回って調査をすることができる点と、海上の波風による船体動揺がケーブルを伝わってビークル本体を揺さぶることが無いことから、姿勢、速度ともに安定して動けるという点にある。各種ソーナーやカメラといった調査機器から良質なデータを得るためには、搭載するプラットフォームの姿勢と速度が安定していることが一番重要である。サイドスキャンソーナーは本体が揺れると像が乱れ、マルチビーム音響測深機は慣性航法装置などを使って動揺下の姿勢を補正するが、動揺が速くて大きいと補正しきれなくなって三次元測量の質が低下する。ＡＵＶを用いた場合、曳航体やＲＯＶに比べて格段に高品質な調査データを得ることが可能である。

一方、ＡＵＶの弱点は、バッテリの容量に制限があるため運用時間が限られること、リアルタイムにデータを確認できないことなどである。ＡＵＶは全自動であると上述したが、オペレータにとって、何時間も何十時間も、水中で何が起きているかを知る術無く待ち続けることは精神衛生上良くないので、通常は水中音響通信によって、位置や内部状態が定期的に船上へ報告され、緊急の場合は調査ミッションを中断して浮上させるなどのコマンドを船上から送ることもできるようになっていることが多い。

ＡＵＶに搭載される機器は、バッテリおよび電源制御装置、推進器、深度センサ、ドップラ式速度センサ（ＤＶＬ）、ジャイロコンパスまたは慣性航法装置、コンピュータ、音響通信装置、電波通信装置、ＧＰＳ受信機、潜降・浮上用バラスト（錘）切り離し装置等が基本であり、規模と目的によってこの数が減ったり、他の機器が増えたりする。これに加えて、サイドスキャンソーナー、マルチビーム音響測深機、サブボトムプロファイラ、カメラ等の調査機器が搭載される。衝突を防止するためのソーナーが別途搭載される場合も多い。また、電波通信装置やＧＰＳは水中では使えないため、浮上時のみに使用されるものである。

ケーブルは無いことが原則であるが、水中の様子をリアルタイムに船上で観察したい場合や、これを見て指令を送ったりするために、便宜的に光ファイバケーブル等を接続して運用されることもある。ただし、これはＡＵＶとして運用しているのではなく、ＲＯＶとして運用していることに他ならない。

航行型ＡＵＶの仕組み

航行型ＡＵＶは図7に示すように、長細い円筒胴を持ち、船首と船尾が流体の抵抗を減らすために流線形になっているものが多い。船尾にはエレベータ、ラダーの役割を果たす制御面（舵）がついており、一番後方にプロペラ式の推進器が配置されている。このプロペラを覆うダクトが付いている場合もあり、プロペラとダクト全体を上下左右に振る構造として翼型の舵を省略する場合もある。

航行型の場合、限られたバッテリ容量で、長時間、長距離を航行することが重要であり、流体抵抗を小さくし

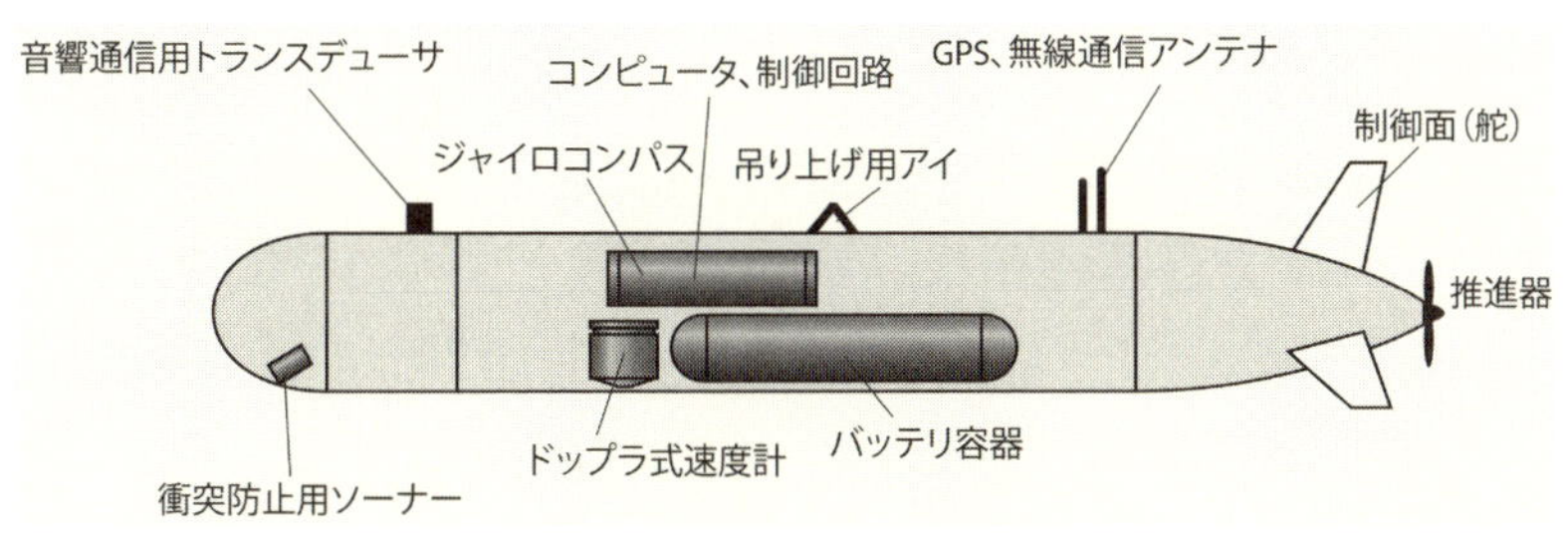

図7　航行型AUVの仕組み

て運動効率を高めることに設計時の力点が置かれる。

最大潜航水深が一〇〇〇メートル程度までのものは、円筒型の圧力容器そのものが胴体としての構造を兼ねている場合が多く、それより深く潜るものは、金属や樹脂の骨格構造に圧力容器、搭載機器、浮力材を固定して、全体を樹脂製のフェアリングが覆う構造となっている場合が多い。

通常二ノットから五ノット程度の一定速度で航行しながら、エレベータを動かして上昇・下降、右旋回・左旋回の運動制御を行う。前進する速度が無い場合には、舵が効かないため、運動制御ができないのが航行型の特徴である。

ホバリング型AUVの仕組み

ホバリング型AUVは、海底や水中の構造物に接近してカメラで画像を撮影する用途で用いられることが多く、ROVのように推進器が四個から六個搭載され、上下、前後、左右、回頭等の運動を制御できるようになっている。

形状は、ROVとほぼ同じようなものや、図8、図9に示すようなものなどがある。図8はトライドッグ一号（Tri-Dog 1）と呼ばれる東京大学生産技術研究所のAUVであり、潜航水深は一〇〇メートル程度である。図9はBA-1と呼ばれる東京海洋大学のAUVであり、潜航水深は一〇〇〇メートル程度である。航行型と同じく、浅い深度のものは圧力容器が構造を兼ねており、ほとんど浮力材は搭

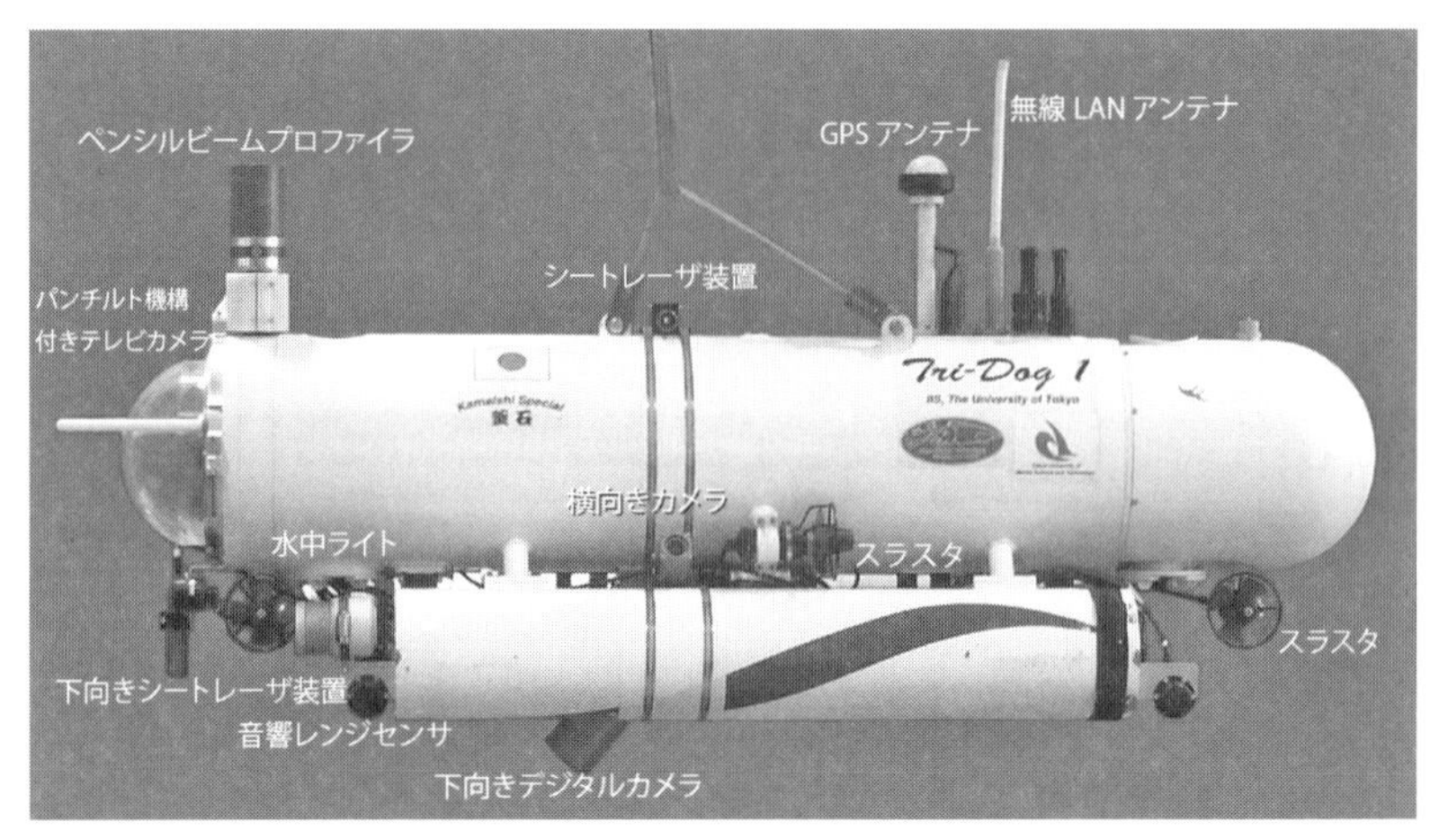

図8　ホバリング型AUV「Tri-Dog 1」

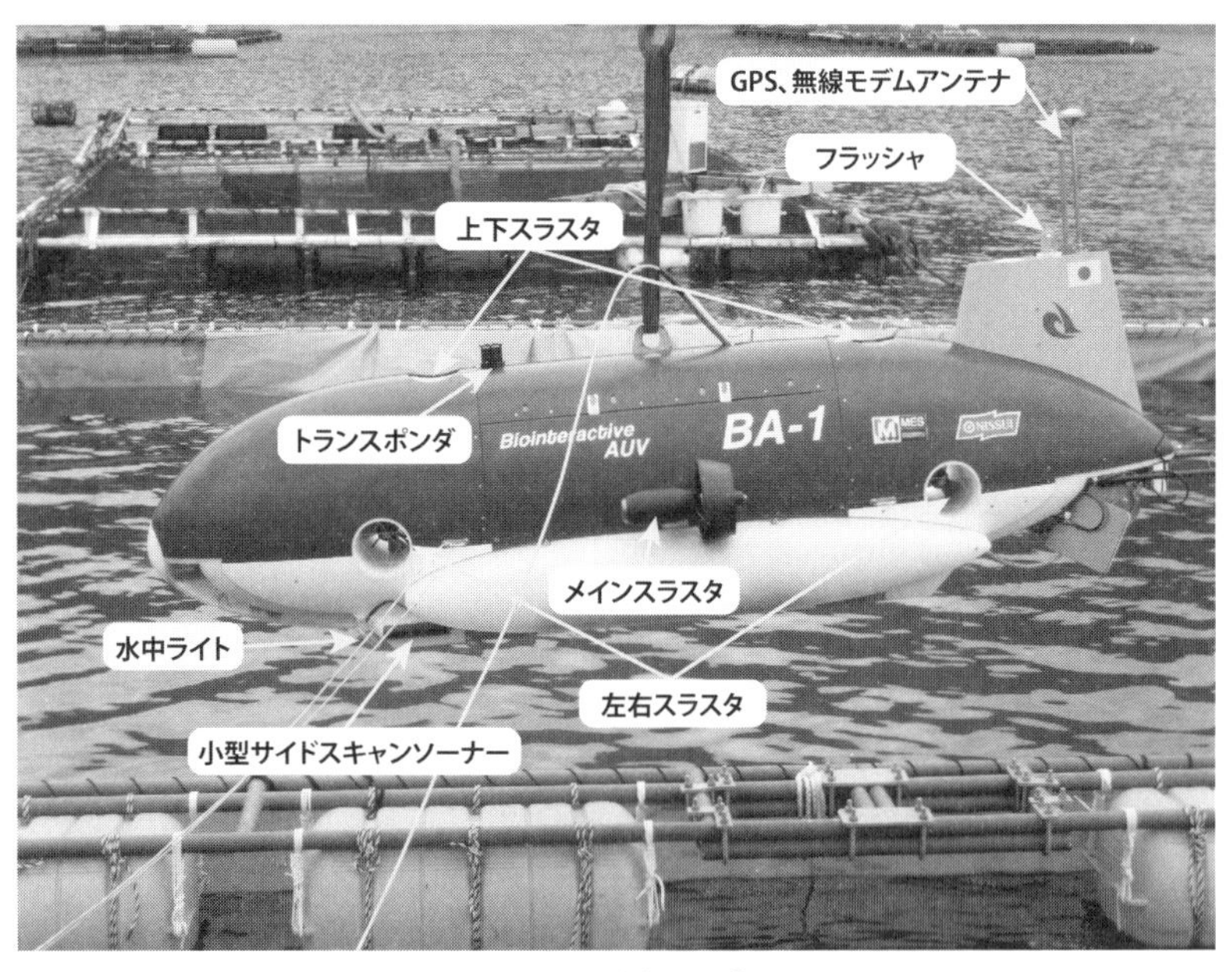

図9　ホバリング型AUV「BA-1」

載していないが、深く潜るものは、樹脂製の骨格にバッテリ、コンピュータ、電気制御装置等を納めた圧力容器が固定され、大きな浮力材が上部に設置されて、全体を樹脂製のフェアリングが覆う構造となっている。
ホバリング型ＡＵＶに搭載される機器は航行型とほぼ同じである。
写真撮影の目的で使われることが多いこともあり、航行速度は〇から二ノット程度と遅い。ただし、航行型とは異なり、複数の推進器を使って運動制御を行うため、定点に静止したまま回頭したり、上下、左右にスライドするような運動が可能である。

ＡＵＶの運用方法

ＡＵＶの運用においては、あらかじめマルチビーム音響測深機を使って海底地形の調査が行われ、この海底地形図を使って航路計画を立てることが多い。海底を比較的広く探査するような場合には、通常、搭載する調査機器が観測可能な幅を考慮して、必要なオーバーラップがあるように櫛形に往復しながら調査海域を塗りつぶしていくようなパターンで航行させる。ＡＵＶには、通過すべき航路点の位置・深度（高度）情報と、航路点間を深度一定または高度一定のどちらで航行するかという情報がミッション指示として与えられる。

例えば、サイドスキャンソーナーの場合、対地高度に対して一〇数倍の観測幅があるとすると、高度三〇メートルで航行する際には、櫛形の測線間隔を三〇〇メートル程度にとる計画とする。これに対して、カメラによる画像撮影の場合、高度は数メートル、測線間隔も同程度という具合に、非常に細かい調査を行う計画となる。

ＡＵＶにマルチビーム音響測深機を搭載して、海底地形を含めた三次元計測を行う場合には、深度一定で航行させ、カメラで海底の撮影を行う場合には高度一定で航行させる等の計画が立てられる。海底の傾斜の程度や起伏の程度に応じて、深度一定航行をとるか高度一定航行をとるかは選択されなければならない。航行型とホバリング型では運動性能が異なり、一定速度で移動しながら舵を切って上昇する航行型では、上昇可能な角度にも限界がある。このため、海底地形の複雑度合いに応じて、測線の向き等もあらかじめ検討される必要がある。一般的な高度設定としては、航行型でサイドスキャンソーナー観測の場合は一〇メートルから数十メートル、ホバリング型で海底カメラ撮影の場合は一メートルから数メートルというあたりに設定されることが多い。もちろん、搭載するセンサによって、それに適した設定が行われる必要がある。

ＡＵＶは投入された後、自動的に潜降してスタート地点へ移動し、航路点を順番に辿る調査行動へと移行する。調査ミッションの最中に何らかの異常事態が発生した場合には、バラストを投下して緊急浮上する等の行動が取られるように設定をしておく。

ＡＵＶ使用時の船のオペレーションとしては、投入して自動航行が始まった後は、音響通信が可能な範囲で待機をし、ミッション終了後に海面に浮かんだＡＵＶを探索して、接近し、回収する。船からの投入方法と揚収方法については、ＡＵＶの規模に応じて多様であり、大きな物はクレーンが使われたり、ＡＵＶ専用の着水・揚収装置（Launch And Recovery System：ＬＡＲＳ）が使われたりする。観測海域が港から近い場合には、岸壁からクレーンで降ろし、小型船で調査海域まで曳航して往復するという運用が行われることもある。

おわりに——水中ロボット利用の展望

本論では、水中文化遺産の調査に利用されている機器やこれからの応用がさらに期待される水中ロボットについて概説した。人間の活動範囲を超える大水深での水中文化遺産調査には、水中探査機器の利用が今後ますます進んでいくと思われる。最後に、水中機器を用いた実際の調査例について触れる。

一つ目は、先にも述べた、米国にある五大湖の一つ、ヒューロン湖サンダーベイに存在する遺構調査である。ヒューロン湖北部サンダーベイの一帯には、実に沢山の沈没船が湖底に横たわっており、アメリカ海洋大気庁（NOAA）とミシガン州が共同管理するサンダーベイナショナルマリンサンクチュアリに指定されている。また、ミシガン州のアルピナには、これらの調査研究を行っている五大湖海事遺産センターが設置されている。このあたりは海上交通の要衝であり、船舶の火災、氷結、衝突、嵐などによりサンダーベイの中や周辺で過去に二〇〇隻近くが遭難したとされている。

海とは違って、ヒューロン湖は淡水であり、低温であるため、湖底に沈んだ沈没船の保存状況が非常に良く、NOAAとしてはこの水域をさらに拡大したナショナルマリンサンクチュアリとして保存・管理する計画としている。水深一〇〇メートルを超える大水深にも、多くの沈没船が発見されており、木造のスクーナーから、蒸気船、貨物船にいたるまでが存在し、遺品も数多く残されている。このため、大水深の湖底は、まさに多様な時代を封じ込めたタイムカプセルであると謳われている。

観光資源やアウトリーチとしても、博物館のすぐ横から遺跡を巡るグラスボートが運航されており、筆者が調査で滞在していた時には、小学生のグループが大勢でグラスボートに乗って、浅瀬にある沈没船を観測しながら「Shipwreck!（沈没船だ）」とはしゃいでいた。

筆者は二〇一一年から二〇一二年にかけて、ウッズホール海洋研究所（WHOI）に客員研究員として滞在しており、この間に東京海洋大学、WHOI、NOAAの共同研究チームを立ち上げて、既に発見されて場所が判明している沈没船の中から、情報が不足しているものを数隻選び、曳航体を使って画像撮影に重きを置いた調査を行った。図10は、この調査で撮影されたスクーナーの舵輪である。

図10　ヒューロン湖の底に沈むスクーナーの舵輪

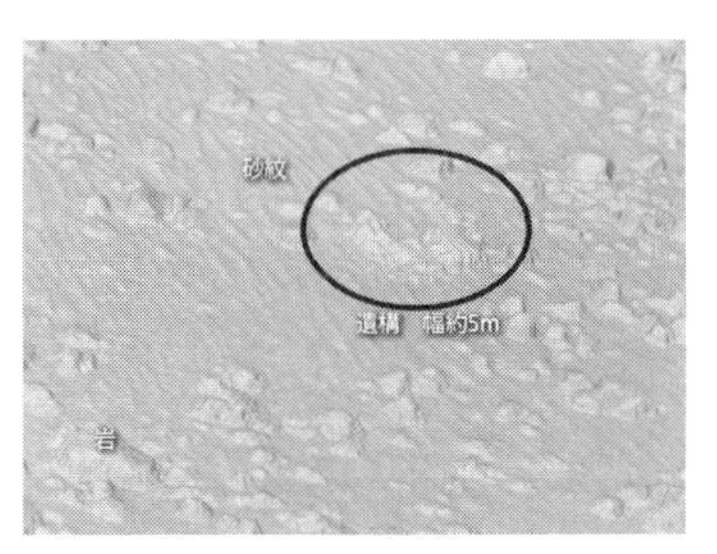

図11　海底のバシメトリ

図12　初島沖海底を調査中のBA1

二つ目は、静岡県熱海市初島の沖に沈んでいる、江戸時代の木造船の遺構である。こちらは、あらかじめ場所の情報がはっきりとしている小さな遺構であるが、AUVを投入して周辺を含めた調査を行うことを計画しており、まずは、小型船にマルチビーム音響測深機を搭載して海底の詳細地形を計測した。これにより得られた三次元海底地形（バシメトリ）を図11に示す。丸で囲んだところに木造船の遺構がある。その後、AUVが調査を行っている様子を図12に示す。残念ながら、このときはGPSアンテナが故障して使えなくなり、正確な位置への誘導ができず、遺構をわずかに外れてしまった。

この遺構は、水深二〇メートル程度の比較的浅い海域に存在しており、この時の調査でいくつかの教訓が得られた。遺構が浅いところにある場合には、太陽光が遺構を照らすため、時々刻々と照明条件が変化する。このため、カメラと照明を現場の環境条件にあわせて設定しても、調査時間がかかると、なかなか一定の撮影結果が得られなかった。工業用のカメラを使っているために、市販の一眼レフカメラのように、一枚一枚瞬時に全自動で設定を合わせる機能は備わっておらず、技術的な工夫が必要であることを認識した。今後は、これらの課題を克服するシステム開発を行いながら、さらに調査を継続して進める計画である。

本論は、技術専門的な表現が多くなり、理解しづらい点が多々あったかと思われるが、水中調査技術の発展が、今後の水中文化遺産の発見と調査、さらには先人の築いた文化理解への一助となれば望外の喜びである。

水中文化遺産をめぐる日中韓の行政比較
――「周知の埋蔵文化財包蔵地」を焦点に

中田達也

はじめに

例えば、東京文化財研究所資料閲覧室に行くと、整然と並ぶ中国や韓国の考古学や美術の雑誌・書籍に触れることができる。それらを一瞥すると、改めて日中韓が一衣帯水の距離にあって、文化的にも歴史的にも緊密な関係にあると実感できる。それら国々の交易を長く繋いできたのは、海洋であった。海を通じて、多くの文物や人が往来してきた。そのなかで起こった出来事の片鱗は、水中文化遺産というタイムカプセルとなって海底に眠っている。ゆえに、それらを丹念に調査し、保存するということは、往時の物証を未来世代へ継承する知的営為である。それを実現しようとする文化行政のありようは、国が自国の歴史や文化をどのように考えているかを映し出す鏡となる。

そのため、時として文化行政は国威発揚の具に使われることもある。戦前の日本も、神仏分離や神道国教化にあって、夥しい寺院や仏像などが破壊される一方、神道に関する文化財保護に重点が置かれたこともあった。現在でも、いずれかの地域や事物を強調して公衆の耳目を集める文化行政はありうる。

このことは、日中韓においても、まま起こることである。例えば、中国では、二〇〇五年に永楽帝の命による鄭和艦隊（宝船とも称される）の初出帆六〇〇周年を記念して大々的なセレモニーが行われた。彼の故郷雲南省昆陽（旗艦名も昆陽）には鄭和公園があり、江蘇省南京市の宝船廠遺跡公園には、鄭和が使用したのとほぼ同規模（全長六三・二五メートル、幅一三・八メートル、高さ三八メートル、一三〇〇トン）の復元船（船内は古代航海科学技術博物館）が展示されている。他方、韓国では、一九七三年から文化財管理局（現文化財庁）が海軍の力を借りて、李舜臣と豊臣秀吉の出兵軍との戦域海底（鎮海湾、漆川湾、慶尚南道の南岸一帯）を探索する調査を計六回行った（兪二〇一〇、三二一―三三頁）。また、二〇〇八年から一〇年間、総額三五〇〇万ウォン（約三六〇億円）をかけて、慶尚南道が先の海域に沈む亀甲船の探査と引揚げのための調査を行っている（西谷二〇一三、三一―四頁）。そうしたなか、その戦いを描いた映画「鳴梁――渦巻く海」は、二〇一四年八月に公開されて間もなく累計入場者数一六〇〇万人を突破した。この現象は、先の海底探索に対する国内外の関心を更に高めることだろう。

翻って日本では、中韓のような動きはない。戦後、文部省外局として文化財保護委員会が設置され（一九五〇年）、一九六八年に文化庁が設置されるにともない同委員会は廃止された。文化庁は、一九五四年の文化財保護法改正以降、「周知の埋蔵文化財包蔵地」という文言を新設し、遺跡台帳と遺跡地図の充実に努めてきた。二〇一四年八月現在、その登録数が四六万ヵ所となっている現状は何を意味しているだろうか。これを検討するのが本章の目的である。そのためには、「周知の埋蔵文化財包蔵地」という文言の意義を明確にする必要がある。このことが重要なのは、水中文化遺産保護条約（以下、条約）が許可制を設けているのに対し、その文言は届出制と連動しているからである。水中文化遺産の主務官庁は文化庁であり、特に一九六四年からは埋蔵文化財行政を地方行政主体に委ねてきた経緯から、届出制の背景を考察することは、日本の埋蔵文化財行政の本質を探究することでもある。この行政は、水中文化遺産を対象とする行政とも密接に関連している。

そこで、本章では、水中文化遺産を想定した文化財行政の最近の動きを中国、韓国および日本の順にみてゆく。それらの比較から、日本の水中文化遺産行政の展望を導こうとするものである。なお、水中文化遺産という文言について、一般に中国では水下文物、韓国では水中文化財または埋蔵文化財、日本では水中遺跡または「周知の埋蔵文化財包蔵地」と呼称されていることをお断りしておきたい。

一　中国の水中文化遺産行政

法制度の発展と現状

制度設定の背景（一九八七年）

中国は、一万八四〇〇キロメートルの海岸線と領海を含む三〇〇万平方キロメートル以上の海洋をもつ。領海には、少なくも二〇〇〇隻の沈没船があるとされ、古代水没都市や水没遺跡を含む一〇〇以上の遺跡もある（Jixiang 2011: 201）。しかし、それらを法的に保護する制度がないことが明らかとなる出来事が生じた。インドネシアのスマトラ島東海岸沖で一七五二年に沈没したオランダ東インド会社船ヘルデルマルセン（Geldermalsen）号の「ナンキン・カーゴ」が、一九八六年にオランダのオークションで競売にかけられたことである。それは、何千もの中国陶器と一〇〇以上の金のインゴットで、約二二億円（£10 imillion）を超える値がついた。このとき中国は、水下文物の引き揚げとその所有権を主張できる法律をもたないことにショックを受けた（Lina 2014: 1063-1064）。

そこで、一九八七年に中国歴史博物館（現中国国家博物館）が、博物館内に水下考古学研究室を設置した。文物の行政主体は文化部と国家文物局に大別され、前者は国務院による政策を、後者は文化財保護の最高機関として文物保護行政や博物館の管理運営を担う。国務院は、一九八九年一〇月二〇日に「水下文物保護管理条例」を制定した。

水下文物保護管理条例（一九八九年）

全一三条からなる法律の要点は、次の四つである。第一に、文言の定義である。「水下文物」は、歴史的、芸術的および科学的価値を有する人間の文化遺産、および次の水域における遺跡をいう。（1）中国の内水および領海に存する中国に起源を有する、または未確認の起源を有する、もしくは外国起源の全ての文物、（2）中国領海の外側ではあるが中国の法律によって中国の管轄権に入る海域に存する中国起源を有するまたは未確認の起源を有する文物、（3）外国の領海の外側ではあるが、ある国の管轄権に入る海域、または公海にある中国起源を有する文物（二条）。

第二に、水下文物の価値に基づき、国務院、省政府および直接中央政府下にある自治地域および直轄市は、国または省レベルで、水下文物の保護単位および水下文物のため保護区（reserves）を決定、公表できる（五条）。

第三に、中国の管轄下の海域では、水下文物に関する考古学探査または発掘活動を行おうとするいかなる単位または個人も、国家文物局に申請を行い、関連データを提出するというワン・ストップ体制が敷かれる（七条）。この仕組みのもと、国家文物局は本法の解釈に責任をもち、その実施規則も定式化する（一一、一二条）。

第四に、本条例の規定に反して水下文物を損傷し、または許可なく水下文物を探査、発掘または引き揚げ、もしくは水下文物を秘密に隠し、分け合い、密売買し、不法に販売しまたは不法に輸出する者は、行政罰または刑事罰が課される（一〇条）。

国家水下文物保護センターの設置（二〇〇九年）

国家文物局は、二〇〇九年に水下文物に特化した唯一の研究機関として、国家水下文物保護センターを設置した（以下、保護センター）（Jixiang 2011: 201）。同センターは、自治体や地方の水中考古学研究所と連携する。特筆すべきは、福建省と広東省のそれである。二〇〇九年に福建省では、水下文物保護の規定を追加した中国初の「文物の保護および管理の福建省規則」が提起された。また、広東省は「水下文物保護管理条例」実施のための広東省施策を策定した。

水下文物保護行政の実践

こうして、国と地方の制度が有機的に結びついて発展するなか、中国独自の水中文化遺産の象徴的な保存例を紹介したい。それらは、条約が推奨する第一義的な選択肢「原位置保存」（*in situ preservation*）に応えるものであるとされる（条約附属書規則一）。

白鶴梁水下博物館

一つは、白鶴梁水下博物館（二〇〇九年開館）である（http://www.cqbhl.com.cn/）。これは、重慶市涪陵（ばいりょう）区で発見された水中碑文を保存すべく造られた博物館であり、水没遺跡を原位置のまま、それを基点として建設された。揚子江中流域の長江三峡下流にあたる場所の中ほどにダムを建設することになって、これが一九九三年に着工されると、その地域から数千もの陶器類、漆細工や青銅品が発見された。これを受け、二〇〇〇年に国務院が三峡プロジェクト設立委員会を設置した。そして、海抜下一三五メートルの考古学現場を保存する行動が始められ、三峡ダムの竣工までに一〇七四の遺跡や遺物が保存された（Jixiang 2011: 202-203）。

南海一号プロジェクト

いま一つは、広東海上シルクロード博物館である（http://www.msrmuseum.com/）。一九八七年、約八〇〇年前の宋元代沈没船が、広東省台山（タイシャン）県川山群島沖合で発見された。同地点は、広東省珠江（シュコウ）河口から約二〇海里の地点（水深二四メートル）にある。そこは伝統的な漁業水域（トロール漁業）だったので、沈没船には脅威であった。そこで、一九八九年に中国政府認可のもと、中国歴史博物館と日本水中考古学研究所（田辺昭三、一九三三―二〇〇六年）が共同で調査を実施する際、公式にこの沈没船は「南海一号沈没船」と名づけられた。

その後の調査で海中視界の悪さ、潮流や天候によるスタッフの安全性などが指摘されたことを受け、南海一号自体を引き揚げて博物館に移設させる案が出た。それは、現場の海底堆積層に穴をあけ長さ五〇メートルの海底土を切り取り、沈没船自体をクレーンで持ち上げ、沿岸に建設された博物館の内部にこれを移設するという施設内保存（*ex situ*）であった（二〇〇七年実施）（Jun 2011: 361-363）。その施設は、広東海上シルクロード博物館（二〇〇九年開館）の呼び物である。つまり、南海一号があった海底とほぼ同じ海洋環境を施設内プールに再現し、そこに海底土ごと移設された南海一号を展示したまま発掘調査するのである。二〇〇九年と二〇一一年には、調査によって船体の左右舷板や船首などが確認された（後藤二〇一三、二〇―二一頁）。

海洋進出との関連

国威発揚と水下文物

中国のいう周辺海域とは、東南アジアの大陸棚縁辺部、日本、台湾、フィリピンおよびインドネシアの円弧状の隣接海域を擁し、海洋文化が繁栄、発展および拡張した中国の東南海岸を収斂させる海域である（Chunming 2011: 245）。この海域において、中国は目下、水下文物を媒体として海洋進出を行おうとしている段階にある。

例えば、冒頭に触れた鄭和艦隊について、分遣隊が訪れたとされるケニア沖ラム島付近の九隻の沈没船につき、二〇一〇年に中国とケニアが共同研究に着手した（Lina 2014: 1065-1067）。同調査には中国商務省が二〇〇〇万元（約二億六〇〇〇万円）を負担し、調査先のケニアで面談した女性がＤＮＡ検査で中国人の血を引いているということで、南京中医薬大学（一九五四年設立）に招待留学を受けた（木村二〇一〇）。

西沙諸島にワークステーション設置（二〇一二年）

二〇〇七～二〇一一年に、第三次国家文物調査プロジェクトとして、渤海、黄海、東シナ海（台湾海峡を含む）および南シナ海（西沙諸島および南沙諸島における中国の管轄区域を含む）の調査が行われ、約一〇八の水下文物が確認された。二〇一一年四月、中国は西沙諸島の水下文物を調査し、二六の水下文物（西沙諸島における水下文物の五〇％以上）が違法に破壊、発掘されているとした。また、スカボロー礁の黄岩島付近にある明朝の沈没船は、外国船によって商業的な引き揚げおよび違法な輸出が行われている合理的な疑いがあるとのことであった。かかる情報を受け、国家文物局と保護センターは、二〇一二年に南シナ海水下文物事務所と西沙諸島のワークステーションを設置した（Lina 2014: 1065-1067）。

国家文物局と国家海洋局の連携（二〇一〇年～）

国家文物局は、保護センターと連携し、目下、水下文物監視システムの構築、水下文物保護基盤の確立、研究の促進および文化遺跡の保護技術の発展、並びに世界文化遺産としての「海のシルクロード」宣言などを目指しているところである。その一環で、二〇一〇年に国家文物局と国家海洋局は「水下文物保護の協力枠組協定」に署名し、両者共同してこれにあたり、「水下文物保護管理条例」執行のための巡視も行うことになった（Yiran 2014: 732-733）。次いで両局は、中国の管轄権海域における文化財合同法律執行に関する初の会議を開催した（二〇一一年）。また、その執行活動を担保すべく、沿海部の一一ある第一級行政府（省・自治区・直轄市）の文物、海洋部門の責任者および公安省国境警備局、国家文物局、国家海洋局の担当部門の責任者が協議し、「水下文物合同法律執行活動に関する国家文物局と国家海洋局の職責」が採択された[1]。

海軍との連携システムへ（二〇一三年）

二〇一二年には、全国人民代表大会で海洋強国政策が決定された。また、その翌年の全国人民代表大会で国家海洋局が統合再編され、中国海警局の名義で海上権益維持のために法執行を行えるようになった。また、これが実現できるよう海洋の法執行機関と海軍が連携するシステムに移行した（二〇一三年）（岡村二〇一四、一三三―一三八頁）。そして、同年末、中国は南シナ海で沈没した船舶の所有権を主張し始めた。中国は他国に南シナ海での沈没船回収などの行為が違法だと訴え、海洋監視船での取締りを強化している。

二　韓国の水中文化遺産行政

新安沈没船の発見（一九七六年）

新安沈没船前史（〜一九七四年）

韓国の西南海岸一帯には、多くの外国沈没船が漂着したと伝えられる。冒頭で紹介した李舜臣率いる亀甲船のほか著名なのは、一六五三年に済州島に漂着したハメル（Hendrik Hamel、一六三〇―九二年）が乗船したオランダ東インド会社の交易船デ・スペルウェール号（De Sperwer）である。一九八〇年には、ハメルの上陸地点とされる済州市安徳面沙渓里の海岸付近中腹に韓国とオランダの共同出資でハメル漂流記念碑が建造された。また、ハメルが済州島に漂着して三五〇周年の二〇〇三年を、在韓オランダ大使館は「ハメルの年」として、南済州郡のハメル展示館を建造した。次いで、ホルケム市（Gorcum）と姉妹都市となった二〇〇七年を記念して康津郡はハメル記念館を開館した。また、二〇一三〜一六年には国や郡の予算で、記念館周辺をハメル村に拡充しスペルウェール号も復元するという。この他、ハメルらが脱出した地である麗水の市長が、二〇一二年、オランダ大使を招いてハメル博物館の開館式を催した。

とはいえ、外国沈没船の船体が直接確認されたのは新安沈没船（一九七五年）が初である。水中発掘調査は、一九七六年から開始された。二〇一一年現在、韓国における水中文化財の発見は、一九七一年以降、約二四二例に及ぶ。現在まで一八ヵ所、九万四五〇〇の遺品、一一の沈没船、忠烈王（一二三六―一三〇八年）王朝の九つの韓国船、二隻の中国船（新安船と珍島船）という成果となっている（Cha 2011: 426, Moon 2011: 725-726）。

新安沈没船（一九七六〜一九八四年、一一次調査）

一九七五年七月、新安沖合の荏子島と曾島の中間四キロメートル地点で、ある漁業者が青磁を引き揚げた。その話が伝わるうち、その重要性が認識され、売却行為は文化財保護法違反として、売却した者は逮捕、遺物は没収となった（一九七六年一〇月）（三杉一九七八、一一九―一四二頁）。

一九七六年一〇月一四日には、文化財管理局が調査に着手した。翌日、新安郡庁と木浦警察が協力して郡行政庁船舶で沈没船現場を踏査した。かくして始まった発掘調査は、一九七六〜八四年一一次に亘った。その成果は、全長約二八メートル、幅約九メートルの木造帆船の船体、陶磁器二万六七九点、金属品七二九点および銅銭二八トンなど、貴重な一括遺物であった。さらに、木簡の記載や他の遺物の分析から、寧波を一三二三年に出港し博多に向かう途中に難破した元代の中国船ということも判明した（森二〇〇一、五二―五三頁）。この発掘調査は、海軍の協力によって成功した。

改正文化財保護法（一九八三年）と海軍関与の希薄化

改正文化財保護法（一九八三年）

ここでは、ユネスコの「水中文化遺産に関するワールド・レポート」として公開されている「水中文化遺産の保護に関する韓国の法令――水中発掘の成果と水中文化遺産保護条約」という文書から、本章との関連で三つを抽出する。

第一に、韓国の文化財保護行政は、文化財保護法が制定された一九六二年に始まる。その後、二〇一〇年には文化財保護法を補完すべく「埋蔵文化財の保護および調査に関する法律」が制定された。第二に、水中文化財の調査は、地表調査と発掘調査に大別される。地表調査については、文化財庁の登録および許可によってこれを行うことができ、現在六組織が登録されている。重要なのは、水中文化財の発掘に専ら責任を負い、それを行うよう容認された唯一の主体が国立海洋文化財研究所ということである。第三に、文化財庁は、条約を批准するにあたっての争点を検討すべく、外務省および国土海洋部と協議する。(2)

新安沈没船の調査が進むなか、水中文化財が地表調査対象として明記されたのは、文化財保護法が改正された一九八三年である。この改正によって、「土地・海底または建造物など」となった。一九八三年改正法第四三条では、海底遺物もまた埋蔵文化財であると明示した。

水中文化財の調査は、地表調査と発掘調査に大別される。発掘調査の場合、その特殊性を勘案し、国立海洋文化財研究所が一元的に調査する。一般の調査機関は地表調査には参加できても、発掘には参加できない。そのため、徐々に増えている民間機関は徐々にストレスを感じるようになってきている。

海軍関与の希薄化

莞島（ワンド）郡の無人島漁頭里（オドゥリ）から約七二メートル離れた地点の海底（水深一五メートル）で、沈没船が一九七七年に発見された莞島沈没船の発掘調査（一九八三～八四年）では、海軍の潜水訓練を受けた調査要員の能力が高まったので、途中からは海軍の直接的な関与なく遂行された（趙一九九一、二一四頁）。また、この時の成果たる遺物約三万二〇〇〇点（十一世紀高麗時代と判明）と船体は復元され、現在、国立海洋文化財研究所に展示されている。また、一九八九年に木浦市達理島（ダルリド）の漁場で泥上に露出した船体と遺物の一部が発見された例では、再びその周辺から高麗時代後期の陶磁器などが発見されたことを受け、国立海洋遺物展示館が発掘調査を行い（一九九四～九五年）、船体を原形のまま引き揚げた（石原二〇〇五、五八頁）。次いで、二〇〇二年には、郡山港から南西四三キロメートルの海上にある郡山市飛雁島の北東一キロメートルで発見された高麗青磁が届け出られた。これを受け、国立海洋遺物展示館が発掘調査を行った。その第二～五次調査までは同館が中心となったので、韓国の担当者によれば、この調査以降、同館だけの力で水中発掘調査団が組織されるようになったとのことである（Moon 2011: 299-300）。

そして、二〇〇七年に政府が文化財庁と共同で保護区を設定し、ダイビング活動や漁業活動を禁じた上で行われた泰安の発掘調査では、高麗時代の約二万五〇〇〇点の遺物と船体自体が引き揚げられた。その翌年に付近海域が史跡に指定されたことで、二〇一一年に「泰安保存センター」が設置され、二〇一五年のリニューアルを待っているところである。

国立海洋文化財研究所（二〇〇九年～）

国立海洋遺物展示館（一九九四年～）

新安沈没船遺物保存のため、一九八〇年に「木浦海洋遺物保存処理所」が設置された。それが一九九四年には、国立海洋遺物展示館となった。同館は、先端技術の装備と潜水能力を備えるスタッフが水中発掘調査団を結成し、調査活動を体系的に実施した。二〇〇三年には、国内唯一の水中発掘調査専門機関として同館内に水中発掘課が新設された（兪二〇一〇、三二―三三頁）。そして、新安沈没船発掘調査から三〇周年を機に、二〇〇七年に同館は国立博物館となった（金沢二〇〇七、五五―六〇頁）。二〇〇九年には職制改正で国立海洋文化財研究所と改称され現在に至っている（http://www.seamuse.go.kr/）。

三　日本の水中文化遺産行政

日本では、水中遺跡につき二〇〇〇年に文化庁が地方行政主体にアンケートを行ったところ、三七九市町村から海洋や河川および湖沼で二一六ヵ所が報告された（文化庁二〇〇〇）。二〇一三年には、アジア水中考古学研究所（Asian Research Institute of Underwater Archaeology, ARIUA）が、「水中文化遺産データベース作成と水中考古学の推進プロジェクト」（二〇〇九〜一二年度）を実施し、海洋遺跡の国内分布状況を四五二ヵ所と確認した。

水中遺跡については、文化庁の通知「海底から発見された物の取り扱いに関する疑義について」（文委庶第二六号、一九六〇年三月一五日）が、文化財保護法の適用は領海までとしたことが重要である。また、領海から引き揚げられた遺物は埋蔵文化財として扱われる（法制局一発第二号、一九六〇年九月一八日）。本章で扱う「埋蔵文化財包蔵地」という文言は、一九五四年の文化財保護法改正で新設されたものである。

したがって、水中遺跡は埋蔵文化財行政の範疇にある。二〇一四年現在、「周知の埋蔵文化財包蔵地」（文化財保護法九三条）は、全国に約四六万ヵ所あって、年間約九〇〇〇件の発掘調査が実施されている。二〇一三年には、（独）九州国立博物館が文化庁からの受託で、上述の文化庁二〇〇〇年版データをもとに、その後の追加アンケートを行った。それによれば、海洋の遺跡に限れば一一一遺跡、うち沈没船が確認されたのは二五遺跡、また潜水調査で確認されたのは六遺跡であった。「周知の埋蔵文化財包蔵地」の登録は、約半数であった（九州国立博物館二〇一三、二頁）。

埋蔵文化財包蔵地という法概念

改正文化財保護法（一九五四年）

文化財保護法は、保護すべき文化財として、有形文化財、無形文化財、有形民俗文化財、無形民俗文化財、史跡、名勝、天然記念物、伝統的建造物群、埋蔵文化財を列挙する。これらは、いずれも重要文化財として指定されたものが保護される制度である。ひとり埋蔵文化財だけが、発掘調査によって初めて保護すべきかどうか判明するため、遺跡として周知された対象については、いきなり破壊されないような法構造となった（矢島二〇〇五、二三六頁）。その趣旨は、濫掘などによる遺跡破壊を防止するためであり、水中遺跡についても、ダイバーなどが勝手に遺物を引き揚げ、遺跡の現状を改変することはできない（文化庁二〇〇〇）。

ここで、埋蔵文化財の特徴は、復元できないという点にある。それは、土地と一体不可分なので、いったん土地の掘削などで原状が改変されれば、二度と元の状態には戻らない。この特徴に鑑み、一九五四年の文化財保護法の改正では、増え始めた開発に伴う発掘調査（緊急調査）に届出制を導入した（五七条の二、現九二、九六条）。この調査は、増える開発事業にあって、多くを破壊せざるをえない現状に鑑み、唯一の資料として耐えうる記録保存に代替するというものである。このとき、遺跡が存する地域の重要性という基準によって選定すると、その基準から漏れるものが出てしまう。かかる懸念を克服すべく「周知の埋蔵文化財包蔵地」という制度が活きてくる。そこでは、行政担当者が知るに至ったあらゆる埋蔵文化財と他の埋蔵文化財を等価に扱う。こうして指定ではなく登録による制度上の保護を図ったので、事業者には厳格な法規制ができなくなった。そこで、工事にともない実施される記録保存にかかる経費を施工業者が負担する「原因者負担」は行政指導によって行われてきた。よって、容易にこれを許可制にできない。

史跡と「周知の埋蔵文化財包蔵地」

文化財保護法は、史跡に指定された遺跡と「周知の埋蔵文化財包蔵地」の扱いを峻別する。埋蔵文化財は、土中に埋蔵されている文化財という意味なので、一見、遺物のみを指すようにみえる。しかし、文化財保護法は、土中に包括されている遺物のみでなく、それを包括する場所も文化財に含めた。これは、日本の領海内であれば、海中に沈んでいる物およびその周辺が「周知の埋蔵文化財包蔵地」に登録できるということでもある。ここで注意すべきは、「埋蔵文化財包蔵地」に登録されたのみでは、行政がこれを保存することにはならないことである（坪井一九八六、四一二―四一六頁、坪井二〇〇〇、二三―二四頁）。史跡指定が目指されるべき所以である。

「周知の埋蔵文化財包蔵地」と水中遺跡

「周知の埋蔵文化財包蔵地」の最大の特色は、地方行政主体の担当者にその存在を知られれば、特に指定行為といった手続きを経ずに保護対象にできることである。この点、実務では、地方行政主体によっては、一点でも遺物が出れば包蔵地とするものもあれば、遺物は出ていないが、時代的に明確な土層がある場合には包蔵地とされることもある。また、埋蔵文化財は出ているが「周知の埋蔵文化財包蔵地」にしないということもある（伊藤二〇〇五、一〇―一一頁）。このまちまちな地域実行に対し、文化庁は「周知の埋蔵文化財包蔵地」を特定するための基準を設けてきた。そのうち重要なのは、「埋蔵文化財発掘調査体制等の整備充実に関する調査研究委員会」の報告に基づく文化庁通知である（一九九八年九月二九日付庁保記第七五号）。この通知は、「周知の埋蔵文化財包蔵地」の制度が、法律で等しく国民に保護を求めるので、地方行政主体間で著しい不均衡が生じないよう求めている。また、「埋蔵文化財の保護と発掘調査の円滑化について」の文化庁次長通知（一九九八年）では、原則として対象を中世以前に置き、近世以降は、地域が「特に重要なもの」と捉えるものという行政基準も示した。

陸上四六万ヵ所の「周知の埋蔵文化財包蔵地」に対し、水中は文化庁（二〇〇〇年）によれば二一六ヵ所、ARIUA（二〇一三年）によれば四五二ヵ所である。そのうち「周知の埋蔵文化財包蔵地」に登録されたのは海洋の遺跡で五一である。[3] そうなると登録から漏れた水中文化遺産は多く存することになるが、それらに水難救護法の適用を考える担当者がいると仄聞する。しかし、文化財行政の担当者が、文化財保護法の手続きに繋がることのない水難救護法を適用対象の選択肢にするのは奇異である。

鷹島国史跡指定（二〇一二年）と水中遺跡調査検討会議（二〇一三年〜）

鷹島神崎遺跡の埋蔵文化財包蔵地登録（一九八一年）

鷹島町は、長崎県北西部の伊万里湾口に浮かぶ島で、約七〇〇年前に元の来襲があった場所である。鷹島海底遺跡は、一九八一年七月二〇日に「周知の埋蔵文化財包蔵地」に登録された。その範囲は、鷹島南岸全域、具体的には東側干上鼻から西側雷岬の総延長七・五キロメートル、汀線から沖合二〇〇メートルまでの一五〇万平方メートル（水深約二〇〜三〇メートル）である。この海域では、かつて地元漁師が遺物（壺類や碗類など）を引き揚げており、文献にも「弘安の役」（一二八一年）の暴風雨で約四四〇〇隻の軍船が難破したという記述がある。しかし、この場所が「周知の埋蔵文化財包蔵地」登録の直接の契機となったのは、文部省科学研究費（一九八〇〜八二年）の一部「水中考古学に関する基礎的研究」で鷹島が選定されたからである。この調査では、海底から多くの陶磁器、碇石および石製砲弾等が発見された。また、以前に地元民が神崎海岸から採集した銅印が元軍の所持品だったことも判明した。

水中遺跡調査検討会議（二〇一三年〜）

その後も断続的な科研費調査が継続されるなか、二〇一一年秋、長崎県松浦市教育委員会と琉球大学の調査隊が、神崎沖合約二〇〇メートルの海底（水深二〇〜二五メートル）を約一メートル掘り下げた所から、元の軍船の一部と思われる竜骨（幅約五〇センチメートル、長さ一二メートル）を発見した（それから類推すると船の全長約二〇メートル）。そこで、松浦市教育委員会（http://www.city-matsuura.jp/www/contents/1227840289309/）は、二〇一一年七月に文部科学大臣に鷹島海底遺跡を国の史跡指定にするよう具申書を提出した。これを受けた文化審議会（二〇一二年二月）は、鷹島海底遺跡のうち多くの遺物が出土している神崎港を中心とする鷹島南岸沖合の海域約三八万四〇〇〇平方メートルを「鷹島神崎遺跡」として国史跡指定すると答申し、三月二七日付の官報で当該指定の告示がなされた。

松浦市教育委員会は、将来的な引き揚げも踏まえつつ、当面はこれを海底で沈没船を保存すると公表した。同委員会の姿勢とこれを伝えるメディアなどによる世論の盛り上がりなどを奇貨として、文化庁は文化財の復元整備・活用・保存・継承などの推進の箇所で、「水中文化遺産研究事業等」として、二〇一二年八月末に三〇〇〇万円の概算要求を行った（結果は二〇〇〇万円）。文化庁が、公式に「水中文化遺産」という文言に触れたのは筆者の知る限り、これが初めてである。

この予算使途の一環として、文化庁は水中遺跡の存在およびその調査・保存の未確立を踏まえ、水中遺跡の調査、保存および活用を検討すべく「水中遺跡調査検討委員会」が設置された。第一回の二〇一三年三月二二日を皮切りに、これまで五回が開催された。二〇一四年八月現在、第四回までの概要が公開されているので、本章と関連する箇所を抽出し、若干のコメントを加えたい。(4)

第一回水中遺跡調査検討委員会では、文化庁職員から「海底から発見された物の取扱いに関する疑義について」という通知（一九六〇年）は、現在でも有効と確認されたことが重要である。第二回では、水中遺跡の対象を、地方行政主体の区域内の海洋としたことが重要である。これは、それらに割り振られた領海一二海里内という意味である。また、排他的経済水域も念頭にあるが、議論の混乱を避けるべく、当面は日本の実情に即した行政対象に絞りたいと明言された。このことは、条約も念頭にないではないことを含意している。また、潮間帯遺跡も念頭に置きたいとされたことも重要である。条約の幾つかの骨組みは別として、水中文化遺産という文言の広がりは了知されていることの表れであろう。

おわりに

以上から、次のことがいえる。第一に、中国は、「水下文物保護管理条例」のもと国家文物局が二〇〇九年に国家水下文物保護センターを設け、地方政府などと連携しその有機的関係を強化している。この関係にあって、条約の保存スタイルに配慮しつつも、白鶴梁博物館や広東海上シルクロード博物館のような独自の水中文化遺産の保存を行っていることをみた。こうした経験を重ねるなかで、次第に行政主体は多局間プロジェクトに向かい、現状では国家文物局は海軍と連携して、海洋進出に備えているところである。その根拠となる水下文物の分布調査も継続的に行われている。その一環として、冒頭の鄭和航海六〇〇周年も位置づけられる。これらは、中国の政治システムからくるトップダウンの決定と何より国および地方の潤沢な資金提供によって可能となっている。こうした政治と文化財行政の結びつきは、現今の日本の文化財行政とは全く異なるものである。

第二に、韓国の水中文化遺産をめぐる文化財行政の特質は、国立海洋文化財研究所の発掘調査の一元化とその発展に伴う海軍関与の希薄化に尽きる。この方向性が、次第に増えゆく民間機関にとっては相当のストレスになっており、今後の趨勢によっては法システムの改正に繋がりうる可能性をみた。みてきたように、日本は文化財保護法と水中遺跡について、通知（一九六〇年）という形で、水中文化遺産の行政が可能であるが、韓国は文化財保護法に明文規定を追加することによって対応していた（一九八三年改正）。同法の特徴は、海底に散在する文化財の周辺を、執行措置を伴う保護区化することにある。こうして、一方において海軍の関与を希薄化しつつ純粋な水中文化遺産行政が運営されるようにみえる一方、慶尚南道が実施している忠武公海戦遺物調査など、国威発揚の思惑が垣間見えないでもない。また、文化財庁が、条約批准の際の争点を外務省や国土海洋部と協議していることには留意すべきだろう。

最後に、日本は、二〇一二年三月二七日に鷹島神崎遺跡を日本初の国史跡にして以降、行政も胎動しているように思われる。その象徴ともいえる水中遺跡調査検討委員会において、水中遺跡という語について、文化庁は潮間帯遺跡を含め柔軟にこの語を解釈しようとする姿勢も窺える。このことが重要なのは、本章でみた「周知の埋蔵文化財包蔵地」の制度趣旨からは、地方行政主体による水中文化遺産登録の積極性を誘発できるからである。その累積が一定量に達したところで、水中文化遺産に対する水難救護法の適用を止める良い機会とできよう。そして、これを法技術的に可能にしたところで（水難救護法に水中遺跡には適用不可とするか、文化財保護法に水中遺跡の文言を追加するなど）、これを接続水域まで適用範囲を拡張する（国連海洋法条約三〇三条二項）。これが現行の法体制でできる海洋政策である。中国のような政治と文化財行政との結びつき、また、韓国のような国家機関の一元的管理とも異なり、日本は一九六四年以降、地方行政主体による「周知の埋蔵文化財包蔵地」の登録に委ねて現在まできた。担当者の気づきによって、中韓とは異なる路線で、大いなる成果を上げられる素地は十分にある。許可制を敷く条約を議論するのは、その後である。[5]

注

（1）Available at http://www.recordchina.co.jp/group.php?groupid=56967 (visited on 27 July 2014).

（2）Moon Whan Suk, *Korean Statutes of Underwater Cultural Heritage Protection, a Product of Underwater Excavation and the Stance of the 2001 Underwater Heritage Convention:The Cultural Heritage Protection Act of 1962, Complemented by the Act on the Protection and Investigation of Buried Cultural Heritage of 2010*. Available at http://www.unesco.org/new/fileadmin/MULTIMEDIA/HQ/CLT/pdf/Korea%20WORLD%20REPORTS%20ON%20UNDERWATER%20CULTURAL%20HERITAGE.pdf (visited on 29 July 2014).

（3）第四回水中遺跡調査検討会議（二〇一四年三月一四日）で公表。

（4）筆者は、第一回のオブザーバーとして参加した。各回の開催日は次の通り。第二回（二〇一三年七月一七日）、第三回（二〇一四年一月二三日）、第四回（二〇一四年三月一四日）および第五回（二〇一四年七月一四日）である。第五回概要は、二〇一四年八月現在、公開されていない。その後、校正段階で、公表を確認した（二〇一六年六月五日）。

（5）本章は、公益財団法人三菱財団研究助成（平成二三年度　稲本守代表）「海洋紛争の解決と海洋管理政策を学ぶケースメソッドの開発」を受けて執筆された成果の一部である。本論文の校正段階までに、三つの大きな出来事があった。第一に、二〇一五年六月に中国は山東省に水下考古学研究所が設立されたことである。これは、事務室、水下考古学研究室、技術および施設、並びに文物修復室を備える組織である。また、同年一〇月に、山東省および漁業庁が、同省の管轄海域において文化遺産のための共同保護体制を構築したことである。第二に、二〇一六年現在で、中国は天津市浜海新区に国家海洋博物館の建設が進められていることである。この博物館は、国家海洋局と天津市政府が共同で管理するものである。第三に、二〇一六年三月二五日に、文化庁が『日本における水中遺跡保護の在り方について』（中間まとめ）を公表したことである。それらの評価については、他日を期したい。

参考文献

石原渉（二〇〇五）「韓国の水中考古学」（『水中考古学研究』一）五四―六一頁

伊藤敏行（二〇〇五）『周知の埋蔵文化財包蔵地の今日的課題（基調報告）』（『周知の埋蔵文化財包蔵地の諸課題』、平成17年度第1回埋蔵文化財行政研究会発表要旨、埋蔵文化財行政研究会）五―一五頁

岡村志嘉子（二〇一四）「中国の『海洋強国』と海洋関係法制――国家海洋局の機能強化を中心に」（『外国の立法』二五九）一三三―一三八頁

金沢陽（二〇〇七）「新安海底遺跡と一四世紀アジアの海上貿易（新安沈没船引き揚げ30周年記念国際シンポジウム）」（『陶説』六四七）五五―六〇頁

木村正人（二〇一〇）「中国とケニア――明の名将・鄭和の艦隊難破船を共同調査」（『産経新聞』二〇一〇年七月二九日、NHKエンタープライズ『偉大なる旅人鄭和』［DVD、二〇〇六年］参照）

九州国立博物館（二〇一三）「水中遺跡の保存活用に関する調査研究事業の報告（平成二五年度委託事業の概要）」（『「水中遺跡の保存活用に関する調査研究事業」について』、九州国立博物館）一―三七頁

後藤雅彦（二〇一三）「中国における水中考古学研究と沈没船」（『考古学ジャーナル』六四一）一九―二三頁

趙由典（一九九一）「韓国における水中考古学の調査の現状と課題（郭鐘喆訳）」（『九州・沖縄水中考古学協会会報』一―三・四）二―四頁

坪井清足（一九八六）『埋蔵文化財と考古学』（平凡社）

坪井清足（二〇〇〇）『東と西の考古学』（草風館）

西谷正（二〇一三）「日本とアジアの水中考古学」（『文化庁水中遺跡調査検討委員会事例報告資料』六）一―七頁

文化庁（二〇〇〇）『遺跡保存方法の検討——水中遺跡』（文化庁）

三杉隆敏（一九七八）『世紀の発見——新安沖海底の秘宝』（六興出版）

森達也（二〇〇一）「韓国・新安沖沈没船遺構——青磁」（『季刊考古学』七五）五二—五三頁

矢島國雄（二〇〇五）「文化財保護の理念」（『第3次埋蔵文化財白書——遺跡の保護と開発のはざま』、日本考古学協会）一二六—一三九頁

兪炳琭（二〇一〇）「韓国における水中考古学の現況」（『第2回日韓共同水中考古学研究会』、アジア水中考古学研究所）一二五—一三八頁

Cha, Mi-Young, 2011, ‘Conservation of Shipwreck in Korea’, *2010 International Meeting on Protection, Preservation and Valorisation of Underwater Cultural Heritage,* ed. Liu Shuguang et al.: 425-430, Beijing: Cultural Relics Press.

Chunming, Wu, 2011, ‘Archaeological and Ethnological Research Pertaining to Underwater Cultural Heritage in China’s Surrounding Seas’, *2010 International Meeting on Protection, Preservation and Valorisation of Underwater Cultural Heritage*, ed. Liu Shuguang et al.: 245-263, Beijing: Cultural Relics Press.

Jixiang, Shan, 2011, ‘From Underwater Archaeology to Underwater Cultural Heritage Protection: Speech for the International Meeting on the Protection, Presentation and Valorization of Underwater Cultural Heritage’, *2010 International Meeting on Protection, Preservation and Valorisation of Underwater Cultural Heritage*, ed. Liu Shuguang et al.: 199-205, Beijing: Cultural Relics Press.

Jun, Wei, 2011, ‘Innovative Thought on the Preservation of Underwater Cultural Heritage in China: No. 1 Nanhai as a Project Example’, *2010 International Meeting on Protection, Preservation and Valorisation of Underwater Cultural Heritage*, ed. Liu Shuguang et al.: 357-371, Beijing: Cultural Relics Press.

Lina, Liu, 2014, ‘A Chinese Perspective on the International Legal Scheme for the Protection of Underwater Cultural Heritage’, *Proceedings of the 2nd Asia-Pacific Regional Conference on Underwater Cultural Heritage*, ed. H. van Tilburg et al.:1063-1072 , Honolulu: APCONF 2014.

Moon, Wha-Suk, 2011, ‘Introduction on Underwater Excavation of Cultural Heritage in Korea’, *2010 International Meeting on*

Protection, Preservation and Valorisation of Underwater Cultural Heritage, ed. Liu Shuguang et al.: 299-305, Beijing: Cultural Relics Press.

Moon, Whan-Suk, 2011, 'The Introduction of Conservation Treatment of Maritime Artifacts in Korea', *Proceedings on the 1st Asia-Pacific Regional Conference on Underwater Cultural Heritage*, ed. M. Staniforth et al.: 725-731, Manila: National Museum of the Philippines.

Yiran, Fan, 2014, 'Underwater Cultural Heritage Conservation and the Convention Practice in China', *Proceedings of the 2nd Asia-Pacific Regional Conference on Underwater Cultural Heritage*, ed. H. van Tilburg et al.:725-734 , Honolulu: APCONF 2014.

水中文化遺産としての石干見

岩淵聡文

はじめに

石干見（stone tidal weir）とは、非機械的陥穽具として分類される障壁漁具もしくは定置漁具の一種で、汀線から沖に向かって半円形、方形、馬蹄形、矢尻形に石を積み上げた構築物である。高潮時に石干見は海中に完全に水没する。ところが、下げ潮から低潮時にいたり、石干見はその全貌を干潟地にあらわす。その際に、石干見の中には障壁のために逃げ遅れた魚類が残留することになり、これらが傷害漁具や袋網などによって捕獲される。障壁の開口部に、筌などが設置されるという場合もある（図1）。障壁の全長は、小さな石干見では数十メートル、巨大なものになると一キロメートル以上にもおよぶ。石干見はこれまで、主として文化人類学者や民俗学者、地理学者などによる調査や研究が行われてきた。しかしながら、二〇〇一年にユネスコの「水中文化遺産保護条約」が採択されて以降、石干見を水中文化遺産の一つとして取り扱うという方向性が国際的にも打ち出され始めている。二〇〇九年に出版された水中考古学の標準的な英文の教科書にはスコットランドの石干見の写真が初出掲載され（Bowens 2009: 19）、二〇一二年に出版された水中考古学の和文の概説書では石干見が包括的に論じられている（岩淵二〇一二b、二四―二五頁、一九三―一九五頁）。また、二〇一〇年にユネスコから出版された南太平洋の水中文化遺産に関する小冊子では、ヤップ諸島の石干見が当該地域における代表的な水中文化遺産の一例として取り上げられている（Guérin et al. 2010: 40）。しかしながら、保守的な水中考古学者や報道機関の間では、水中文化遺産あるいは水中考古学といえば「沈没船」または「沈没船からの引き揚げ遺物」の研究であるという誤解がまだまだ人口に膾炙しており、行政の側でも水中遺跡に石干見が含まれるなどという考え方は未だに広くは受け入れられていないのが現状である。日本も例外ではないが、その一方で、石干見の国際的な研究は日本人の手により着手されたものであるという学史上の事実は動かし難く、ここにきて水中文化遺産である東アジア地域の石干見を国境を超えた枠組みの中で国際研究や共同保護の対象としていこうという新たな試みも提案され始めている（Iwabuchi 2014b: 11）。

図1　レ島の石干見

一　石干見の定義と分布

石干見とは、潮汐の潮差のみを利用して漁類を捕獲する障壁漁具である。潮差が大きく、適当な岩石やサンゴ石灰岩が入手できる海岸線では、世界大でかなり広く観察できる通常の定置漁具であるといえる。潮差は大きいが、岩石などの入手が困難な地域では、障壁の部分が木材や竹材などで作られることになる。これは、日本語では、魞あるいは簗などと呼ばれる障壁漁具である。非常に多様な類型が知られているが、基本的には、魞とは魚柵を干潟地帯あるいは浅海部に構築し、魚柵の中に魚類を自動的に追い込んでいくという陥穽具である。魚柵を構築する場所や方位は、潮汐や海岸に沿って移動する魚群の動きなどを考慮して決定される。一方、簗とは潮や河川の流れを利用して、それを魚柵により遮ることによって魚類を捕獲する陥穽具である。魞は魚を追い込むという点において、簗は流水を利用するという点において、潮汐差のみを利用して漁獲を行う石干見とは区別される。しかし、両者の間に厳密な線を引くことできない。なぜならば、石干見の中にも、障壁の位置を工夫して魚群をその先端部に追い込むような構造を有していたり、魚類が容易に逃げられない迷路のような先端部を持っているものもあるからである。

図2　澎湖諸島の石滬

石干見であると同時に魞としての機能も見られる障壁漁具に、台湾海峡の澎湖諸島に分布する石滬がある（図2）。石滬には大きく分けて、三つの類型があるという。まず第一に、その原型と考えられる石滬は、障壁の一端あるいは両端が円弧の内側に湾曲しているというものである。魚類はその習性から、障壁の内側に沿って泳ぎ、その湾曲部に入ると向きを変えて障壁内部を低潮時まで泳ぎ続ける。第二の類型は、第一のものの障壁の内側に牙と呼ばれる突堤のようなものが複数加えられたものである。障壁の上から見ると、突堤が櫛状に内側にのびているという形状になる。これも、魚類を導く魞のような役割を果たしていると考えられている。最後の類型は、石滬の先端部分に、複数あるいは単数の石滬がさらにつけ加えられたものである。複合的な石滬ともいうべきものではあるが、歴史的には比較的新しく、澎湖諸島では二十世紀に入ってから作られ始めた石滬の形態である（田和二〇〇七、一九六－一九七頁）。このうち、第二の櫛状の突堤を石干見の内側にのばして魚族を誘導するという構造は、潮差だけを利用する単純な形態の石干見にも良く見られるものではある。他方、突堤の別の機能としては、障壁や開口部を波浪から保護するという目的もある（岩淵二〇〇二、四六頁）。

類似の石干見は、太平洋のヤップ諸島にも見られている。ヤップ諸島のそれはアッチ（*aech*）と呼ばれ、基本形は矢尻形である。汀線から直角に一本、直線の石の障壁が設けられ、その先端部分に矢尻あるいはブーメラン形の障壁に囲まれた陥穽部を設置、内側に作られた開口部の中央に汀線からの障壁が続いているという形状が一般的であるのに対して、多くのバリエーションも存在している。汀線からの障壁が曲線であるという形態、障壁上に漁師の小屋が作られているという形態、汀線からの障壁がない代わりに、陥穽部をとり囲んでいる矢尻上部の障壁の両方あるいは片方がそのまま汀線までのびているという形態、一つのアッチの先に直角に一本の障壁がのびていて、その先にあるいはさらにその先にもう一つ二つの別のアッチが作られているという形態、陥穽部が二重あるいは三重になっているという形態、外側の陥穽部の障壁の一部が開口していて、そこに筌が設置されているという形態、矢尻形の陥穽部に開口部が全くなく、汀線からの障壁も欠くという形態などである（Jeffery 2013: 38-44）。このうち、単純な石干見にもっとも近い形態のアッチは、最後の類型であると考えられる。

朝鮮半島や日本に見られる石干見は、もっぱら潮汐の潮差のみを使用して魚族を捕獲するという単純な構造を持っている。石干見文化という点では、両地域には強い共通性が認められる。朝鮮半島ではその西岸部から済州島まで、石干見は干潟地帯に広く見られる。汀線から障壁が半円形に沖に向かってのびているという典型的な石干見が普通である。円弧の先端部分にすこし掘り下げられた捕魚部があり、捕魚部の場所の障壁の下には開口部がある。ここには魚柵が設けられ、低潮時にここに集まってくる魚類が集中的にここで捕獲される（田和二〇〇七、一七二―一七三頁）。石干見の円弧の先端に単数、あるいは複数の捕魚部が設けられているという構造は、日本やフランスの石干見にも一般的である。捕魚部に魚類が自然に集まってくるため、干潮の際に広い石干見内を歩き回る必要性も軽減されるのである。方言の点から、日本の石干見は九州東部を中心とする「石干見」系、九州西部を中心とする「掬い」系、南西諸島を中心とする「垣」系に分けることが可能である（田和二〇〇七、六―七頁）。潮差の大きい有明海沿岸部は日本における石干見分布域の中心で、長崎県内では最近まで約百基の石干見が現役であったが、現在では数基が残るのみである（図3）。もっとも有名であった石干見の一つに長崎県島原市有明町の「ぼらずっきい」があり、一八七九年にこの石干見は例外的にボラで一杯になり、すべてを水揚げできないうちに次の満潮が来てしまったと伝えられている。この大漁を謝して、「鯔供養塔」も海岸に建立された（図4）。石干見漁労の碑としては、世界でほぼ唯一のものである（馬場一九八九、八一九頁）。

図3　長崎県雲仙市の石干見

南西諸島では、「垣」に魚を意味する「ナ」という語頭をつけて石干見を「ナガキ」と呼ぶ場合もある。奄美諸島、沖縄諸島、先島諸島にあまねく分布していたが、動力漁船を使用した商業漁業が活発になると、石干見による漁獲は急激に減少し始め、今日では南西諸島全体でもほんの数基の石干見が使用され続けているだけである。先島諸島の小浜島では、石干見は「カスク」と総称されている。それぞれの石干見には地名などと結びつけられた準固有名詞が付与されており、全長二〇〇メートルの小浜島最小の石干見は「ダーシィー（雨乞所）のカスク」、全長八〇〇メートルの

図4　鯔供養塔

最大の石干見は「ハイラのカスク」と命名されている。形状は半円形のものがほとんどであるが、ほぼ直線に近い形態やひらがなの「し」の形のもの、耳たぶ形のものも知られている。一方、障壁の高さはそれほどでもなく、大規模な石干見でもそれが一メートルを超えるというものは報告されていない。一九七二年の時点で、小浜島全体では使用中の石干見は七基、放棄されてはいるものの障壁の積石が残存している石干見が一一基、全く消滅してしまい伝承だけが残っている石干見が九基であった。しかし、これ以外にも放棄されて伝承も痕跡も残っていない石干見はかなりの数に上るであろうと推計されている（矢野他二〇〇二、五九―六四頁）。

単純な形状の石干見は、トレス海峡の島々にも広く分布している。トレス海峡では、現在でも数多く石干見が現役の定置漁具として使用され続けており（Barham 2000: 260-263）、その概要を初めて報告したのはケンブリッジ大学のトレス海峡調査隊に参加したハッドンであった。

マブイアグ島のようないくつかの西方の島々の広い裾礁の東側にもあるが、とりわけ東方の島々には、加工していない丸石で作られた長大な障壁がある。むしろ、丸石が積み上げられているものといった方が正しく、その高さは三〜四フィートである。こうした障壁は、礁池の広い範囲を不規則に取り囲んでおり、西方ではグラツ（*graz*）、東方ではサイ（*sai*）と命名されている。北西モンスーン季になって島の風下側の海が穏やかになると、たくさんの魚が高潮時に泳いで障壁を超えてくる。しかし、夜に低潮となると逃げることができなくなり、魚たちは容易に捕獲されてしまう（Haddon 1912: 158-159）。

トレス海峡で使用されている定置漁具については、ハッドン自身が「岩や杭や柵で作られた捕魚部や陥穽部を備えた魚罠は存在しない」（Haddon 1912: 159）と明言している以上、当該地域の石干見がきわめて単純な構造を持っていたそれであるという点に疑問の余地はない。ただし、近年の調査によれば、その先端部分に朝鮮半島や日本の石干見にみられるような捕魚部もあることが明らかになってきてはいる（Barham 2000: 261-262）。

インド洋のマスカリン諸島にも石干見はあるらしいが（薮内一九七八、三六〇頁）、詳細は不明である。同諸島は大航海時代以前は無人であったため、ここの石干見は古くても十七世紀以降に作られたものであると思料される。インド洋のラクシャドウィープ諸島では、チャール（*chaal*）とパディ（*padhi*）という二種類の障壁漁具が知られている。前者は、サンゴ礁の開口部にサンゴ石灰岩を積み上げた障壁を築き、外海側を広くして、礁池側を狭くする。礁池側の端に袋網などを仕掛けることによって、外海から礁池に入っている魚類を捕獲するというものである。後者は、楕円形の障壁を汀線近くに築き、汀線側は少し開けておく。こうすると、高潮時に汀線側から障壁内に入った魚類は、低潮時にはそこから逃げ出すことができなくなる。こうして残留した魚類が魚網や傷

図5　ハワイ諸島の養魚池

害漁具により捕獲されるものである（Anand 1996: 58-59）。前者は石干見ではなく、この描写から判断する限りにおいては魞である。後者は石干見のようではある一方、汀線側の開口部への魚の追込みが行われたり、網などによると思われる開口部の閉鎖もあるらしく（Anand 1996: 59）、魞の機能も兼ね備えたそれであるとも考えられる。形状の上では、汀線からの直角直線の障壁がないヤップ諸島のアッチの先端部分の矢尻形の陥穽部が、楕円形となっているだけである。

ポリネシアのハワイ諸島にも、石干見とそれが進化した形態の養魚池（図5）が広く分布している。石干見はロコ・ウメイキ（*loko 'umeiki*）と呼ばれ、汀線から石の障壁をのばしているという形状が一般的である。しかし、円弧が一本の障壁であるというわけではなく、コの字形の短い障壁が連続して一本の円弧を形成している。短い障壁の間のたくさんの開口部が捕魚部となっており、地元民は短い障壁の端に陣取って、上げ潮の際には攩網を海側に下し、下げ潮の際には内側に下して、開口部を通過する魚類を捕獲するのである。他方、養魚池はロコ・クアパ（*loko kuapa*）と呼ばれている。形状の点ではこちらの方が普通の石干見に近い。汀線から石の障壁が半円形にのびているという形が普通で、岬と岬の間に作られたりする場合もある（Nishimura 1981: 259-260）。障壁の中の一か所、あるいは数か所が開口部となっており、外海から稚魚を養魚池内に誘導する魚道となっている。そこには魚柵が設けられ、成魚は養魚池の外に出ることはできないが、ごく小さな稚魚の出入りは自由である。通常の石干見と異なるのは、養魚池が完全に干上がることは絶対にないという側面である。完全に干上がってしまえば、成魚が死滅してしまうからである。したがって、石で作られた障壁の一部は土砂で強化され、堤防のようになっている個所もある。ポリネシアのクック諸島にも類似の石干見があり（武田一九九三、五一頁）、これはパー（pā）と命名されている。パーとはマオリ語でウナギの罠を意味する（Iwabuchi 2014a: 739）。ニュージーランドのマオリ族はウナギ漁の際に小石でできた障壁漁具を使用するが、その障壁は人工物ではなく、波浪の力により自然に形成されたものである。この障壁に人工的な堀が掘られ、そこに入ってきたウナギが傷害漁具や素手で捕獲されるのである（Gabriel et al. 2005: 202-203）。

二　「水中文化遺産保護条約」と石干見

ユネスコの「水中文化遺産保護条約」の第一条第一項によれば、水中文化遺産とは文化的、歴史的、または考古学的な性質を有する人類の存在のすべての痕跡であり、その一部または全部が定期的あるいは恒常的に、少なくとも一〇〇年間水中にあったもののことである（岩淵二〇一二b、一一頁）。まず、この定義の前半のその一部または全部が定期的あるいは恒常的に水中にあるという個所についていえば、潮間帯に設置される石干見や魞はこの定義に完全に合致するものである。しかしながら、後半の少なくとも一〇〇年間水中にあるという個所については、若干の吟味が必要である。口頭伝承によれば、ヤップ島の石干見は数百年前、おそらくは千年以上前に精霊により作られたものであると伝えられている（Jeffery 2013:37）。ハワイの石干見や養魚池は「古代（ancient）」（Tilburg 2014: 193）に、トレス海峡のそれは「古い時代（antiquity）」（Barham 2000: 262）に構築されたものであるといわれている。しかしながら、いずれもその起源を語る確実な歴史史料は存在していない。石干見の時代同定を困難なものとしている側面として、石干見が波浪や台風などの影響により、常に修復をし続けなければならない定置漁具であるという宿命がある。最上部が今年になって新たに作り直された石干見の障壁であっても、その底部は三〇〇年前に作られたものであるという可能性も十分に有り得るのである。

文献史料から一〇〇年以上の歴史を辿れる石干見は世界でもいくつかの事例に限られているが、フランスの石干見については確実な記録が残っている。フランスの大西洋岸のほど近いオレロン島、レ島、エクス島には、フランス語で「捕魚池」（単数形：*l'écluse à poissons*・複数形：*les écluses à poissons*）と呼ばれる石干見が数多く見られる。捕魚池というのは一般的な名称で、それぞれの石干見には固有名詞がつけられている。レ島最大のその障壁の全長が約一キロメートルにもおよぶ石干見は、「スカンク（Mouffet）」と命名されている。障壁の開口部に筌が設置されている石干見は、「良い先端（Le Belle-Pointe）」である。中世文書によれば、レ島の石干見は十一世紀にその建設が開始されたという（Boucard 1984: 115）。オレロン島の石干見についても、十七世紀に作成された島の地図に石干見の存在が明示されている（Boucard 1984: 307）。一八一九年には、次のような記録が地元の役人により残された。

その上、人々が破壊したがっている石干見の所有者の側からの正式な金銭的な要求があるのではないかと私は予想している。こうした所有者は概して、建設の許可を海軍そのものから得ている。現場の調査によれば、専門家たちは、いわれている石干見が全く航海の妨害とはなり得ず、注意深く浮標が設置されれば危険でもないと明言している（Boucard 1984: 84）。

石干見が沿岸漁業に従事する小型漁船だけではなく、マリンレジャーで使用される水上オートバイなどの脅威となってきているという現今の問題が、すでに十九世紀初頭に石干見反対運動として浮上していたことを証明する興味深い言及である。

日本の石干見については、これまでにいくつかの貴重な史料が掘り起こされてきている。長崎県の島原地方には、江戸時代の十八世紀初頭の段階で一六〇基ほどの石干見があり、当時の領主は地域振興のために石干見の構築を積極的に後押ししていた。宝永四（一七〇七）年の検地の記録が残されている『島原御領村〻大概様子書』の湯江村、現在の島原市有明町と守山村、現在の雲仙市吾妻町の項目には、次の記述がある。

一、ゟくい拾参ヶ所、長百五拾間ゟ六拾間迄　湯江村
　但小肴小鰯少〻入

一、ゟくい拾参ヶ所、長百五拾間ゟ七拾間迄　守山村
　小肴入（西村一九六九、九六―九七頁）

先島諸島の小浜島には、「スマンダーのカスク」が構築された経緯を詳細に記録した道光四（一八二四）年の板証文が残されている。それによれば、琉球国王より「つかさばあ」という官位を得た小浜島の五代前の女性が、賦役の義務を持つ島民を勅令により動員して、長大な石干見を建設させたという（西村一九六九、九九―一〇二頁、矢野他二〇〇二、七五―七六頁）。この記述が正確なものであるとするならば、「スマンダーのカスク」は十七世紀頃に作られた石干見ということになる。

トレス海峡の石干見については、そのハッドンの報告がすでに一〇〇年以上前に行われたものである以上、現在でも当該地域で使用されている石干見のほとんど、少なくともその基礎部分あるいは底部が数百年の歴史を持つものであるという史実は間違いのないところである。なぜ基礎部分であるのかといえば、「原住民の誰もが石干見構築に関する記憶を保持してはおらず、石干見はただ修復するだけだ」(Haddon 1912: 159)という記録が残っているからである。短い表現ではあるが、これは石干見の文化遺産としての性格と前述した宿命とを如実に描写している。すなわち、石干見の構築に適当な潮間帯はその生態学上の条件からもきわめて限られているため、新しい石干見が作られるとしても、その基部や底部には昔の石干見の基礎が残っている場合や、古い石干見の遺構の上に新たなものが再び意図的に建設されるという事例がほとんどであったであろうと推定できるからである。南アフリカの石干見の事例でも、いくつかの石干見は一九八〇年代に作られた一方、新しく作られたものもあれば、前植民地期に既に存在していたそれの残部を利用して作られたものある(Jeffery 2013 :51)。今日、主として民間団体による観光目的での石干見の復元も世界各地で始まっているが、いずれの場合でも以前の石干見の痕跡の上に新たな石干見を復元するというやり方が普通である。ただし、これは文化財の修復全般にいえることであり、破壊されてしまった痕跡のみが残っている数百年前の石干見の復元がどこまで許されるのか、嵐などにより少し壊れてしまった石干見の小規模な修復であれば全く問題はないのか、研究者間でのオーセンティシティーに関する合意が必須である。

ヤップ諸島のアッチについても、その不確実な口頭伝承を除けば、民族誌家による二十世紀初頭頃の記録が残っており、アッチのほとんどあるいは今残るアッチの基礎部分が、一〇〇年以上前に構築されたという事実は動かしがたい。ヤップ諸島のアッチの全体数のピークは、人口数がその頂点を迎えたヨーロッパ人との接触直前であるという説が有力である。すなわち、増加した人口を支えるために、農作業や農地問題に関連する活動に時間を割かなければならなくなったがゆえに、簡単に漁獲が得られるアッチ漁が盛んになったという流れである（田和二〇〇七、二八頁）。インドネシアなどにおいても、飢饉の際にチモール島において石干見が構築されたという話が伝えられている。ハワイ諸島における養魚池建設の背景にも、ポリネシア人の人口増加にともなう食料不足という現実が横たわっていたらしい。ハワイ諸島の神話によれば、ラナイ島で飢饉が発生し、二人の神が養魚池を作ったところ、一人の漁師の少年が自ら建てた小祠に毎日やってきて、少量の魚のお供えをして神々に「ここにあなた様方の魚がございます」と祈ったところ、その信仰心に感動した神々が飢饉を終わらせたという（Beckwith 1940: 63）。しかしながら、確実な歴史研究によれば、ハワイ諸島において石干見や養魚池の建設が集約的に行われたのは十六世紀から十七世紀にかけてのようである（Kelly 1989: 88）。

ところが、石干見の歴史を数百年単位ではなく、数十万年単位にまで遡って考察するべきであるという見解も存在している。すなわち、初期の人類が自然の水たまりに石干見の原型を見出し、これを自ら模倣しようとした可能性（西村一九六九、八四―八六頁）である。確かに、石干見に類似の障壁漁具は、現存する狩猟採集民の間にも知られている。極北のイヌイトの間では、ハプト（*haput'*）と呼ばれる障壁漁具が使用されていた。河口付近に礫を馬蹄形に積み上げて作られたもので、高潮時には完全に水没する。ところが、低潮時になると、障壁の周囲は完全に干上がり、障壁内は水たまりのようになる。これは、障壁の川側の開口部が障壁の底部よりも若干高くなっているためで、そこに閉じ込められた魚類が捕獲されるということになる（スチュアート一九九三、六八頁）。しかしながら、報告者も指摘している通り、これは石干見というよりもむしろ、簗がたまたま潮差のある河口部にあったというだけの話であるとも推測できる。詳細は明らかではないが、酷似した簗は、オーストラリア原住民により河川に構築されてもいた（Hornell 1950: 153、薮内一九七八、二三〇頁）。アフリカ南部の石干見も、今から三〇〇〇年から二〇〇〇年ほど前にコイサン系の狩猟採集民あるいは牧畜民がその構築を始めたのではないかという推論がある。しかしながら、当該地域に現存する石干見は、一九二〇年代以降にオランダ系の農民により作られたものが主で、コイサン系の人々により作られていたかもしれない石干見との関連は不明確であるという意見も存在している（Jeffery 2013: 50）。

狩猟採集民の障壁漁具と現今の石干見とを比較するならば、その規模という点だけをとっても大きな相違が認められる。澎湖諸島の石滬の障壁の高さは最大三メートル、長崎県高来町の石干見で三メートル前後、フランスのレ島の石干見で二メートル半、トレス海峡でも一メートル以上（Haddon 1912: 158）である。一方、イヌイトの築は最大高八〇センチメートル（スチュアート一九九三、六八頁）、オーストラリア原住民のそれも画像資料から判断するとせいぜい数十センチメートルほどの高さである（Hornell 1950, XXVA、薮内一九七八、二五A）。想像図ではあるが、コイサン系の狩猟採集民の石干見の高さも五〇センチメートルを超えてはいない（Jeffery 2013: 51）。やはり、今日観察できる大規模な石干見は、フランスや日本の歴史史料が物語っているように、集約的な労働力が確保できた封建時代以降に建造されたものであるという蓋然性の方がはるかに高い。今日、我々が目の当りにしている石干見は、狩猟採集民レベルの文化徴表ではなく、トレス海峡やヤップ諸島のような少なくとも園耕民レベル以上の社会のそれなのである。頭目や首長がある程度の人力を動かすことができて初めて、高さ数メートルにもおよぶような半永久的な石干見の建設が可能となった。これは、ハワイ諸島の事例も同様で、石干見の構築はある種の公共事業であったともいえる（Nishimura 1981: 263, Kelly 1989: 87-89）。しかしながら、前述した通り、既存の石干見の下に原初的な狩猟採集社会の障壁漁具の痕跡が残っているという可能性も完全に否定はできない。それぞれの石干見の基礎部分の考古学調査によってのみ、こうした疑問は解決できるようになると思われる。

水中文化遺産としての石干見の保護はまだ始まったばかりである。中央政府レベルあるいは地方自治体レベルでの保護政策が始動しているところもあれば、保護活動が地元のレベルにとどまっているところもある。ユネスコの「水中文化遺産保護条約」の批准を機会に、フランスでは水中・海事考古学調査部（Département des recherches archéologiques subaquatiques et sous-marines）が国の水中文化遺産政策の統括主体となった。しかしながら、同調査部がフランス西部の石干見保護に積極的に乗り出したという形跡はない。日本における石干見のほとんども、行政による保護の外にある。わずかに、長崎県や南西諸島にある若干の石干見にそれぞれ、保護の網がかけられているだけである。ところが、その方向性には混乱が見られ、九州の石干見と宮古島のそれが文化財保護法に基づく「有形民俗文化財」となっている一方、小浜島の石干見は同法による地方自治体指定の「史跡」となっている。これに加えて、二〇〇三年に文化庁は、長崎県諫早市にある石干見と奄美大島、小浜島のそれを「農林水産業に関連する文化的景観」のうちの漁場景観・漁港景観・海浜景観に属するものとして選定した。ところが、水産庁は、「未来に残したい漁業漁村の歴史文化財産百選」という独自の文化遺産の項目を二〇〇六年に設定し、そこには諫早市と伊良部島の石干見が含まれることになった（田和二〇一三、六一頁）。ちなみに、現在では失われてしまっている石干見の基礎部分が日本の文化財保護法によって「埋蔵文化財包蔵地」となっている事例は皆無である。

おわりに

日本において石干見を水中文化遺産として文化財保護の俎上に載せるには、石干見それ自体あるいは石干見の痕跡が残る潮間帯をまず文化財保護法の枠組の中に入れることが先決である。一方、石干見が考古学の研究対象物であるという考え方は存在していなかったため、考古学者による石干見の基礎部分や痕跡の発掘調査は全く実施されてきておらず、地元の教育委員会が積極的に動けないという実際的な問題も横たわっている。しかしながら、例えば、小浜島の「スマンダーのカスク」や島原市の「ぼらずっきい」の痕跡などは、その歴史的文化的な背景や価値を考慮しても、直ちに埋蔵文化財包蔵地あるいは史跡としての指定がなされるべき文化遺産である。その歴史的由来に関する文字資料が残されているという世界でもきわめて稀な石干見であり、国の史跡どころか、その板証文や供養塔ともどもユネスコの世界文化遺産となってもおかしくないような日本を代表する貴重な文化財であるといえる。まずは、国内では和賀江島の港湾遺跡や鷹島の元寇遺跡と同等の価値を持つ文化財として、国外ではウル・ブルン岬の沈没船やポート・ロイアルにも勝るとも劣らない水中文化遺産として、石干見を認知するという作業こそが石干見の保護保全の第一歩である。

水中文化遺産あるいは文化財としての視点からだけでは、石干見の保護や管理を議論するということが必ずしも容易ではないという理由のうちの最大のものは、日本においてですら、一部の石干見はまだ現役の定置漁具であり続けているという紛れもない現実である。第三世界では、新しい石干見も次々と作り続けられており、当該地域の水産業との整合性が鍵となっている。また、地元のレベルで行われている古い石干見の修復や復元なども、広く海岸線の管理という問題の中でその是非が判断されるべき課題である。石干見の見える海事文化景観を果たして万人が望んでいるのか、他の観光産業との折り合いもつけていかなければならない。一部の地域では、反石干見勢力も依然として力を保ち続けているのである。フランスのレ島においては、「レ島石干見保存会（*Association de défense des écluses à poissons de l'île de Ré*）」という地元の団体が石干見保全活動の中心的な役割を演じている。石干見のある海岸線に案内板を整備、有料の石干見ガイドツアーを主導したり、町の中心部での石干見小資料館の運営にもかかわっている。しかし、同保存会の手による石干見の修復や復元が常に許可されているわけではなく、可航水域や遊泳区域内でのそれは原則として認められていない（岩淵二〇〇二、四八頁、二〇一二b、九九頁）。すべての石干見を保護の対象とすれば良いという単純な話ではないのである。こうした中、最近になって、石干見が潮間帯の生物多様性に対してきわめて重要な役割を演じているという全く新しい視角も登場してきた（Jeffery 2013: 54）。海洋生物学者と考古学者との今後の共同調査が期待されるが、人類にとっても海にとっても、石干見がその存続に必要不可欠な水中文化遺産であるという事実が認められてくるならば、石干見は過去の貴重な文化財という範疇を超えた新しい意味を付与された文化徴表として、その存在意義が改めて問い直されていくことになると思われる。

参考文献

岩淵聡文（二〇〇二）「フランス西部、Ré島における石干見」（『東京商船大学学術講演会論文集』五〇）四五―四八頁
岩淵聡文（二〇一二a）「石干見」（『水中文化遺産のデータベース作成と水中考古学の推進――海の文化遺産総合調査報告書』、南西諸島編、アジア水中考古学研究所）九七―九九頁
岩淵聡文（二〇一二b）『文化遺産の眠る海――水中考古学入門』（同人選書）
スチュアート、H.（一九九三）「極北地帯の石干見」（『史観』一二八）六四―七九頁
武田淳（一九九三）「海からの捧げもの――伝統的漁法『石干見』」（『潮騒』九）四八―五一頁
田和正孝編（二〇〇七）『石干見』（法政大学出版局）
田和正孝（二〇一一）「石干見研究の可能性――回顧と展望」（『関西学院史学』三八）二九―六二頁

田和正孝（二〇一三）「石干見研究を還元すること」（『E-journal GEO』八）五九―六五頁
西村朝日太郎（一九六九）「漁具の生ける化石、石干見の法的諸関係」（『比較法学』五）七三―一一六頁
馬場顕亮（一九八九）「鰡供養塔物語」（『ありあけの歴史と風土』三）六―一〇頁
矢野敬生、中村敬、山崎正矩（二〇〇二）「沖縄八重山群島・小浜島の石干見」（『早稲田大学人間科学研究』一五）四七―八三頁
藪内芳彦編（一九七八）『漁撈文化人類学の基本的文献資料とその補説的研究』（風間書房）
Anand, P. E. V., 1996, 'Fishing Methods in Lakshadweep', *Infofish International*, vol. 3: 57-65.
Barham, A. J., 2000, 'Late Holocene Maritime Societies in the Torres Strait Islands, Northern Australia', *East of Wallace's Line*, ed. S. O'Connor and P. Veth: 223-314, Rotterdam: Balkema Publishers.
Beckwith, M. W., 1940, *Hawaiian Mythology*, New Haven: Yale University Press.
Boucard, J., 1984, *Les écluses à poissons dans l'île de Ré*, La Rochelle: Rupella.
Bowens, A., ed., 2009, *Underwater Archaeology*, 2nd ed., Oxford: Blackwell.
Gabriel, O., Lange, K., Dahm, E. and Wendt, T., eds., 2005, *Fish Catching Methods of the World*, 4th ed., Oxford: Blackwell.
Guérin, U., Egger, B. and Penalva, V., eds., 2010, *Underwater Cultural Heritage in Oceania*, Paris: UNESCO.
Haddon, A. C., 1912, *Reports of the Cambridge Anthropological Expedition to Torres Straits*, vol. 4: Arts and Crafts, Cambridge: Cambridge University Press.
Hornell, J., 1950, *Fishing in Many Waters*, Cambridge: Cambridge University Press.
Iwabuchi, A., 2014a, 'Stone Tidal Weirs, Underwater Cultural Heritage or Not?', *Proceedings of the 2nd Asia-Pacific Regional Conference on Underwater Cultural Heritage*, vol. 2, ed. H. van Tilburg et al.: 735-746, Honolulu: APCONF 2014.
Iwabuchi, A., 2014b, 'The Study of Underwater Cultural Heritage: Future Collaboration between Taiwan and Japan', (『２０１４海洋文化國際學術研討會會後論文集』、高雄海洋科技大學）六―一三頁
Jeffery, B., 2013, 'Reviving Community Spirit: Furthering the Sustainable, Historical and Economic Role of Fish Weirs and Traps',

Journal of Maritime Archaeology, vol. 8: 29-57.

Kelly, M., 1989, 'Dynamics of Production Intensification in Precontact Hawaii', *What's New?: A Closer Look at the Process of Innovation*, ed. S. E. van der Leeuw and R. Torrence: 82-106, London: Unwin Hyman.

Nishimura, A., 1981, 'Maritime Counterpart to Megalithic Culture on Land', *Journal de la Société des Océanistes*, vol. 37: 255-266.

Tilburg, H. van, 2014, 'The Local Pacific Inventory: Maritime Heritage Resources in the Main Hawaiian Islands', *Proceedings of the 2nd Asia-Pacific Regional Conference on Underwater Cultural Heritage*, vol. 1, ed. H. van Tilburg et al.: 189-202, Honolulu: APCONF 2014.

【執筆者紹介】（五十音順　★は編者）

石村智（いしむら　とも）

一九七六年兵庫県に生まれる。二〇〇九年京都大学大学院修了。国立文化財機構東京文化財研究所室長。主たる著書に『ラピタ人の考古学』（溪水社、二〇一一年）、論文に「日本古代港津研究序説」（『文化財論叢』四、二〇一二年）などがある。

岩淵聡文（いわぶち　あきふみ）

一九六〇年東京都に生まれる。一九九〇年オックスフォード大学大学院修了。東京海洋大学教授。主たる著書に *The People of the Alas Valley*（クラレンドン出版、一九九四年）、『文化遺産の眠る海――水中考古学入門』（化学同人、二〇一二年）などがある。

菊池誠一（きくち　せいいち）

一九五四年群馬県に生まれる。一九八三年学習院大学大学院修了。昭和女子大学教授。主たる著書に『ベトナム日本人町の考古学』（高志書院、二〇〇四年）、*Nghiên Cứu Đô Thị Cổ Hội An*［ホイアン古都市の研究］（世界出版社、二〇一〇年）などがある。

木村淳（きむら　じゅん）

一九七九年神奈川県に生まれる。二〇一一年フリンダース大学大学院修了。東海大学講師。主たる著書に *Archaeology of East Asian Shipbuilding*（フロリダ大学出版局、二〇一六年）、論文に「高麗王朝時代の朝鮮半島在来船研究と日本伝統船船の発展論」（『考古学研究』五九、二〇一二年）などがある。

近藤逸人（こんどう　はやと）

一九六九年愛知県に生まれる。二〇〇二年東京大学大学院修了。東京海洋大学准教授。主たる論文に'Navigation of an AUV for Investigation of Underwater Structures'（*Control Engineering Practice* 12、二〇〇四年）、'Development of an Autonomous Underwater Vehicle "Tri-dog" toward Practical Use in Shallow Water'（*Journal of Robotics and Mecatronics* 13、二〇〇一年）などがある。

坂井隆（さかい　たかし）

一九五四年東京都に生まれる。二〇〇三年上智大学大学院修了。国立台湾大学副教授。主たる著書に『「伊万里」からアジアが見える――海の陶磁路と日本』（講談社、一九九八年）、『港市国家バンテンと陶磁貿易』（同成社、二〇〇二年）などがある。

佐々木蘭貞（ささき　らんでぃ）

一九七六年神奈川県に生まれる。二〇〇八年テキサスA&M大学大学院修了。九州国立博物館研究員。主たる著書に『沈没船が教える世界史』（メディアファクトリー、二〇一〇年）、*The Origins of the Lost Fleet of the Mongol Empire*（テキサスA&M大学出版局、二〇一五年）などがある。

田中和彦（たなか　かずひこ）

一九五九年東京都に生まれる。二〇〇三年フィリピン大学大学院修了。鶴見大学准教授。主たる論文に「フィリピンにおける交易時代研究の展開――長距離交易と複合社会の発展」（『交流の考古学』朝倉書店、二〇〇〇年）、「フィリピンの先史時代」（『海の道と考古学』高志書院、二〇一〇年）などがある。

中田達也（なかだ　たつや）

一九六九年東京都に生まれる。一九九六年慶應義塾大学大学院修了。東京海洋大学准教授。主たる論文に、「日中韓の水中文化遺産行政比較」（『比較法雑誌』四八、二〇一四―一五年）、「海底鉱物資源開発を目指す鉱業法およびその関連法に求められる国際規制との整合性――マイニング・コードにおける水中文化遺産の取扱いを含めて」（『法政論叢』五三、二〇一七年）などがある。

★林田憲三（はやしだ　けんぞう）

一九四六年富山県に生まれる。一九八一年ペンシルバニア大学大学院修了。アジア水中考古学研究所理事長、東京海洋大学講師。主たる論文に「外国における水中遺跡の調査」（『遺跡保存方法の検討――水中遺跡』文化庁、二〇〇〇年）、「日本の水中遺跡」（『季刊考古学』一二三、二〇一三年）などがある。

向井亙（むかい　こう）

一九七〇年東京都に生まれる。二〇一一年シラパコーン大学大学院修了。金沢大学研究員。主たる論文に「14―17世紀、タイ中北部ピサヌロークの考古学的研究――交易都市としての重要性」（『金沢大学文化資源学研究』四、二〇一二年）、「タイ・ミャンマーの陶磁生産と海外輸出」（『陶磁器流通の考古学』高志書院、二〇一三年）などがある。

索 引

【あ】

【か】

【さ】

【た】

【な】

【は】

【ま】

【や】

【ら】

【わ】

【編者プロフィール】

林田憲三（はやしだ・けんぞう）

1946年富山県に生まれる。1981年ペンシルバニア大学大学院修了。アジア水中考古学研究所理事長、東京海洋大学［ユネスコ水中考古学大学連携ネットワーク］講師。文化庁水中遺跡調査検討委員会委員。主たる論文に「外国における水中遺跡の調査」（『遺跡保存方法の検討――水中遺跡』文化庁、2000年）、「日本の水中遺跡」（『季刊考古学』123、2013年）などがある。

水中文化遺産（すいちゅうぶんかいさん）

海から蘇る歴史（うみからよみがえるれきし）

2017年3月30日　初版発行

編　者　林田憲三
発行者　池嶋洋次
発行所　勉誠出版株式会社
〒101-0051　東京都千代田区神田神保町3-10-2
TEL：(03)5215-9021(代)　FAX：(03)5215-9025
〈出版詳細情報〉http://bensei.jp/

印　刷　平河工業社
製　本　大口製本
装　丁　萩原睦（志岐デザイン事務所）

ISBN978-4-585-22162-3　C1020